지장왕보살 김교각스님의 일대기

글 • 신용산

우리출판사

지장왕보살 김교각스님의 일대기
신라왕자 지장왕보살

개정판을 내며

국내에 김교각 스님의 존재가 알려진 것은 1992년 한중 수교가 이뤄지면서 부터였다. 그때까지도 김교각 스님은 우리 역사에 기록조차 없는 터라 아예 잊혀 진 인물이었다. 그러나 중국에서는 지장왕보살로 추앙받으며 김지장(金地藏)으로 더 유명한 김교각 스님.

1995년 『대륙의 신라왕자』란 이름으로 첫 책을 내놓은 지 24년 만에 『신라왕자 지장왕보살』로 바꿔 개정판을 출간하게 되었다. 그동안 많은 불교인들이 이 책을 아껴주었다. 김교각 스님이 활동했던 구화산 지장성지는 중국 성지 순례의 필수 코스가 될 만큼 유명세를 타기도 했다.

책을 펴낸 발행인으로서 뿌듯한 일이 아닐 수 없다. 그 고마움을 담아 개정판을 펴낸다.

김교각 스님이 더 많이 알려지기를 바랄 뿐이다.

무 구 합장

초판 발간사

　스승이신 성훈 큰스님께서 이승의 옷을 훌훌 벗으신 지 두 해나 지난 어느 날, 꿈속에서 스님의 존안을 뵐 수 있었다. 생전과 다름없는 모습으로 다가오신 스님께서는 부처 불佛 자字를 33만 번 쓰라는 한마디 말씀을 남기고 이내 모습을 감추셨다.
　스님께서는 생전에도 불 자만을 쓰시다가 열반하신 분이다. 통일을 기원하며 33만 자를 쓰셨고 성불의 원을 세워 또다시 33만 자를 목표로 작업하여 27만 자를 쓰시고 6만 장은 코끼리 판화를 찍어 세계 곳곳에 보내 주셨으니, 가히 스님의 뜻은 헤아리기도 어려운 지경이었다.
　그런 스님께서 아직도 못다 이룬 원이 남으셨던지 내게까지 부처 불 자를 33만 번 쓰라는 선몽을 하신 것이다. 그날 이후 스님의 말씀은 내게 끊임없는 화두로 남았다. 붓글씨는 손에 익지도 않을 뿐더러 흥미조차 별반 느끼지 못하던 내 불민함으로는 도저히 스님의 말씀을 따를 엄두조차 낼 수가 없었던 까닭이다. 마음의 갈피를 잡지 못하고 번민하여 지내기를 몇날 며칠.
　그러다 떠오른 것이 바로 『지장경』의 법공양 보급이었다. 붓글씨 대신 33만 권의 책을 보급하리라. 하지만 그것 역시 편찬의 어려움을 차치하고라도 스님의 뜻을 거스르는 것이 아닐까하는 우려로 쉽게 시작할 수가 없었다. 그러던 어느 날이었다. 법당에 모셔진 지장보살께서 한 시간이 넘도록 방광을 하시는 것이었다. 지장보살의 몸을 휘감아 도는 그 신묘한 빛은 내게 큰 용기를 주었고, 다음날부터 지장천일기도와 함께 지장경 33만 권 제작 불사에 들어갔다.

천일기도와 『지장경』의 편찬사업을 지속하면서 나는 두 가지의 발원을 하였다. 하나는 열반하신 지 1200년이 넘도록 지장보살의 현신으로까지 추앙을 받고 있는 김교각金喬覺스님의 육신불肉身佛을 친견하는 것이었고, 또 하나는 신라의 왕자로서 이 나라가 아닌 남의 땅 중국에서 법륜을 굴리시다 열반하신 그분의 행적을 이야기로 엮어보겠다는 소망이었다. 중국 땅에서는 열반 이래 오늘날에 이르기까지 그분의 불법佛法이 식지 않았고, 오히려 더욱 널리 선양되고 있는 터에, 우리나라에는 그 이름조차 전해지지 않았다는 것도 궁금증을 한층 키우는 것이었다.

여기 저기 수소문을 하여 그분의 행적을 모으고 책을 준비해 오던 중, 천일기도의 회향回向과 함께 『지장경』 33만 권의 불사도 성공적으로 마칠 수 있었다. 또 천일기도 회향 때는 중국으로 건너가 지장보살 김교각 스님을 친견하는 불은佛恩을 입기도 했다. 그러나 그분의 행적을 책으로 엮고자 했던 일은 늦어지기만 했다. 천일기도 회향에 맞추어 출간하려 했던 것도 김교각 스님을 친견할 때 이 책을 바치고자 했던 발원도 늦어지게 된 것이다.

그 책이 이제야 완성되어 세상에 나왔다. 참으로 힘들게 나온 책이다. 늦기는 했지만 비로소 원을 이루었으니 기쁘지 않을 수 없다.

여기에 한 가지 더 기쁜 일이 있으니 김교각 스님의 유품 전시회를 국내에서 갖게 된 것이다. 스님의 탄생 1300주기에 즈음하여 그분의 유품을 들여오게 되었으니 그 의미가 또한 크지 않을 수 없다.

석가모니불이 가시고 미륵존불이 오시기 전까지의 시대, 즉 오늘날을 말법시대라 한다. 부처님이 계시지 않는 시대로서 중생들은 오탁악세에서 벗어나지 못한다는 것이 이 시대인 것이다. 그 말법시대의 중생들을 모두 해탈케 하라는 수기授記를 받으신 오직 한분이 바로 지장보살이다. 현대의 많은 불자들이 지장보살을 찾고, 또 세계적으로도 지장신앙이 널리 받들어지고 있음도 우연이 아닌 것이다.

이러한 때에 지장보살 김교각 스님의 유품이 국내에서 전시 되고, 또 그분의 행적을 담은 책이 나오게 되었으니 불민한 나로서는 기쁘기 한량없다. 부디 이 책과 전시회가 잃어

버렸던 역사 속의 한 성인과 그의 불법을 되찾는 계기가 되었으면 하는 마음 간절하다.

  책이 완성되기까지 많은 시간과 노력을 아끼지 않았던 작가 신용산 씨의 노고에 감사드리며, 이 책을 지장 스님 전에 올려 김교각 스님을 알고 싶어 하는 많은 사람들에게 이 공덕을 회향한다.

김교각 기념관장 무 구 합장

차 례

- 개정판을 내며
- 초판 발간사

프롤로그 / 11

제 1 부
천시天時를 다투는 제왕의 후예들

음모 19
천시天時와 지리地利 86

제 2 부
육신불肉身佛의 길

구법求法의 땅 159
시선詩仙 이백李白이 찬讚을 짓다 225
민초들의 불법佛法 284
강남江南의 성자聖者 335

에필로그 387

부록
- 신라왕자 김교각 389
- 구화산 창건 화성사기 393

프롤로그

　새벽이 밝아오고 있었다.
　초여름의 밤을 시끄럽게 했던 비바람도 기운이 한풀 꺾였는지, 강을 건너 서라벌에 당도할 즈음에는 맥없이 스러졌다. 먹장구름으로 덮여 있던 하늘은 어느덧 희끄무레 벗어지고 있었다. 하지만 아직은 팥알 만한 빗방울이 간간이 후두둑거렸다. 밤새 비바람 등쌀에 시달림을 받은 들녘은 갑자기 멎어 버린 바람의 눈치만 살피며 숨을 죽인 채 엎드려 있었다.
　간간이 순라군의 말발굽 소리가 새벽의 기척을 알리기도 했지만 서라벌은 여전히 적막하게 가라앉아 있었다. 오늘따라 수탉의 홰치는 소리도 없었다. 그 고요함은 마치 어떤 기다림의 수순처럼 선잠 깬 사람들을 무겁게 짓누르고 있었다.
　성덕대왕의 비妃인 연화부인이 거처하는 본피궁本彼宮의 새벽도 예외는 아니었다. 다른 점이 있다면 본피궁의 불이 밤새도록 꺼지지 않았다는 것뿐, 구중궁궐은 숨 막히는 고요 속에 빠져 있었다.
　"소자도 어머님을 따를 것이옵니다."
　"아니 된다!"
　수충守忠왕자의 한마디에 본피궁은 온 밤을 꼬박 밝히고 있었다. 누구도 그 이상의 말은 하지 않았다. 고요함이 가져오는 불안과 슬픔도 인간의 말을 더 이상 끌어내지는 못했다. 그들 모자에게는 서로의 마음을 확인하는 눈빛만으로도 가슴이 찢어져 이제는 그 눈길마저도 피하고 있었다.

새벽이 인도하는 태양은 악몽처럼 순식간에 토함산에 걸렸다. 새벽의 적막은 햇살 아래 숨어버리고 서라벌은 온통 시끌벅적했다.

성덕聖德대왕이 신라 33대 대왕으로 즉위한 이래, 재위 3년째 되던 5월의 어느 날이었다. 성덕대왕의 정부인인 연화부인은 사가私家로 나갈 준비를 서두르고 있었다. 나라 사람들의 신망이 두터웠던 연화부인이 마침내 대왕으로부터 내침을 당하는 날이었다. 새 왕비가 간택된 때문이었다. 왕비는 대왕의 즉위와 더불어 내성사신內省私臣에서 승부령乘府令으로 전임한 소판蘇判 김원태金元泰의 딸이었다.

나른해진 한낮의 햇살이 본피궁을 고스란히 내리비추고 있었다.

연화부인은 귀에 익은 발자국 소리에 시선을 돌렸지만, 정작 기다리는 사람의 모습은 보이지 않았다. 시녀였다. 연화부인은 실망한 표정을 담담히 감추며 시녀를 바라보던 눈길을 거두었다. 하지만 그녀는 눈매에 스며드는 잔잔한 물기까지는 감추지 못했다.

"대왕께서는 전언이 없으시더냐?"

수충이 나직이 물었다.

"없었사옵니다."

"본피궁으로 납신다는 말씀도 안 계셨단 말이냐!"

"… 예."

시녀의 대답에 울음이 가득 배어 나왔다.

"마지막인데 어머님의 존안도 안 보시겠다는 뜻이라더냐!"

"……."

"가서 전하여라. 나도 어머님을 따를 것이니라."

"아니 되시옵니다. 대왕의 명을…."

"어머님을 버리신 대왕이 아니더냐! 내가 아버님을 버린다 하여 어찌 대왕의 명을 어긴 것이 되겠느냐!"

수충은 힘없이 돌아섰다. 하지만 수충의 말은 본피궁 구석구석을 울리고 있었다.

본피궁은 다시 나락 같은 고요 속에 빠져들었다. 이 시각 태양이 주는 풍요함과 평온함까지도 멈춰 있었다. 여름 햇살은 배나무 가지에 걸려 파들거렸고 화단을 장식했던 백일홍은 피우던 꽃잎마저 닫고 있었다. 모든 생명을 가진 것들은 숨을 멈추었다. 담을 넘던 바람마저 멈춰버린 본피궁이었다.

그러나 그 고요함 속에서도 살아 숨 쉬는 것이 있었다. 인간의 가장 순결한 마음으로부터 울려나오는 작은 소리, 그것은 아주 가느다란 흐느낌이었다. 어느 한 시녀에게서 시작된 순결한 흐느낌은 끊이지 않는 울림이 되어 모든 생명체로 다가서고 있었다.

이 시각, 대왕은 승부령 김원태와 함께 본피궁에서 백여 걸음 떨어진 양궁梁宮에 있었다.

"연화부인께서 거마車馬를 부르셨습니다."

본피궁의 궁녀였다.

대왕은 궁녀의 시선을 피했다. 목석처럼 굳어 있는 대왕의 표정을 읽은 궁녀도 더는 아뢰지 않고 물러났다. 대왕도 곧이어 양궁을 나섰다. 마치 딴사람처럼 불쑥 한마디 던져 놓은 채였다.

"이만하면 왕비의 거처로는 손색이 없겠구려. 흠!"

양궁에는 이채 김원태만이 덩그렇게 남아 있었다. 그는 멍하니 대왕의 멀어지는 뒷모습에서 시선을 떼지 못했다. 까닭 모를 불안이 가슴 깊은 곳으로 스며들었지만 김원태는 그것조차도 느낄 겨를이 없었다. 며칠 후면 이 나라 왕비가 될 자신의 딸이 거처할 궁이었다.

양궁을 나온 대왕의 발길은 대궁大宮으로 향했다. 차마 연화부인이 있는 본피궁으로는 갈 수가 없었다. 조강지처를 사가로 내보내야 하는 대왕으로서는 연화부인의 얼굴을 마주할 자신이 없었던 것이다. 끔찍이도 아끼고 사랑하는 부인이었지만 대왕으로서도 어쩔 수 없는 선택이었다. 아직은 중신들을 다스릴만한 권력을 갖지 못한 젊은 대왕이었다. 힘없는 제왕 아래 난세亂世가 오는 터, 대왕은 사직社稷을 반석에 올려놓기 위해 가정을 버린 것이었다. 왕권을 회복하는 지름길, 그것은 중신들의 주청대로 김원태와 인친의 예를 맺어 그들 세력과 손을 잡는 일뿐이었다.

얼마의 시각이 흘렀을까. 장지문이 열리고 연화부인의 자태가 전殿을 내려섰다.

"울음을 멈추어라!"

"……."

"어진 왕비를 맞는 경사를 앞두고 있음이니라."

연화부인은 부드럽게 시녀의 등을 쓰다듬었다. 그리고는 대왕이 거처하는 대궁을 향해 네 번의 큰절을 올렸다.

"거마車馬의 채비를 갖추어라!"

그 짧은 순간이었다. 청청하던 여름 하늘은 거짓말처럼 햇무리가 들더니 이내 침침해지기 시작했다. 흑갈색의 하늘은 바람 한 점 없는 본피궁 위로 점차 낮게 깔려더니 마침내는 비를 부르기 시작했다.

볼품없이 작은 수레 하나가 수충의 손에 이끌려 본피궁을 나선 것은 잠시 뒤였다.

제 1 부
천시天時를 다투는 제왕의 후예들

음모

1

먹갈색 하늘은 짙다 못해 청회색 기운까지 감돌았다.

벌써 사흘째 계속되는 먹장을 갈아 부은 듯한 하늘이었다. 돌개바람이 한바탕 땅바닥을 휩쓸고 지나갔다. 물기라고는 조금도 보이지 않는 들녘은 흙먼지에 뽀얗게 뒤덮였다. 가을걷이가 끝난 뒤부터 계속되는 가뭄이었다. 그동안 서라벌을 가로지르던 알천閼川이 바닥을 드러냈고 이제는 샘물조차 말라가고 있었다.

오랜만에 다시 보는 물동이를 삼키고 있는 하늘이었다. 가뭄 끝에 장마라는 말처럼 폭우라도 쏟아부을 기세였다. 이전에도 간간이 먹구름을 끌어 모았던 하늘은 마른 먼지를 재우기도 전에 빗발을 거두었고, 그때마다 사람들은 한숨만 더욱 길게 뽑아내곤 했었다. 그렇게 변죽만 울리다 말기를 몇 번, 사람들은 이제 먹장의 하늘을 믿기에도 지쳐 있었다.

그러나 오늘만큼은 하늘빛이 예사롭지가 않았다. 먹장 같은 하늘은 더욱 낮게 내려와 있었다. 토함산은 점심 무렵부터 먹장의 하늘 아래 웅크린 채 청회색에 잠겨 있었고, 산 능선 뒤편에서는 하늘이 조각조각 찢어지기를 십여 차례나 계속되고 있었다. 번개였다.

"크르릉, 크르르르 쾅!"

그리고는 한참이 지나서야 멀리서부터 천둥소리가 땅을 울리며 서라벌로 가까이 오는 것이었다. 그것은 흡사 아득히 먼 곳에서 달려오는 한 무리의 말발굽소리처럼 땅을 울리는 둔중한 음향이었다. 그러기를 몇 차례, 번개질이 잦아질수록 천둥소리는 점점 서라벌을 뒤흔들었고 사방은 어느새 어둑발이 내린 듯 흙빛에 잠겨 있었다. 마침내 서라벌을 짓누르던 먹장 하늘이 갈기갈기 찢어졌다. 곧이어 날카로운 굉음이 천지를 뒤흔들었다. 사람들은 귀청이 떨어지는 듯한 굉음에 놀라 땅바닥에 머리를 처박기까지 했다.

"후두드득 후둑…."

드디어 뛴 걸음질 하듯 굵은 빗발이 마른 먼지를 날리며 듬성듬성 떨어지기 시작했다. 토함산은 벌써부터 광목 두루마리를 펼친 듯 소낙비가 산자락을 휘돌기 시작했고, 들녘에는 서라벌로 몰려드는 빗줄기가 뽀얗게 앞을 가리고 있었다. 긴 가뭄의 막을 내리는 초겨울 비였다.

도성 밖 냇물이 여울져 빠져나가는 외딴 초막 여름은 아직도 빗발이 성겼다. 허름하기 짝이 없는 민가였지만 새 이엉을 얹은 초막은 자세히 볼수록 어느 한 곳 손길이 미치지 않은 데가 없는 단정한 가옥이었다.

초막의 뜨락에는 아까서부터 한 낭자가 서성거리고 있었다. 낭자의 눈길은 내내 인적이 끊긴 들녘으로 가 있었다. 강안江岸으로 이어지는 들녘에서도 물안개가 피어오르기 시작했고 그것은 잠시 뒤면 낭자가 있는 초막까지도 덮칠 기세였다. 번갯불은 빗발을 타고 칼날처럼 내리꽂혔고 그때마다 천둥소리는 천지를 얼러댔다. 낭자는 조금의 두려움도 없는 눈길로 미동도 않은 채 서 있었다. 낭자의 눈길이 가 있는 들녘 어름은 쏟아지는 빗줄기가 휘장을 내린 듯 시야를 가로 막고 있었다.

그러나 자세히 보면 그곳 들녘에서는 어렴풋이 희미한 물체가 빗줄기 속을 헤치고 있음을 알 수 있었다. 사위는 빗줄기가 쏟아지면서 오히려 희뿌연하게 밝아졌고 그 물체는 이내 모습을 드러냈다. 살[矢]같이 달려오는 한 필의 말과 눈같이 흰 삽살개였다. 들판으로부터 삽살개의 다급한 짖음이 들려왔다. 그것은 들판을 건너오는 빗줄기보다 한발 앞서 초막으로 들이닥쳐 거친 숨을 토해냈다.

"무슨 일이길래 이리도 급하게 오는 것이냐!"

낭자가 급히 뛰어나가 살뜰하게 끌어안은 것은 하얀 삽살개였다. 그러나 낯선 준마를 바라보는 낭자의 눈에는 불안한 표정이 역력했다. 아니나 다를까, 삽살개는 낭자의 옷깃을 문 채 다시 들판으로 뛰어나갈 기세였다.

"그래 빨리 앞장서거라."

낭자는 머뭇거림 없이 선뜻 준마의 동에 올랐다. 준마는 나는 듯이 빗줄기를 뚫었다. 들판을 지나 서너 굽이의 산자락을 넘었다. 드디어 계곡이 시작되어 가파르게 능선이 뻗어 오르는 지점에 이르자 준마는 우뚝 멈춰 섰다. 낭자는 훌쩍 마상에서 뛰어내렸다. 순간, 피비린내가 훅 끼쳤다. 언뜻 보아도 사태를 짐작할 수 있었다. 계곡의 바위너설 옆에는 기골이 장대한 약관弱冠의 귀공자가 죽은 듯 엎어져 있었고, 그

건너편에는 아직도 간간이 거친 숨을 몰아쉬는 멧돌 한 마리
가 자빠져 있었다. 살[矢]이 깊숙이 파고든 멧돌의 가슴팍에
서는 숨을 쉴 때마다 솟구치는 피가 꿀럭거렸다. 낭자는 재
빨리 청년의 용태부터 살폈다. 뒷머리의 상처와 등줄기를 흥
건하게 적신 핏자국이 선명하게 시야에 들어왔다. 마상에서
떨어졌거나 멧돌을 피하려다 머리를 다친 것이 분명했다. 낭
자는 얼른 치마폭을 찢어 환부를 동여매고는 청년을 바로 뉘
었다. 두 손을 모아 계곡물을 입에 넣어주기를 몇 차례, 청년
의 눈꺼풀이 스르르 열렸다.

"몹시 상하신 듯하옵니다. 거동은 하실 듯하옵니까?"

낭자의 얼굴에 환한 미소가 흘렀다.

"내가 정신을 잃었던 모양이구려, 크게 다친 것은 아니가
보오."

"너무 힘을 쓰지 마시지요."

"낭자에게 이런 모습을 보이다니, 부끄럽구려."

잠시 전까지만 해도 기척도 못하던 청년은 용을 쓰며 일
어났다. 그러자 이제까지 곁에 서 있던 준마가 청년의 앞에
두 무릎을 꿇었다. 청년이 마상에 오르자 준마는 성큼 일어
섰다.

"오라, 그러고 보니 네 녀석이었구나! 아까 사냥에 나설 때
부터 뒤를 쫓더니."

"선청善聽이라 하옵니다."

낭자는 부드럽게 삽살개를 쓸어주며 말을 받았다.

"빗발이 거세옵니다. 누추하더라도 우선은 소녀의 집에서

환부를 돌보심이 어떨는지요?"

"고맙구려."

"공公께서는 말씀을 내리시지요. 하찮은 민가의 소녀에게는 너무도 과분하옵니다."

"하하하, 괘념치 마시오."

빗줄기는 한결 굵어져 있었다.

멧돌을 끌개에 얹어 매달고 두 사람이 올라탔지만 준마의 걸음은 지체함이 없었다. 초막에 당도하자 청년은 서슴없이 마상에서 뛰어내려 덥석 뜨락 위로 올라섰다. 낭자는 깜짝 놀라 청년의 형색을 살폈다. 어깻죽지 아래에서부터 흘러내린 피가 바지춤까지 흥건하게 배어나오고 있었다. 지혈을 위해 몸통을 한 번 묶기는 했지만 비에 젖은 상처에서는 피가 멈추지 않는 듯했다.

"어서 환부를 돌보시지요?"

"도성으로 들어가야 할 텐데 빗발이 거세구려. 오늘따라 상비약도 놔두고 나왔으니."

청년도 스스럼없이 말을 받았다. 흘깃 자신의 형색을 돌아보았지만 청년은 담담한 표정이었다. 그의 눈에서는 희미한 미소까지 돌고 있었다. 장대한 기골에 우락부락한 생김새와는 달리 퍽이나 깊고 다감한 눈빛이었다. 낭자는 청년의 눈길을 피하며 다시 입을 열었다. 그녀의 목소리도 이제는 조금 전의 수줍음이 많이 가셔 있었다.

"가내에 자상刺傷에 쓰는 상비약이 조금은 있사옵니다. 다행히 소녀도 자상의 처방은 눈어림으로 배운 바가 있으니 상처를 돌보심이 어떨는지요?"
"그리 하오!"
청년은 크게 반겼다. 하지만 이내 목소리가 수그러들었다.
"그렇다 해도 생면부지의 낭자께 어찌 남정네의 몸을 맡길 수가 있겠소?"
"상처가 자심한 터에 내외를 하겠사옵니까? 공께도 누가 될 일은 아니라 보옵니다. 소녀는 염려치 마시지요."
낭자는 청년의 허락이 떨어지기도 전에 약 꾸러미를 풀고 있었다. 청년도 더 이상은 거절할 형국이 아니었다. 그는 미안한 기색을 잔뜩 띤 채 쪽마루에 엎드렸다. 저고리가 벗겨진 등짝은 온통 피범벅이었다. 핏자국을 씻어낸 낭자의 손은 서둘러 한 움큼의 가루를 깊숙하면서도 길게 찢어진 상처에 뿌렸다. 그리고는 두툼한 무명 겹을 상처 위에 얹고 힘껏 지혈을 시켰다. 오래지 않아 피가 멎자 낭자는 조그만 약병을 열었다. 거기에는 누르스름한 빛깔의 고약이 담겨 있었다. 낭자는 조심스럽고 정성이 가득한 손길로 약을 환부에 발라나갔다. 고약에서는 역한 기운이 훅 풍겼다.
"냄새와는 달리 환부를 아물게 하는 데는 최상이라 들었사옵니다. 소녀의 아비가 해마다 두꺼비를 썩여 만들어 놓은 약이지요."
낭자도 고약한 냄새가 민망했던지 말을 덧붙였다. 청년은 그냥 빙긋이 웃을 뿐, 치료를 하는 동안 꽤나 쓰라렸을 터인데도 신음소리 한 번 없었다. 이윽고 상처를 동여매고 나자 청년은 깊숙이 머리를 숙였다.

"오늘의 은혜는 잊지 못할 것이오. 고맙소."

"말씀을 거두시지요. 천한 민간의 소생이옵니다. 은혜라니 당치 않사옵니다."

"은혜를 주고받음에 품계品階를 따질 까닭이 있겠소. 환부를 다루는 솜씨가 보통이 아니던데, 처자의 몸으로 어떻게 그런 기술을 익혔소?"

"어깨 너머로 배운 것이옵니다. 소녀의 아비가 가끔 자상을 입어 치료하는 모습을 뵙곤 했사옵니다."

"민간인의 몸으로 병장기에 몸을 상할 일이 다 있었소?"

"본래는 소녀의 아비도 사자금당師子衿幢의 무장武將이었사옵니다."

"그러하오? 사자금당이라면 용맹을 떨친 이 나라의 정예군인데 무장이었다면 상당히 용감하셨던 분인가 보오. 그렇다면 지금은?"

"멀리 변방에 가 있사옵니다."

"도성을 지키던 무장이 변방에 가 있다니 무슨 말이오?"

"그것은…."

"말씀해 보오. 혹 내가 힘이 되는지도 모르는 일이 아니겠소."

"……."

"사자금당의 무장이었다면 관등이 6두품에는 족히 이르렀을 터인데 민간으로 강등되었다면 필시 까닭이 있는 것이 아니겠소? 명색이 나도 골품의 몸인데 도울 일이 없으리까."

청년의 음성에는 진심이 가득했다. 낭자는 물끄러미 청년을 바라보았다. 피 얼룩으로 더럽혀져 있었지만 청년의 몸을 감싸고 있는 진한 자줏빛의 비단[錦羅] 옷자락은 그의 높은 신분을 말해주고 있었다. 더구나 연문백옥研文白玉으로 장식한 허리띠와 자줏빛 가죽신은 진골정통眞骨正統의 신분이라 할지라도 대등大等 이상의 관등을 가진 고관들만이 착용할 수 있는 의관이었다. 스물 안팎으로 보이는 약관의 나이로는 쉽게 범접할 수 없는 복색이었다.

"소녀가 강보를 벗어나 걸음마를 배울 때인 효소대왕 9년의 일이라 들었사옵니다. 소녀의 아비는 역모에 연루되어 관직을 파하고 민간으로 강등되었지요. 몇 년 전에서야 사면령을 받아 품계는 다시 받았으나 관직에 나아갈 수가 없는지라 변방으로 나간 것이옵니다."

"역모라 하면 이찬 경영의 반역을 이르는 것이오?"

"그러하옵니다."

"어떻게 연루가 되었단 말이오?"

"소녀가 어찌 알겠습니까마는 당시 아비는 순원공의 비장이었다 하옵니다."

"그랬었구려. 으음…."

청년은 이제는 내막을 다 알겠다는 듯 머리를 끄덕였다.

이찬伊湌 경영慶永의 역모라 하면 선왕先王인 효소대왕 9년 여름의 일이니 벌써 14년 전 일이다. 효소대왕이 미편한 틈을 노려 경영이 중시中侍 김순원金順元과 함께 도성 서라벌의 사자금당군을 이끌고 반역을 꾀한 사건이었다. 다행히 사전에 발각되어 군사를 일으키기 전에 경영이 처형되었기에 별 탈 없이 마무리된 역모였다. 또 다른 주모자였던 김순원은 무슨 연유에서인지 관직에서 파면되는 것으로 역모가 일단락되었다.

당시 경영이 내세웠던 역모의 주장은 효소대왕을 폐위하고 그의 아우인 홍광興光을 옹립하자는 것이었다. 그들의 주장은 조정 중신들의 많은 지지를 얻고 있었으나 그것은 마음속의 바람이었을 뿐, 실제로 그들의 역모에 가담한 중신들은 아무도 없었다. 더구나 대왕으로 옹립하려 했던 홍광은 오히려 역모자들을 단숨에 잡아들여 그들의 명분을 여지없이 꺾어 버렸다.

역모의 기미를 가장 먼저 알아채고 홍광의 군사로 하여금 이를 제압하게 한 인물은 내성사신內省私臣 김원태金元泰였다. 내성사선은 대왕이 거처하는 대궁大宮은 물론 양궁梁宮과 사량궁沙梁宮 등, 궁중의 경호와 대소사를 관장하는 내성 관부의 우두머리였다. 자신의 직무상 김원태는 역모의 제압에 앞장 설 수밖에 없었지만, 거기에는 김원태만의 의중이 숨어 있음을 아무도 몰랐다.

역모가 사전에 발각되어 주모자인 경영이 처형당하고 김순원이 연좌로 파면되자 서라벌 조정은 삽시간에 아수라장이 되었다. 진골정통의 수장이었던 경영과 같은 진골 출신으로 대왕의 하교를 전교하던 중시 김순원의 퇴장은 조정 중신들 간의 권력 구조를 송두리째 뒤흔들어 놓았다. 반면에 대원신통大元神統 출신의 김원태는 역모의 제압으로 일약 소판蘇判의 관등에 올랐다. 또 얼마 지나지 않아 대왕은 물론 관료들과 나라의 거승車乘에 관한 일체를 담당하는 승부乘府의 우두머리인 승부령乘府令에 제수되었다. 이렇게 되자 김원태는 서서히 대원신통 세력의 구심점으로 자리잡고 있었다. 그러나 김원태의 행실이 워낙에 은인자중하는 터인지라 그다지 눈에 나는 모습은 보이지 않았다. 김원태가 나라 사람들의 이목을 끌기 시작한 것은 그 뒤로 왕가와 인친의 관계를 맺으면서였다.

　효소대왕은 경영의 역모가 일어난 지 2년 뒤인 재위 11년(702) 여름에 승하하였다. 춘추 서른도 못 미친 젊은 몸으로 이승을 하직한 것이었다. 효소대왕의 뒤를 이은 신라 제33대 왕은 선왕의 아우인 흥광으로 그가 바로 36년간의 치세로 태평성대를 이룩한 성덕대왕이다.

　스물두 살의 약관을 겨우 넘긴 춘추로 보위에 오른 성덕대왕은 어려서부터 나라 사람의 신망을 한 몸에 받아온 인물이었다. 강건한 성품과 덕성은 경영의 역모를 다스리면서 한층 돋보여 심약했던 효소대왕과는 여러 모로 비교가 되었다. 군신 회의에서 흥광의 보위 계승에 아무런 이견이 없었던 것도 이러한 자질 때문이었다. 성덕대왕은 재위 3년(704)에 이르러 새로운 왕비를 맞아들였는데, 왕비는 승부령 김원태의 딸로 성정成貞왕후였다. 이로써 김원태는 대원신통의 수장으로서 조정의 권력을 한손에 거머쥐게 되었다. 그러나 성덕대왕으로서는 중신들의 주장에 밀려 자식까지 있는 연화부인을 사가私家로 내보낸 터라 두고두고 나라 사람들의 입방아에 오르내렸다. 비록 연화부인의 소생인 수충守忠이 왕자의 몸으로 궁중에 남아 있었지만, 그의 존재는 언제나 서라벌 조정의 짐일 뿐이었다. 더구나 김원태가 권력을 독점하면서 대원신통의 세력이 득세하자, 경영의 역모 이후 숨을 죽여 온 진골정통의 중신들은 자신들의 세력을 만회할 수 있는 기회만을 엿보고 있는 중이었다.

삼한일통三韓一統 이후 신라는 거대한 두 세력에 의해 경영되고 있었다. 그것은 진골정통이라 불리는 서라벌 출신의 왕족들과, 또 다른 세력인 대원신통으로 분류되는 멸망한 가야계 왕족들이었다. 대원신통에는 왕실의 서자녀와 왕비가 대원신통일 경우 그 소생인 딸도 포함시키고 있었다.

신라의 역사는 대대로 왕이 권력을 장악했다기보다는 왕족인 진골정통과 진골정통의 한 가계家系인 성골聖骨의 왕이 권력을 분점해 온 귀족들의 나라였다. 성골이라 함은 진골정통 중에서도 왕위를 잇는 가계를 이르는 골품이다. 역대로 이 나라 치세의 근본은 전륜성왕轉輪聖王이 다스리는 불국토佛國土의 구현이었다. 그러한 열망이 가장 두드러졌던 무렵 왕실은 석가세존의 가계를 그대로 재현했다. 신라 26대 임금으로 즉위한 진평대왕은 자신의 휘諱를 백정白淨이라 했으며, 왕후에게는 마야摩耶라는 이름을 주어 석존의 부모와 똑같이 하였다. 또 왕위를 이을 딸에게는 『열반경涅槃經』에 등장하는 세존의 제자인 덕만德曼이라는 이름을 주었다. 선덕여왕이었다. 또 선덕여왕의 뒤를 이은 진덕여왕은 자신의 이름을 승만勝鬘이라 하였다. 승만은 『승만경勝鬘經』의 중심인물로 부처로부터 '하늘과 인간에서 자재로운 왕이 되리라'는 수기를 받았으며, '장차 보광여래라는 이름으로 부처가 되리라'고 약속을 얻은 바가 있으니, 왕이 곧 부처가 되는 나라를 이루고자 했던 것이었다. 이로써 왕가王家는 부처와 같이 성스러운 피를 받은 성골聖骨의 가계를 완성하였다. 왕실의 가계를 성골이라 한 것도 이 때문이었다.

그러나 진골정통인 김춘추가 29대 임금인 무열왕으로 즉위한 뒤로는 이러한 조정의 구도가 많이 변하였다. 후손이 없던 진덕여왕에 이르러 성골의 가계는 대가 끊기었고 왕위 역시 진골정통의 왕손이었던 김춘추의 집안으로 넘어간 것이었다. 또한 능란한 군사 통어로 삼한일통의 위업을 닦은 무열, 문무 두 왕대를 거치면서 김유신을 비롯한 가야계 왕족 후예들의 활약이 두드러졌고 대원신통이라 불리던 이들은 어느덧 조정의 실력자로 급부상하였다. 하지만 삼한일통을 이룩한 주역들의 이름이 하나 둘 묘비명에 새겨지게 되면서 진골정통의 중신들은 또다시 조정을 장악하기 시작했다.

이러한 중신들 간의 세력 분포는 성덕대왕 대代에 이르기까지 서로를 견제하며 나라를 이끌어오고 있었다. 그 틈을 비집고 왕권 교체기에 일약 조정의 실력자로 부상한 것이 바로 김원태의 세력이었다.

"낭자의 마음고생이 컸겠구려. 부친께서 변방에 있다면 어디를 이르는 것이오?"

오랫동안 생각에 잠겨 있던 청년이 비로소 입을 열었다.

"패강浿江(예성강) 변의 동비홀冬比忽이라 들었사옵니다."

"동비홀이라면 개성開城의 축성에 참여하고 있다는 말이

오? 몇 년 전에 성을 새로 쌓았으나 다시 성곽을 보수하고 있다고 들었소만."

"처음 성곽을 쌓을 때부터 부역을 했다 들었사옵니다. 관직에서 파직된 뒤로는 줄곧 패강 변의 수자리를 자원했었사옵니다. 소녀가 아비의 체모를 봐온 지도 벌써 여러 해가 되었지요. 드문드문 인편이나마 전해지기에 아비의 정리를 받고 자란 것이지요."

"그랬었구려. 내가 괜한 말을 물어 낭자의 마음을 상하게 한듯하오."

"미천한 소녀의 일을 공께서 괘념하실 바가 아니옵니다."

"……"

빗발은 점점 거세게 몰아치고 있었다. 가뭄 끝에 장마가 온다지만 초겨울 비로는 처음 보는 폭우였다. 들판에는 뽀얀 물안개가 지피고 있었고 하늘에서는 연신 천둥번개가 그치지 않았다. 처마에서 떨어지는 낙숫물은 줄기로 뻗어 마당을 헤치며 물고랑을 만들었다. 넓지 않은 마당은 어느 사이에 무논처럼 빗물이 가득했다.

"금세 멈출 비는 아닌 듯하구려."

청년은 주섬주섬 옷섶을 여미더니 이윽고 길을 나서려는 듯 일어섰다.

"아직은 빗발이 거세옵니다."

"그렇다고 마냥 기다릴 수만은 없질 않소."

"잠시만 기다리시지요."

"……"

"조악하기는 하지만 환부를 가릴 만은 할 것이옵니다. 공의 체모에 누가 되지 않으신다면 비를 가리심이 어떨는지요?"

낭자가 들고 나온 것은 갈대로 엮은 도롱이였다.

"누가 될 것이 뭐 있겠소. 이만하면 온종일 비를 맞아도 옷깃 하나 적시지 않겠구려. 하하하."

청년은 선뜻 도롱이를 받아들어 어깨에 걸쳤다. 갈잎 도롱이를 두른 청년은 영락없는 민간의 모습이었다. 당당하던 조금 전의 의표는 추레한 갈잎 속에 묻혀 간 곳이 없었다. 다만 진중하고 사려 깊은 눈빛만이 변함없이 그의 태생을 말해 주고 있었다. 억센 빗줄기에도 아랑곳없이 뜨락으로 내려서던 청년은 천천히 몸을 돌렸다. 그리고는 깊이 머리를 숙였다.

"참으로 고마웠소. 그런데 아직 통성명도 하질 못했구려. 낭자의 이름을 물어도 되겠소?"

"하찮은 민간의 소녀에게 이토록 정성을 표하시니 몸 둘 바를 모르겠사옵니다. 소녀의 아명은 청비靑飛라 하며 이름은 포정抱貞이옵니다."

"낭자의 자태에서는 청비라는 아명이 참으로 어울리는구려."

"과찬이시옵니다."

청비낭자는 부끄러운 듯 얼굴을 붉혔다.

"부친의 예전 관직과 성함은 어찌 되오?"

"내마奈麻의 관등으로 사자금당에서 감監의 직책을 수행하던 천승天承이란 분이옵니다."

"개성의 축성에 노역을 하고 있다면 혹 김순원과 함께 일한다는 말씀은 없으셨소?"

"그러하옵니다. 순원공께서 축성의 역사를 총괄하신다 하였사옵니다. 공께서는 어찌 그리 천리 먼 길의 변방 일까지 꿰고 계신지요? 소녀는 놀라울 뿐이옵니다."

"하하하, 그저 풍문으로 들었을 뿐이오."

청년은 소탈하게 웃으며 뜨락으로 내려섰다. 청비낭자는 수굿이 청년을 뒤따랐다. 억센 빗발이 고스란히 머리 위로 쏟아지고 있었지만 청비낭자의 자태는 조금의 흐트러짐도 없었다. 깊은 상처에도 불구하고 청년은 낯빛 한번 변하지 않고 마상에 올랐다. 청비낭자는 품에서 꺼내든 뭉치를 살며시 말안장에 찔러 넣었다.

"무엇이오?"

"환부에 발랐던 고약이옵니다. 민간의 처방이라 언짢게 여기시진 마옵소서. 아비의 말에 따르면 병영에서도 구하기 쉽지 않은 명약이라 하였사옵니다."

"고맙소. 오늘 일은 잊지 않으리다. 네 녀석도 잘 지내거라. 내가 오늘은 네게 빚을 많이 졌구나!"

청년은 한동안 삽살개를 바라보고는 말고삐를 틀어쥐었다.

"외람되오나 한 말씀 여쭈어도 되겠사옵니까?"

"말해 보오."

"공의 함자나마 듣고 싶사옵니다."

"하하하, 그렇듯 궁금하오?"

"……."

"병부대감兵部大監 김수충이오. 내 일간 들르리다."

순간, 청비낭자는 정신이 아득해서 땅바닥에 쓰러지듯 꿇어앉았다.

"소녀 죽을죄를 지었사옵니다. 벌을 내리소서!"

"하하하."

그러나 수충의 준마는 이미 빗속으로 멀어지고 있었다. 삽살개가 그 뒤를 한참이나 뒤쫓다가는 돌아왔다. 청비낭자는 수충의 모습이 시야를 떠나고서야 몸을 일으켰다. 하지만 수충이 사라진 알천 건너편으로 향한 시선은 한동안 거두지를 못했다. 청비낭자는 문득 수충이 향한 곳이 궁중이 아니라는 사실을 깨닫고는 잠시 뒤에야 머리를 끄덕였다. 아버지 성덕대왕으로부터 내침을 당한 그의 어머니 연화부인이 거처하는 사가로 간 것이었다. 청비낭자는 눈시울이 뜨거워짐을 느꼈다. 그것은 어릴 때부터 아비와 떨어져 지낸 자신의 처지와 다를 바 없는 동병상련의 감정 때문인지도 모른다. 구중궁궐 왕자의 존귀한 몸과 비교가 될까마는 청비낭자는 어렴풋이나마 수충의 마음을 헤아릴 수 있었다. 수충 역시 어려서부터 사가의 어머니와 헤어져 궁중에서 자란 몸이었다. 한 나라의 맏왕자로서 어머니를 왕후로 모시지 못하는 그의 마음인들 오죽이나 아플까. 청비낭자는 비로소 그의 소탈한 웃음에서 느껴지던 쓸쓸함을 이해할 수 있었다.

청비낭자는 물끄러미 수충의 준마가 남겨 놓은 말굽 자국에 시선을 던졌다. 움푹하게 패여 있던 자국은 굵은 빗발에 점점 감춰져 이제는 흔적조차 찾기 어려웠다. 청비낭자의 마음 한 구석에는 주체하기 힘든 감정의 여울 하나가 덧없이 포개지고 있었다.

멀리서 둔중한 천둥소리가 또다시 시작되고 있었다.

2

오늘따라 조회朝會는 끝날 기미가 보이지 않았다. 겨울 해는 벌써 머리 위로 올라섰건만 조회가 열리는 편전에서는 아무런 기척도 없었다. 도성 서라벌에도 어느덧 찬바람이 불기 시작해 편전을 기웃거리던 궁인들은 종종걸음을 치며 눈치만 살피고 있었다.

성덕대왕은 흡족한 웃음을 짓고 있었다.

"동비홀의 성곽 역사가 드디어 끝이 났다는 전갈이 있었소."

"경하할 일이옵니다."

"그렇다마다. 이제는 패강의 변방도 안심이 되는구려."

대왕의 말을 받은 중신은 승부령 김원태였다.

"그러하옵니다. 동비홀 성곽의 축성은 변방을 지키는 군졸들에게도 커다란 위안이 될 것이옵니다. 전란이 끝난 지 오래라지만 불안으로 아침을 맞아 불안을 잠재우며 밤을 보낸다 들었사옵니다."

"변방의 다스림은 이 나라 강역을 굳건히 하는 첩경이옵니다. 다행이 패강 변은 안정이 되었으나 바닷가는 왜구가 끊이질 않으니, 이제는 이를 견제할 방책을 강구하심이 옳을 듯하옵니다."

"지당한 말이오."

상대등 인품人品의 말에 대왕은 머리를 끄덕였다.

기벌포伎伐浦에서 설인귀가 거느린 당唐의 수군을 격파하여 통일 전란을 마감한 이래 50여 년이 지나고 있었다. 하지만 변방은 아직도 불안하기 짝이 없었다. 패강 북변은 누대에 걸쳐 안정이 되지 않았고 남쪽 해안은 백제의 구원舊怨을 내세운 왜구의 출몰이 끊임없이 이어지고 있었다.

패강 북쪽 고구려의 옛 땅은 당의 전리품이었다. 당은 안동도호부를 두어 다스리려 했으나 역부족이었다. 신라군의 도움 받은 고구려 유민의 지칠 줄 모르는 항전은 평양성의 안동도호부를 멀리 요동으로 몰아냈다. 그마저도 지속적인 부흥군의 공격에 시달리다 못해 안동도호부는 다음해에 신성으로 쫓겨났고 이후 도독부로 격하되는 수모를 당하더니 이제는 이름만 남아 있는 형국이었다.

무력 진압의 한계를 느낀 당은 고구려의 마지막 왕인 보장을 요동도독 조선왕으로 삼았다. 유민들을 달래려는 방책이었다. 그러나 보장은 오히려 말갈과 더불어 고구려 영토의 회복을 꾀하였다. 이에 당은 보장을 폐하고 그의 손자 보원으로 조선왕을 삼았다가 충성국왕에 봉하였다. 보원도 또한 고구려의 부흥을 꾀하였다. 당은 다시 보장의 아들 덕무에게 안동도독 직을 제수하여 그들을 달래려 했지만 고구려인들의 저항은 그칠 줄을 몰랐다.

이즈음 또 한 무리의 고구려 유민들은 대조영을 중심으로 당과의 결전을 벌이고 있었다. 그들은 요서성 천문령天門嶺에서 당군을 대파하고 동모산東牟山에서 나라를 세워 진震(발해)이라 이름하였다. 그들은 옛 고구려 북방의 영토를 반분하여 거머쥐며 삽시간에 대국을 이루었다.

이러한 실정이니 고구려의 남은 잔류민들은 대부분이 동모산으로 모여들었고 패강 북변은 이제 말갈과 여진족의 땅이 되어가고 있었다. 안타까운 일이 아닐 수 없었다. 삼한일통의 원願을 세운 이후 몇 왕대를 걸쳐 이룩한 강역의 평정이 당의 견제에 막혀 그 땅마저 내주고 만 것이었다. 더구나 당의 통제에서 멀리 있는 패강 북변의 말갈과 여진족은 오히려 진震과 교통하더니 점차 그들의 영토로 삼고 있었다. 신라로서는 고구려의 사직을 계승한 또 다른 강대국과 변경을 맞댄 셈이었다.

"요사이 북국北國(발해)의 동태에 관해서는 공들도 잘 알고 있을 것이오. 그래서 하는 말인데."

대왕은 다시 입을 열었다.

"이번 동비홀의 축성이 이렇듯 빨리 끝나도록 가장 큰 공을 세운 사람에 대해서 공들은 들은 바가 있으시오?"

"그가 누구이옵니까?"

"순원이오."

"……."

"허허허. 공들도 놀라셨구려!"

"선왕대에 역모로 파면된 김순원을 이르시는 것이옵니까?"

이찬 효정孝貞이었다.

"그러하오. 허허허."

"……."

순간, 중신들의 낯빛은 제각각으로 변했다. 중신들은 하나 둘 입을 다물기 시작했다. 대왕의 말만이 편전을 울릴 뿐이었다.

"김순원이 고안한 거중기擧重機가 두어 아름의 돌덩이도 번쩍번쩍 들어 올렸다는 것이오. 뿐만이 아니오. 김순원은 자비를 염출하면서까지 부역꾼들을 다독거려 성주城主가 도리어 할 일이 없었다니 이 얼마나 갸륵한 일이오."

"그러한 일이 이제서야 도성에 알려진 데에는 무슨 연유라도 있사옵니까?"

모처럼 입을 연 중신은 파진찬 사공思恭이었다.

"거중기의 제조는 축성이 시작된 뒤에야 완성이 되기도 했지만, 워낙에 김순원이 입조심을 당부하는지라 성주도 축성이 끝나고서야 전갈을 보내온 것이오."

"……."

"이번 기회에 김순원의 관직을 회복시킬까 하는데 공들의 의향은 어떠하오?"

"……."

편전은 삽시간에 침묵에 빠져들었다.

중신들은 누구 하나 가타부타 말이 없었다. 서로를 돌아보는 중신들의 눈길에는 묘한 기운이 교차되고 있었다. 그것도 잠시뿐이었다. 가급적이면 자신의 의중을 감추려는 기색이 역력히 드러나는 눈길이었다. 오랜 침묵을 깨고 말문을 연 중신은 김원태였다.

"불가하옵니다."

"어찌해서 불가하다는 말씀이오?"

"역모와 관련되어 강등된 자를 다시 등용한 전례가 없사옵니다. 그것은 불충한 자를 경계하려는 역대의 법통이옵니다. 대왕께서는 나쁜 선례를 만들어서는 아니 되옵니다."

"능력 있는 신하를 거두는 일이오. 전례에 구속될 까닭이 무엇이겠소?"

이번에는 이찬 효정孝貞이 말을 막았다.

"아니옵니다. 원칙이란 세우기가 어렵지 깨지기 시작하면 끝이 없사옵니다. 전대의 의범을 따르는 것도 바로 이런 연유인 것이옵니다."

"군신의 도리에 어긋남이 없도록 처리해야 할 것이옵니다."

상대등 인품이었다.

대왕의 낯빛이 붉어지고 있었다. 대왕의 얼굴에는 김순원의 역모 연루가 자선의 즉위를 위한 것이었음을 모르느냐는 불쾌감이 가득했다. 그러나 차마 그 일을 입에 담지는 못했다.

"김순원은 역모와 관련하여 십년을 넘게 벌을 받았소. 또 전년의 대사면 때에는 이미 죄를 사하여 골품을 회복했으니 이제 관직을 준다 함이 어찌 그르다는 것이오!"

그때였다.

"김순원이 이렇듯 세간의 눈을 피해 가며 나라를 위해 힘써 왔다 함은 그 반성의 일념이 식지 않았다는 증거일 것이옵니다. 복직을 허락하심도 무방할 듯하옵니다."

파진찬 사공이 처음으로 찬동을 하고 나섰다. 그러자 대아찬 배부裵賦 역시 사공의 의견을 따랐다.

"그러하옵니다. 죄를 사면 받아 골품을 회복한 터이니 관직에 나서지 못할 까닭이 없사옵니다."

그러나 김원태는 막무가내로 김순원의 복직을 반대했다.

"불가합니다."

"공들도 김순원의 뛰어난 기지는 잘 알고 있을 것이오. 변방의 정세가 어지러운 이때 지모를 갖춘 인물을 민간에 묻어둘 수만은 없는 일이 아니겠소?"

"서라벌에 어찌 인물이 없겠사옵니까. 대왕께서는 말씀을 거두시지요."

"……"

대왕은 입을 다물었다.

사사로이는 대왕의 빙부聘父인 김원태였다. 대왕도 김원태의 의중을 모르는 것은 아니었다. 하지만 그럴수록 대왕은 김순원을 복직시키고 싶었다. 대왕은 스르르 눈을 감았다. 중신들도 더 이상은 말이 없었다. 동비홀 성곽의 축성으로 화기에 넘치던 편전은 찬바람만이 돌고 있었다. 승부령 김원태와 이찬 효정 등이 극력 반대를 했고 파진찬 사공과 대아찬 배부를 따르는 무리들은 찬성을 하는 편이었다. 그런가 하면 상대등 인품은 중도를 지키는 편이었지만 짐짓 김원태의 의견을 좇는 듯했다. 조회는 한낮이 되어서야 끝이 났다. 김순원의 복직 건은 매듭을 못 지은 채였다.

며칠 뒤 김원태의 저택에서는 조촐한 술자리가 펼쳐졌다. 술자리에 은밀한 청함을 받은 사람은 상대등 인품과 이찬 효정이었다. 김원태는 술병을 들어 잔을 가득 채웠다. 쉽게 말문이 열리지 않았다. 사방이 칠흑 같은 어둠으로 뒤덮인 지도 벌써 두 식경이나 지났지만 김원태는 도무지 좌석의 어색함 따위는 염두에 두지도 않는 듯했다. 대신에 바깥으로 내보낸 자신의 비장을 불러들여 연신 재촉만 하고 있었다. 그것은 또 다른 누군가를 기다리고 있음을 짐작케 하였다. 하지만 그가 기다리는 인물은 좀처럼 나타나지 않았다. 김원태가 모두를 뗀 것은 시종이 술청을 두어 번 오가고 술잔이 몇 순배 돌고 난 뒤였다.

"이 밤중에 공들을 청한 까닭을 아시겠지요?"

김원태의 말은 은근했다. 인품은 두 눈만 껌뻑거릴 뿐 묵묵부답이었다.

"말씀하시게. 가릴 처지도 아니질 않는가?"

효정이 소리가 나도록 술잔을 내려놓으며 말을 받았다.

인품은 왕가와 혼인이 맺어진 뒤에 김원태의 적극적인 추천으로 상대등을 제수 받은 인물이었다. 하나 원로대신이니만치 김원태로서도 어려운 상대가 아닐 수 없었다. 이에 비하면 이찬 효정은 수족 같은 인물이었다. 강직한 성품에 지모도 출중하여 김원태로서는 마음 주기를 꺼려하지 않는 인물이었다. 더구나 같은 대원신통의 피를 이어 받은 데다 연배마저 비슷하니 둘의 사이는 막역하기 그지없었다. 어찌 됐든 이들 두 사람은 모두가 김원태의 후원에 힘입은 바가 컸다. 그만큼 김원태의 의중에 따라 움직여 온 그들이었다. 김원태는 조정에서도 가급적이면 스스로 의견을 내지 않았다. 측근을 요직에 앉혀 놓고 그들을 통해 자신의 뜻을 관철시키는 것이 김원태였다. 자신을 드러내지 않고 자신의 뜻대로 조정을 이끌겠다는 야심, 이것은 지금까지 김원태가 고수해 온 처세술이기도 했다. 그런 김원태가 김순원의 복직에 대해서만은 결사적으로 반대하고 나선 것이었다.

김원태는 인품을 바라보며 입을 열었다.

"대왕의 뜻을 어찌 보시는지요?"

며칠 사이 서라벌 조정은 김순원의 복직 건을 놓고 팽팽하게 대립되어 있었다. 대왕이 즉위한 이래 대왕과 중신, 중신과 중신들 사이에 이렇듯 간극이 벌어지기는 처음이었다. 인품이라고 이를 나 몰라라 할 처지는 아니었다. 하지만 명색이 백관의 맨 윗자리인 상대등에 올라 있는 그였다. 함부로 입을 열 처지가 아닌 것이 인품의 입장이었다.

"대왕의 성정이야 공께서도 잘 알고 계시질 않는가?"

인품은 슬며시 말꼬리를 돌렸다.

"저의 불민한 여식이 비로 책봉되어 왕자까지 생산하였으니 평소에 원하던 바는 모두 이루었습니다. 남은 일이 있다면 대왕의 치세를 성군의 태평성대로 만드는 일입니다. 그러려면 대왕께서 정도를 걷도록 이끌어야 할 텐데 그 방도를 여쭙고자 하는 것입니다."

김원태도 심중을 털어놓지는 않았다.

잠시 어색한 기운이 세 사람 사이에 감돌았다. 그때까지도 여전히 술잔만 기울이던 효정이 얼굴을 붉히며 입을 열었다.

"대왕의 뜻에 따를 수밖에 없는 일일세."

"김순원을 두고 하는 말이신가?"

"그러하네"

"……."

김원태는 뜻밖의 말에 놀라 입을 다물지 못했다.

"김순원이 다시 조정에 들어온다면 분란이 일어날 수도 있음이 아니던가. 관직에 오른다면 머지않아 필경 요직에 등용될 것일세. 그렇게 되면 그 작자가 가만 있겠나 말일세. 전일에 반역에 가담한 것도 따지고 보면 지금의 대왕을 위하자는 것이었네. 대왕으로서는 자기를 왕으로 세우고자 했던 사람을 거두시겠다는 명분이지만, 그 역모를 다스린 건 바로 대왕과 내가 아니던가."

"김순원이 아무리 지모가 뛰어나다지만 발톱 빠진 수리에 불과하질 않는가. 관직에서 내쳐진 지가 벌써 14년이네. 공께서 염려할 일은 아니라 보네만."

인품이었다.

"그렇지가 않습니다. 발톱은 다시 나면 그만이지요. 제가 걱정하는 것은 대왕의 의중인 것입니다. 대왕께서 김순원을 중용코자 마음만 먹는다면 못할 게 무엇이겠습니까. 또 김순원이란 작자가 주는 밥이나 받아먹을 위인이 아니질 않습니까?"

"김순원의 발을 묶자는 것인가?"

김원태는 자신의 불편한 심정을 알아챈 인품의 대답에 흡족해 했다. 김원태는 인품에게 무릎을 바짝 당겨 앉았다.

"바로 그것입니다. 그 작자는 한 번 틈으로도 고삐 풀린 망아지처럼 날뛸 위인입니다. 처음부터 잡도리를 하지 않으면 크게 후회할 일이 생길 것입니다."

"공이야말로 대왕의 인척인 데다 승부령이란 직책 또한 항시 대왕을 옆에서 모시는 자리가 아닌가. 김순원 하나쯤 막는 일이야 공에겐 어려운 일이 아니질 않는가!"

"제가 나서면 뒷공론이 심할 것입니다."

김원태가 머리를 흔들었다. 김원태는 뻔히 인품의 눈을 들여다보았다.

"나보고 나서라는 것인가?"

"적임자가 없음입니다."

"내 비록 상대등의 자리에 있다 하나 그 자리가 중신들의 의견을 앞세우기보다는 조정하는 자리임을 공도 잘 알고 있지 않은가."

인품이 뜨악하니 말했다.

"공께서는 대원신통의 앞날에 대하여 생각해 보셨는지요?"

"대원신통?"

"그러하옵니다. 이는 대왕의 치세를 굳건히 하는 일일 뿐 아니라 대원신통의 앞날을 닦는 것입니다."

"……."

인품은 그만 입을 다물었다. 그 역시 대원신통의 피를 이어 받은 처지였다. 그때 이제까지 곰곰 생각에 잠겨 있던 효정이 입을 열었다.

"심려가 너무 지나치시네. 그만 일로 이다지 걱정할 일이 무엇인가?"

"좋은 방도라도 있단 말인가?"

"방책이 뭐 따로 있겠는가. 만들면 되는 것이지."

"들어 보세나."

"태자책봉일세!"

순간, 방 안은 정적이 감돌았다.

그때였다. 황급한 발자국 소리가 안마당으로 들어서더니 문밖에서 뚝 멈추었다. 방 안의 세 사람은 경계의 눈초리를 숨기지 않았다.

"스님께서 당도하셨사옵니다."

"모시어라!"

김원태의 낯빛은 화들짝 밝아졌다.

비장의 안내를 받아 좌중에 합석한 인물은 납의를 걸친 중년의 승려였다. 언뜻 보아도 녹록한 인물은 아니었다. 낯선 승려가 들어서자 좌중은 다시 어색한 가운이 돌았다. 분위기를 감지한 김원태가 한껏 웃음을 터뜨리며 술을 한 순배 돌렸다.

"산중세서 경전에나 파묻혀 지내는 고지식한 스님네 하고는 격이 다른 승려입니다. 공들께서도 이 사람의 안목을 보시면 놀랄 것입니다."

"과찬이십니다. 소승 법운法雲이라 하옵니다."

수인사가 끝나고 술이 몇 순배 돌자 좌중의 분위기는 한껏 누그러졌다. 그때서야 김원태가 법운을 향해 입을 열었다.
"임자도 서라벌 일을 듣기는 하셨는가?"
"풍문으로만 들었을 뿐이지요."
"임자의 의중은 어떠한가?"
"공께서 관여하실 일이 아니라 봅니다."
"관여할 일이 아니라니?"
"그러합니다. 공께서는 작은 것으로 성품을 훼손하실 것이 아니라 큰 것을 취하여 앞날을 대비하심이 나을 것입니다."
법운은 담담하게 대답했다.
오늘의 술자리가 어떤 좌석인지 이미 잘 알고 있다는 투였다. 이 나라 제일의 관등인 상대등 인품이 있는 좌석임에도 그의 말투는 조금도 흔들림이 없었다.
"앞날을 대비한다 함은 무슨 뜻이던가?"
문득 효정이 물었다.
"……."
"말씀하시게. 어려워할 처지가 아닐세."
"먼저 한 말씀 여쭈어도 되겠습니까?"
"하시게나."
"공들께서는 대원신통과 진골정통과의 관계를 어찌 보시는지요?"
효정은 예기치 못한 질문에 저으기 당황했다.
"임자의 말뜻을 헤아리지 못하겠네. 설마 이 나라 조정이 파당으로 경영된다는 뜻은 아닐 테고."
"이젠 다르지요."

"무슨 말씀이신가?"

"안으로는 병기兵器를 녹여 농기農器를 만들고 밖으로는 원근이 편안하니, 장수는 할일이 없어졌고 조정 대신은 근심이 줄었습니다."

"태평성대라 밥그릇 싸움이 인다는 말씀이신가? 허허허… 지나친 독설이로고."

효정은 겉으로는 웃어 넘겼지만 법운의 안목에 놀라지 않을 수 없었다. 드러나지는 않았지만 이미 그런 조짐은 여러 곳에서 나타나는 터였다. 김순원의 복권을 두고 편전에서 벌어졌던 중신들 간의 대립도 그랬고 오늘의 좌석만 해도 다를 바 없는 자리였다. 하지만 승려의 입에서까지 그러한 말을 들으리라고는 전혀 생각지 못한 일이었다.

"쉽게 지나칠 일이 아닐 것입니다."

"파당을 거론하는 것 역시 반역임을 모르시는가!"

"소승이 어찌 반역을 이르겠습니까."

"그렇다면?"

"숲을 보고 나무를 심어야 한다는 것이지요."

"……"

"공들께서도 삼한일통 이래 이 나라 사직에 반기를 든 역모를 수없이 보아오신 터가 아닙니까. 그 역모의 근원이 무엇이었습니까? 대왕의 힘이 강대해짐을 저어한 진골정통의 견제가 아니옵니까. 거기에는 우리 대원신통의 세력이 날로 커짐을 두려워한 까닭도 있을 테지요."

"역대로 이 나라에 파당이란 없었네!"

"그리하면 신문대왕 대의 김흠돌과 전왕이신 효소대왕 대의 경영의 모반을 무엇으로 보오리까? 모두가 진골정통의 역모가 아니었습니까. 왕가에서 결정하신 일이니 미루어 짐작할 수밖에 없지만, 두 대왕께서 대원신통의 소생을 왕비로 맞이한 것도 우연만은 아닐 것입니다."

방 안의 분위기는 점점 달아오르고 있었다.

말을 주고받는 효정은 물론이고 김원태와 상대등 인품도 이제는 법운의 말에 빠져들고 있었다. 첫인상대로 결코 만만한 인물이 아니었다. 납의衲衣 속에 감춰진 왜소한 체구에서 그런 대담한 말이 나오리라고는 아무도 예상치 못했었다. 상대방을 찌를 듯 쏘아보는 눈빛부터가 예사 인물에게서는 볼 수 없는 것이었다. 역모의 일을 새삼 꺼내는 것도 범상한 인물로서는 감히 할 말이 아니었다.

"임자는 반역의 일을 입에 담는 것만으로도 주살을 면치 못함을 아시는가!"

효정은 짐짓 목청을 높였다.

"대왕의 영토에서 나는 푸성귀로 연명하는 소승이 모를 리 있겠습니까."

"하면 어찌 그 일을 들추는가?"

"일을 도모하면서 어찌 상대를 말하지 않겠습니까. 이들 역모의 근원을 살피는 것이야말로 저들의 앞일을 엿볼 수 있음입니다."

"말씀이 지나치네!"

상대등 인품이 모처럼 참견하고 나섰다. 그러자 김원태가 인품의 말을 막아섰다.

"임자의 말을 더 들어보시지요."

"삼한일통의 과업이 진행되는 동안 이 나라 사람은 모두가 하나였습니다. 아녀자는 갑옷을 지었으며, 동자는 화살을 다듬고 노인들은 군량을 거두었습니다. 소승과 같은 승려들까지도 승병부대인 삼천당三千幢으로 모여 결전에 임하였지요. 모두가 승전의 공신이었던 것입니다.

그런 가운데에도 한층 빛나는 삼한일통의 공신을 뽑으라면 그것은 바로 대원신통인 우리 가야 출신의 무장들일 것입니다. 대원신통이 조정에 뿌리박음 할 수 있었던 것도 이런 공과를 인정받았기 때문이 아닙니까.

그런데 사방이 평정되고 도성이 안정되자 저들 진골정통이 한 일이 무엇입니까. 군관공의 주살이었습니다. 군관공이 어떤 분입니까. 젊어서부터 유신공을 보필하며 전장에서 일평생을 보낸 분이 아닙니까. 백제의 징벌에 공을 세워 한산주 도독이 되었고 고구려의 징벌 때에는 한성주 행군총관으로 진군했으며, 백제의 잔당을 토벌할 때에는 품일공, 죽지공 등과 더불어 군관공 또한 열두 성城을 빼앗는 혁혁한 전공을 올리지 않았습니까.

문무대왕께옵서 재위 말년에 이르러 군관공께 이 나라 최고 관등인 상대등을 제수한 것도 다 이런 공적을 헤아리심인 것으로 소승은 알고 있습니다. 그런데 저들은 신문대왕께서 보위에 오르자마자 진골정통의 진복공을 상대등으로 세우고 군관공께 칼을 들이댔습니다. 과연 군관공께서 역모의 괴수였던 김흠돌 등과 관련이 있다 보십니까? 그들은 자신들의 정적을 제거하면서 대원신통의 수장인 군관공을 옭아 맨 것이 아니겠습니까."

 법운은 잠시 말을 끊었다.

 방 안에서는 이제 숨소리조차 들리지 않았다. 오로지 법운의 뒷말만을 기다릴 뿐, 눈빛조차 흔들림이 없었다.

 "또한 안승공의 일도 좋은 본보기일 것입니다. 필요할 때면 취하다가도 소용이 다 되면 버리는 것이 저들 진골정통이 아니었습니까? 신문대왕께서 달구벌로 도읍을 옮기려 했을 때도 저들은 어떠했습니까. 결국 저들 서라벌 진골정통의 힘에 밀려 천도遷都는 무위로 돌아갔습니다. 효소대왕 대에 일어났던 경영의 반란도 대원신통을 제거하자는 것이었음이라 보옵니다. 다행히 승부령 원태공께서 지금의 대왕과 합심했기에 저들의 공격을 피할 수 있었겠지요. 저들에게는 신라의 강역이 안정되었으니 우리 대원신통도 쓸모가 없을 것이 아니겠습니까. 대왕과 우리 대원신통에게 빼앗긴 권력을 되찾으려는 대반격이 시작된 것이지요. 이러한 터에 어찌 후일을 염려하지 않겠습니까."

 "역사를 추론만으로 단죄하려 하시는가?"

 "경영의 역모는 겨우 십여 년 전의 일이옵고, 김흠돌의 역모나 안승공의 일도 불과 이삼십 년뿐이 안 된 근래의 일이 아닙니까. 정황이 그러한데 어찌 추론이라 하겠습니까."

 "으음."

 상대등 인품도 더는 반박할 수 없었다.

들으면 들을수록 법운의 안목은 매섭기 그지없었다. 이제까지 쉽게 지나쳐 온 사건들을 하나하나 연결해가며 구체적인 정황을 제시하는 법운의 관찰력도 놀라우려니와, 그 사건의 맥락을 진골정통의 대반격이라고까지 표현하는 대담성에는 입을 다물 수가 없었다. 돌이켜보면 법운이 말한 사건들은 이미 좌중의 세 중신들 모두가 겪은 변란들이었다.

일을 도모함은 인간의 뜻에 달렸고 그 일의 성취는 하늘에 맡긴다고는 하나 반도의 동쪽 끝 나라 신라의 삼한일통은 오로지 인간의 뜻에 따라 이루어진 대업이었다. 북방의 군사대국 고구려와 일찍이 남서 해상을 수중에 둔 채 선진 당나라의 문물을 받아들인 문화대국 백제와의 틈바구니에서 사활을 건 힘겨운 투쟁을 거듭해오며 거둔 민족의 대통합이었기에 나라 사람들에게 있어서 한반도에서의 패권 쟁취가 가져온 승리감은 실로 대단한 것이었다. 더구나 당나라의 대군을 끌어들여 삼국을 평정한 뒤, 정복지인 백제와 고구려의 도움을 받아 어제까지의 우군이었던 당나라 대군을 몰아낸 것은 물론 이에 분노한 당 황제의 문무왕 폐위 조처, 토벌군 출정 등 양국 관계의 악화에도 불구하고 이를 다시 선린의 관계로 반전시켜 통일의 위업을 굳건히 한 신라인들의 자부심은 하늘을 찌를 듯했다.

통일 과업을 이룩하는 동안, 신라 왕실은 서라벌 출신의 진골정통 중신들과 공유하던 권력을 한손에 움켜쥐었고 이러한 대왕의 절대권력은 전란의 와중에서 당연시 되었다. 왕권의 확립을 이룬 무열대왕 김춘추는 가야출신의 대원신통

김유신과 손을 잡음으로써 진골정통을 견제하고 나아가 삼한일통의 기틀을 다졌다. 뒤를 이은 문무대왕 김법민金法敏 역시 김유신을 축으로 한 대원신통과 진골정통의 융합 아래 강력한 왕권을 유지하며 통일 과업을 이루었다.

그러나 나라 사람들의 절대 열망이었던 삼한일통이 완수되고 문무에 출중했던 무열, 문무 두 대왕의 뒤를 이어 신문대왕이 즉위하자 신라 왕실의 절대왕권에는 서서히 틈이 보이기 시작했다. 그것은 이제까지 통일 과업이라는 절대 명분에 신명을 바쳤던 서라벌의 진골정통이 왕실에 넘겨주었던 권력을 되찾으려는 시도로 나타나고 있었다. 그 시도의 첫 목표는 전란의 와중에서 조정 중신의 다수를 점하고 있는 대원신통의 제거였다.

"임자의 말은 억측이 심하져 않은가?"

김원태가 오랜만에 은근히 떠보고 있었다.

"무슨 뜻인지요?"

"김흠돌의 역모로 군관공이 처형당한 이후, 내가 지금의 대왕과 인찬姻親의 예를 맺기 전까지는 이 나라 조정도 전골정통으로 경영되지 않았던가?"

"그랬었지요."

"그동안에도 우리 대원신통은 별탈이 없질 않았던가?"

"곁으로는 그랬었지요."

"곁으로라!"

"그러합니다. 근래 이삼십 년 동안에 대원신통으로서 윗자리에 오르셨던 분이 없으셨으니까요. 이 자리에 계신 인품공께서 상대등에 오르실 때를 생각해보셨습니까? 저들의 반대가 많았다 들었습니다만."

"그렇다 해도 진골정통에서 마음만 먹었다면."

"힘으로만 될 일은 아니었지요."

"무슨 말이던가?"

"대왕께서 막아주셨기 때문에 아니겠습니까."

"대왕께서?"

"이이제이지요."

"세력으로 세력을 제압한다?"

김원태는 넋이 나간 듯 법운을 바라보였다.

다른 사람의 얼굴에도 놀란 거색이 역력했다. 이이제이以夷制夷란 무엇이던가. 당나라가 변방국에 대해 취하고 있는 외교의 근간을 이루는 정책을 말함이었다. 변방국의 세력이 강성해질 경우 그 주변국의 힘을 키워 견제토록 하는 정책. 신라가 고구려를 멸망시키고도 패강 북변의 광활한 고구려의 옛 영토를 우리 것이라 주장하지 못하는 것도 바로 이러한 당나라의 정책 때문이었다. 신라군이 패강을 넘지 못하게 하면서도, 고구려 북방 땅에 세워진 진국震國(발해)의 성장은 은근히 반기는 기색까지 보이는 것이었다. 자기들이 정복하지 못할 바에야 신라가 정복하여 세력을 키우느니보다는 차라리 진국을 용납하겠다는 태도였다. 그것은 신라의 세력 강화가 가져올 미래의 우환을 미리 차단하겠다는 속셈이었다. 적으로 적을 견제한다는 병법兵法의 한 묘책. 법운은 이 비책을 대왕이 정략적으로 이용한다고 말하는 것이었다.

음모 53

"과연 원태공의 안목은 대단하이. 어디서 모사謀士를 얻었을까. 허허허."

한동안의 침묵을 깨고 이찬 효정이 너털웃음을 터뜨리며 법운의 손을 덥석 잡았다.

"참으로 예리한 안목일세."

"과천이십니다."

"서두는 그만해도 알아듣겠네. 이젠 방책을 말해 보시게나. 앞일을 도모함이 낫다고 하질 않았던가?"

"두 가지가 있다고 봅니다."

"그것이 무엇인가?"

"태자 책봉을 준비하는 것이 그 첫째이옵고, 두 번째는 천도를 다시 추진하는 것입니다."

"태자책봉과 천도!"

"허허허."

"역시 모사끼리는 통하는 데가 있어. 허허허."

순간, 좌중을 무겁게 짓누르던 공기가 활짝 가셨다. 좌중은 이제 아연 활기를 띠고 있었다. 김원태도 더 이상 김순원의 복직에 관해서는 신경을 쓰지 않았다. 소아를 버리고 대리를 취하자는 이찬 효정과 법운이 내놓은 방책은 그로서도 거부할 이유가 없었다. 자신의 손자이자 대왕의 아들인 왕자 중경重慶의 나이 벌써 아홉 살이었다. 맏왕자인 수충이 있다지만 그에게 보위를 넘겨줄 수는 없는 일이었다. 다만 염려되는 일이 있다면 아직도 수충에 대한 대왕의 신임이 각별하다는 것이었다. 하지만 자신의 손자인 중경에 대한 사랑 또

한 그에 못지않은 터였다. 중경에 대한 대왕의 사랑은 태어날 때부터 유별난 것이었다. 대왕은 중경의 탄생을 맞아 이를 경축하기 위하여, 금후今後로는 까닭 없는 살생을 금하라는 교서를 내리기까지 하질 않았던가. 더구나 수충이 민간의 연희부인 소생이라면 중경은 엄연한 정실부인인 성정왕후의 적자였다. 태자로 책봉됨에 있어서 거리낄 것이 없는 왕자였다. 김원태의 눈에는 알 듯 모를 듯한 미소가 스치고 지나갔다. 그런 표정을 읽었는지 법운이 슬쩍 제동을 걸었다.

"하오나, 서두르실 일은 아닙니다."

김원태는 다시 무표정한 얼굴로 돌아와 법운을 쳐다보았다. 괄괄한 성미를 이기지 못하는 이찬 효정만이 화들짝 되물었다.

"그건 또 무슨 까닭인가?"

"주변을 잡도리하고 시작해야겠지요. 아직은 대왕의 뜻도 알 수 없는 일이질 않습니까?"

"자세히 말씀해 보시게나."

"장성한 수충공께서 계시는 한 반발이 없으리라고는 자신 못하겠지요. 수충공의 출중함은 이미 나라 사람 모두가 추앙하는 바입니다. 천시天時와 지리地利가 인화人和와 같지 못하다 하질 않았습니까. 천천히 민간의 마음부터 되돌려야 할 것입니다. 그런 연후에 태자 책봉을 이루고 다시 천도를 추진해야 뒤탈이 없을 것이 아니겠습니까? 도성이 서라벌을 벗어나지 않는 한 진골정통의 세력은 끝까지 왕통을 위협할 것입니다. 공들께서도 이 점을 유념하시어 때를 보아야 할 것이옵니다."

"옳은 말씀이네."

"지나침은 모자람만 못한 것이지. 천천히 방책을 도모해 보세나."

바깥은 별무리마저 지고 있었지만 좌중의 이야기는 끝이 날 줄을 몰랐다. 술청을 지키는 시종은 동이 훤하게 밝아서야 대문이 열리는 소리를 들을 수 있었다.

3

김원태의 저택을 나온 법운의 걸음은 사뭇 제비처럼 날래게 도성 밖으로 향했다. 도성은 아직 고요하게 잠들어 있었다. 미처 한 식경이 되기 전에 법운은 도성을 멀리 둔 채 북쪽을 향해 달음질치고 있었다. 두어 시진만 더 가면 나루터가 나올 터였다. 법운의 이마에는 오래 전부터 굵은 땀방울이 흘러내리고 있었다. 그렇게 바쁜 걸음을 재촉하던 법운은 문득 시장기를 느끼며 걸음을 멈추었다. 아직은 이른 아침의 강바람이어선지 살품을 파고드는 기운이 제법 매서웠다. 들판 건너 멀리 백률사栢栗寺에서는 한 가닥 연기가 비단폭처럼 펼쳐지고 있었다. 멀리 구릉 뒤로 치솟아 있는 토함산은 서서히 붉은 기운을 토해내는 아침놀에 그 넉넉한 자태를 드러내기 시작했다.

법운은 먹을거리로 그득한 걸망을 한번 출썩 해 보고는 밭둑으로 올라앉았다. 걸망을 헤집던 손끝에 싸늘하게 식은 주먹밥이 들어왔다. 법운은 그중 조금이나마 온기가 느껴지는 덩어리를 꺼내어 한입 가득하게 물었다. 그러던 법운의 눈살이 슬몃 찌푸려졌다. 법운의 눈길은 강변을 따라 펼쳐진 들녘 끝 산자락이 시작되는 곳으로 가 있었다. 백률사 언저리였다. 그곳에서는 하나의 작은 점이 꿈틀대고 있었다. 한 필의 말이었다. 겨우 형체를 내놓던 말은 마치 법운을 향해 달려들 듯이 다가서더니 말굽소리만 남긴 채 이내 살같이 지나쳐 버렸다. 순식간의 일이었다. 그 틈에도 법운은 말과 함께 바람을 가르던 헌헌한 장부의 얼굴을 볼 수 있었다. 말이 지나친 들판에는 먼지만이 외길로 자욱하게 남았다. 법운은 머리를 갸웃거리며 다시 발걸음을 옮기기 시작했다. 방금의 인물이 오래 전에 역모에 관련되었던 김순원이라는 것은 까맣게 모른 채였다.

법운이 오대산에 도착한 것은 도성 서라벌을 떠난 지 닷새째 되는 날이었다. 동쪽 바닷가를 타고 삼사 일만에 명주溟州로 들어온 법운은 북원경北原京으로 향하는 고산준령을 넘어 곧장 오대산으로 발길을 잡았다. 계곡으로 들어서자 한기가 섬뜩하게 느껴졌다. 이제서야 초겨울에 들어선 도성 서라벌과는 천양지차의 기온이었다. 그러나 떠나 있던 산사山寺로 돌아오는 법운의 발걸음은 나는 듯 가벼웠다.

첩첩이 쌓인 준봉들은 내리칠 듯이 법운의 앞을 가로 막았다. 건너편 산정山頂의 틈새로 쏟아져 내리던 계곡의 물줄기는 갑자기 방향을 바꾸며 연신 기암절벽을 갈라놓았고 빼곡한 고로쇠나무는 앙상한 줄기만으로도 볕을 가리고 있었다.

까마득히 솟아오른 산정은 하얀 눈 속에 숨어 버렸으나, 계곡의 고로쇠나무들은 듬성듬성 매달린 잎새로나마 단풍의 구색을 갖추고 있었다. 낙엽에 덮여 혼적조차 없는 조도鳥道를 더듬던 법운은 벌써 몇 번이나 길을 놓쳤다가는 되찾아가며 계곡을 오르고 있었다. 불과 한 바퀴를 돌아선 사계절의 날들에 기억을 빼앗긴 것이었다.

법운이 보천寶川스님이 기거하는 보천암寶川庵에 들어선 것은 점심때가 훨씬 지난 무렵이었다. 법운을 맞은 것은 텅 빈 암자였다. 법운은 비틀거리며 암자의 한쪽 벽에 기대어 아무렇게나 주저앉았다. 허망함을 가득 담은 법운의 눈길은 어느 사이에 산 아래로가 있었다.

법운은 문득 방 안에 놓인 조그만 소반 위로 시선을 보냈다. 솔[松] 둥치를 반 토막으로 갈라 맞춘 소반 위에는 한 권의 책이 펼쳐져 있었다.

법운은 조심스럽게 책을 집어들었다.

지장보살이 사뢰었다.
"온갖 법이 어찌하여 인연에서 나지 않는다고 하셨사옵니까?"

그때에 여래께서 이 뜻을 펴시려고 게송으로 말씀하셨다.
"만일 법이 인연에서 난다면 인연을 여의면 법이 없으리니, 어떻게 법성法性이 없는데 인연이 법을 낼 수 있으랴."

원효 큰스님이 집필한 『금강삼매경론』의 총지품總持品이었다. 법운은 가슴이 뜨끔했다. 이 게송은 보천 스님이 항용 자신에게 들려주던 구절이었다.

'내가 올 줄 알고 계셨던 것일까.'

법운은 두 무릎을 꿇고 소반 위에 책을 얹어 놓았다. 그리고는 자리에서 일어나 마치 보천이 앞에 있기라도 한 듯 큰절을 세 번 올렸다.

보천 스님이 돌아온 것은 다음날 해질 무렵이었다.

"큰스님께 문안드리옵니다."

"왕통王統을 세우려 왔느냐!"

"큰스님께서도 알고 계시옵니까?"

"법통法統을 세우라 했거늘 어찌 때도 안 된 왕통에 매달리는가!"

"……"

"너를 산문 밖으로 보낸 뜻을 몰랐단 말이더냐?"

"소승은 다만 나라 사람의 근심을…."

"자신의 병도 모르면서 남의 병을 고치려 하느냐!"

"……"

"거꾸로 흐르는 물을 보았더냐. 한 방울의 빗물도 원顯을 세워 큰 바다를 이루거늘, 스스로 고치를 만들어 그 속에 갇히는 누에가 되려 하는가! 네 현명함이 도리어 어리석은 업業을 만듦을 아직도 모르겠느냐?"

"소승의 무지함을 깨우쳐 주시옵소서."

법운의 등줄기에서는 식은땀이 주르르 흘러내렸다. 법운은 미동도 없이 서 있는 보천스님을 우러렀다. 그의 무표정한 얼굴에도 순간 한 가닥 그림자가 스침을 법운은 놓치지 않았다. 보천 큰스님인들 어찌 회한이 없으랴. 당당히 보위에 올라 있어야 할 신문대왕의 장자였다. 그런 보천이 지금은 푸른 납의 안에서 세속을 떨쳐내고 있는 것이었다.

선왕인 효소대왕과 현왕인 성덕대왕의 아버님인 신문대왕 재위 원년의 일이었다. 이찬 김흠돌金欽突이 파진찬 흥원興元, 대아찬 진공眞功 등과 더불어 역모를 일으켰다. 당시 이찬 김흠돌은 자신의 누이가 신문대왕의 원비이나 보위에 오르기 전의 부인이라 하여 왕비에 책봉되지 못함을 원망해오다 반란을 일으킨 것이었다. 김흠돌은 궁중의 내시들과 교통하며 기회를 엿보았으나 미처 군사를 써 보기도 전에 발각되었다. 나흘 만에 군사를 다 잃고 사로잡힌 김흠돌 등은 곧 바로 처형을 당했다. 조정의 중신으로 사사로이는 자신의 처남인 김흠돌이 반역의 괴수임에 분노해 있던 대왕도, 인륜만큼은 저버릴 수가 없었던지 자신의 비妃만은 사가로 내치는 것으로 역모를 마무리 지었다. 오직 그 소생인 보천왕자만이 역모의 소용돌이에서 벗어나 궁중에 남았다. 그러나 반란이 마무리된 지 십여 일만에 또 한 차례의 피바람이 일었으니, 그것은 바로 병부령을 겸직하고 있던 재상 군관軍官의 처형이었다. 삼한일통의 전장터에서도 혁혁한 전공을 세운 원로 중신인 군관의 처형은 뜻밖의 일이었다. 역모에 연루되었다는 죄목이었다. 반역을 다스리는 선문대왕의 명령은 추상같았다. 온 나라 사람의 모범이 되어야 할 재상 군관공의 이름이 거론되자 털끝만큼의 사정도 두지 않고 사형을 명하였다. 이때 신문대왕의 심기가 어떠했는가는 자진을 명한 교서敎書만 보아도 금방 알 수 있다.

「윗사람을 섬기는 법은 충성을 다함을 근본으로 삼고, 관官에 있어서의 의義는 두 마음을 갖지 않음을 종宗으로 삼는다. 병부령 이찬 군관이 반서班序의 인연으로 윗자리에 올랐으나 능히 해야 할 일을 깨끗한 절개로써 조정에 다하지 못하고, 목숨을 버리고 몸을 잊어가며 사직에 단성丹誠을 나타내지도 못하고, 적신 흠돌 등과 교섭하여 반역을 꾀함을 알면서도 알리지 않았으니, 이는 나라를 걱정하는 마음이 없고, 다시 공公에 따를 뜻이 없는 것이다. 어찌 중한 재상의 위位에 있으면서 헌장憲章을 흐리게 할 수 있는가. 당연히 죄인들과 더불어 후세에 징계하여야 할 것이니 군관과 그의 적자는 스스로 목숨을 끊도록 하고 이를 널리 포고하여 모두 알게 하라.」

결국 보위는 그 뒤에 왕비로 맞이한 선목神穆왕후의 소생인 효소, 성덕대왕으로 이어졌다. 두 분 모두가 보천 스님의 이복 아우들인 것이다. 그런 보천 스님 앞에서 왕통을 운운했던 법운은 심히 부끄럽지 않을 수 없었다. 법운의 총기 있는 눈빛도 깊이를 알 수 없는 보천 스님의 눈길 앞에서는 맥없이 스러지고 있었다.

보천 스님이 선정에 든 지도 사흘을 넘기고 있었다. 법운도 사흘 밤낮을 보천 스님 곁에서 떠나지 않았다. 그러던 보천 스님이 말문을 튼 것은 겹겹이 늘어선 수림 사이로 저녁

해가 감춰질 무렵이었다.

"전란의 피비린내가 산천에 가득 배어 있는데 아직도 흘린 피가 모자라는가 보구나."

보천 스님의 말끝은 가늘게 떨리고 있었다.

"……."

"장차 네가 모셔야 할 분께서 신산한 산고를 겪고 있음이니라."

"제가 모실 분이라 하셨사옵니까?"

"악업이 또다시 업을 쌓는 것이로다. 젊은 혈기로 어찌 그 업을 감당해낼는지!"

"그분의 누구시옵니까?

"너는 그분의 길을 열고 그분의 지팡이가 되어야 하느니라."

"어찌해야 하옵니까?"

"때가 되면 네 앞에 그분이 설 것이니라."

한 가닥 남아 있던 저녁놀의 끝자락이 마악 자취를 감추었다. 산중은 일사에 어둠의 치맛자락에 휩싸였다. 끝없는 수해를 이룬 침엽수림은 두런두런 밤의 이야기를 나누기 시작했다. 간간이 섞여있는 어느 고로쇠나무의 우듬지에서인가 부엉이의 처량한 울음이 밤의 적막을 흔들기 시작했다.

"참으로 어렵게도 오시는구나. 처음이 이럴진대 나중은 또 어떨는지. 너의 몫도 적지만은 않을 것이니라."

"……."

"다시 산을 내려가거라."

"……."

"그분을 찾는 것도 너의 몫이니라."

보천 스님의 말은 나직했다. 법운은 자신의 두 눈을 빤히 들여다보는 보천 스님의 시선을 감히 마주할 수가 없었다. 그를 모신 이래 저렇듯 많은 말과, 저렇듯 수심에 가득한 눈빛을 법운은 일찍이 본 적이 없었다. 법운이 눈을 들어 그를 우러렀을 때, 그는 한빛 미소를 발하고 있었다. 어둠이 그의 미소를 가리고 급기야는 그의 자태마저 삼켰을 때는 이미 보천 스님이 산자락을 돌아선 뒤였다. 하지만 그가 남긴 말은 거역할 수 없는 운명처럼 법운을 조여 오고 있었다. 법운은 합장한 손을 풀지 못한 채 하염없이 서 있었다.

이 사라진 산자락도 이제는 어둠 속으로 빨려들고 있었다.

비로소 법운의 입에서는 한마디 말이 흘러나왔다.

"그것이 소승에게 주어진 인연이라면 따르겠나이다."

알 수 없는 뜨거운 불덩이가 가슴 밑바닥으로부터 치솟아 올랐다. 그것은 법운의 뺨을 적시더니 마침내는 불덩이가 되어 식지 않은 가슴까지도 온통 적시고 있었다.

법운은 아찔한 현기증을 느끼며 쓰러졌다. 가슴 한 귀퉁이에서는 기둥 하나가 천천히 무너져 내렸다.

4

완연한 봄볕이었다. 아침 찬바람이 부드러워지는가 싶더니 들녘은 봄볕 아래 누워 있었다. 얼어붙었던 들녘은 아지랑이로 옷을 벗고 붉은 속살을 훤히 드러냈다. 성급한 낭자들은 햇살이 퍼지기도 전에 들녘으로 나섰다. 원추리는 솜털 보송한 귀뿌리를 내놓았고 냉이는 벌써 어린아이 손바닥만 했다. 낭자들의 종다리는 금세 수북해졌고 또 그만큼의 재잘거림이 너른 들판을 가득 메웠다.

"오늘도 나오시겠지!"

"계집애두!"

"까르르르."

남이 들으면 얼굴이 화끈할 얘기이건만 처녀들의 표정은 부끄러운 기색이라고는 하나도 없었다. 흥륜사興輪寺의 탑돌이를 두고 떠드는 소리였다. 그것은 온종일 지절거려도 싫증 나기는커녕 떠올리기만 하여도 설렘이 온 몸을 전율시키는 일이었다. 낭자들에게만 그런 것이 아니었다. 온 신라 땅, 특히 서라벌의 젊은 남녀들에게 있어서 탑돌이만큼 기다려지고 흥겨운 일도 드물었다.

탑돌이는 법흥대왕 이후 알게 모르게 생겨난 행사로, 이월 초파일에 시작해 보름까지 지속되었다. 탑돌이를 하며 새해의 복을 비는 일은 그네들에게는 가장 기다려지는 일년맞이 풍습이었다. 한때는 황룡사의 탑돌이가 성대하기도 했으나 대왕이 즉위하던 해에 구층탑이 벼락으로 무너진 뒤에는 흥륜사의 탑돌이가 그중 규모를 자랑하고 있었다.

해질 무렵부터 밤이 깊도록 탑을 도는 여드레 동안 서라벌은 온통 뒤숭숭해지고는 했다. 젊은 남녀가 많이 모여드는 자리인지라 자연 뒷말도 무성하지 않을 수 없었다. 이번에는 어느 공과 어떤 낭자가 짝이 될까. 염불보다는 잿밥이었다. 마음이 닿는 짝을 만나면 뒤를 따라 탑을 돌았다. 상대가 피하지 않으면 그 마음을 받아들인 것이었다. 서라벌의 많은 남녀들이 그렇게 만나 자식을 낳았고, 그들의 아들과 딸들이 또 그렇게 짝을 찾는 탑돌이였다. 그러한 터이니 탑돌이가 서라벌 모든 사람들의 촉각을 곤두서게 하는 것은 당연한 일이었다.

홍륜사는 대낮처럼 횃불이 타오르고 있었다. 절 마당은 빼곡하게 들어찬 사람들로 북새통이었다. 탑 언저리는 아예 발 디딜 틈도 없었다. 저녁 예불이 끝나고 범종소리가 울렸다. 탑돌이가 시작된 것이었다. 젊은 남녀들은 기원을 가득 담고 두 손을 모은 채 서서히 물결을 이루었다. 그것은 얼마 지나지 않아 거대한 소용돌이가 되어 탑을 감쌌다. 그 가운데에는 청비낭자의 모습도 보였다. 저녁놀이 채 넘어가기도 전에 홍륜사로 나온 청비낭자였다. 그녀에게는 철이 든 이후 가장 행복하게 맞는 탑돌이였다. 지난해에는 아버지 천승이 동비홀 성곽의 축성에 공을 세워 관등을 회복하더니, 새해 들어서는 급찬의 관등에까지 오른 것이었다. 몇 년 만에 처음으로 가족이 함께 생활하는 것도 청비낭자에게는 더없는 기쁨이었다. 그녀로서는 요즘의 행복이 그저 꿈이 아니기를 바랄 뿐이었다.

밤하늘에는 달무리가 일고 있었다. 탑돌이의 행렬이 점점 줄어들었다. 군데군데 불꽃을 사르며 탑전을 밝히던 횃불은 하나 둘 불꽃을 삭이기 시작했다. 그때였다. 청비낭자는 문득 자신의 뒤를 밟는 발자국을 느낄 수 있었다. 순간, 철렁 무너질듯하던 가슴은 쉴 새 없이 콩당거렸다. 청비낭자의 발길은 자신도 모르게 빨라졌다. 그럴수록 뒤를 따르는 발자국 소리도 서두르는 기색이 역력했다.

몇 바퀴나 더 돌았을까. 청비낭자는 어느 때부터인가 그 발자국을 기다리고 있었다. 두렵기도 했지만 어쩌다 발자국 소리가 멀어지면 가슴이 덜컹 내려앉는 것이었다. 그러나 뒤를 좇던 발자국 소리는 다시 들리지 않았다. 횃불에 비치던 그림자도 자취를 감춘 지가 오래 전이었다.

얼마 후, 청비낭자는 허전함을 간직한 채 흥륜사를 나왔다. 늦은 밤길이지만 서라벌은 횃불 아래 대낮이나 다름없었다. 보름날까지는 꺼지지 않을 횃불이었다. 청비낭자의 두 볼은 불빛으로 발갛게 달아올랐다. 길가에 늘어선 횃불 때문만은 아니었다. 흥륜사를 벗어나기 이전부터 청비낭자의 마음은 줄곧 한 생각에 사로잡혀 있었다. 어느 공자일까? 청비낭자는 도리질을 하면서도 궁금함을 떨칠 수가 없었다. 하릴없는 걸음에도 횃불을 밝힌 한길은 끝이 나고 있었다.

"나는 낭자를 뒷모습만으로도 알아보았는데, 낭자는 나의 발길이 귀에 익지 않은가 보오. 오늘 밤의 탑돌이가 허사가 되질 않았소. 하하하!"

"……."

"무얼 그려 놀라시오."

돌연 들려오는 우렁찬 목소리였다. 목소리의 주인이 횃불에 확연하게 드러났다. 수충이었다.

"소녀 인사드리옵니다."

청비낭자는 놀란 눈을 동그랗게 뜨고 그를 바라보았다. 그동안 몇 번 초막을 찾은 적은 있지만, 그것은 사냥길에 들른 의례적언 방문이었다. 그런데 탑돌이에서 자신의 뒤를 따르던 발길의 주인이 그였다니, 청비낭자는 믿기지가 않았다. 수충은 빙긋이 웃으며 청비낭자를 쳐다보았다. 청비낭자는 얼른 눈길을 거두었다. 그러나 수충의 시선은 청비낭자의 두 눈에 박혀 움직일 줄을 몰랐다.

"내일도 같은 시작에 나오리다. 그땐 사양치 말길 바라오."

"……."

"내일 보오리다."

"아니 되옵니다. 소녀는…."

한참만에야 청비낭자는 겨우 입을 열었다.

벌써 초막은 저만큼 앞에 다가서 있었다. 청비낭자는 도리질을 했다. 그러나 산같이 버티고 선 수충의 표정은 변함이 없었다.

"왕자의 신분이 그렇게도 두렵소? 하하하."

"여염의 천한 소녀이옵니다."

"사람이 살아가는 도리야 여염이든 골품이든 차별이 있으리까!"

"존귀한 몸이시옵니다. 왕실에 누가되는 일에 어찌 소녀가 따를 수 있겠사옵니까. 공께서는 말씀을 거두시지요. 소녀에게는 희롱으로만 들리옵니다."

"당치 않소. 장부의 몸으로 낭자에게 두 말을 하리까. 기다릴 것이오."

"하오나…."

청비낭자는 머리를 흔들었다.

수충의 모습은 이미 한길로 나서고 있었다. 청비낭자는 쓸쓸하게 돌아섰다.

남은 밤은 몇 번의 뒤척임으로 동을 밝혔다. 짧은 봄날이라지만 하루해는 삽시간이었다. 한 뼘 남짓 남아 있던 저녁 해가 기우는가 싶더니 단번에 자취도 없이 사라졌다. 남산 위에는 언제 올라왔는지 보름달이 걸치기 시작했다. 한길 가에서는 벌써부터 관솔불이 그을음을 내며 타고 있었다. 보름달이 중천을 넘어서도록 흥륜사의 탑돌이는 열기가 식지 않았다. 다른 날 같으면 한산해질 때였지만 탑돌이의 행렬은 변함이 없었다. 탑돌이의 마지막 날이었다.

"나무아미타불, 나무아미타불…"

아미타불의 명호名號를 외는 소리가 걸음을 옮길 때마다 탑전을 가득 메웠다. 나지막하게 시작된 그 소리는 탑전을 벗어나면서부터는 커다란 울림이 되어 서라벌을 흔들고 있었다.

얼음덩이처럼 차가운 기운을 뿜어내던 보름달이 달무리에 휩싸이기 시작했다. 북두칠성도 어느 결에 중천으로 올라서 있었다. 한 무리의 옅은 구름이 천천히 일곱 개의 별을 가렸다. 절 마당을 사르던 관솔불도 그 붉던 화염을 내리고 있었다. 탑돌이의 행렬에도 서서히 틈이 보이기 시작했다. 그러나 초저녁부터 한 번의 쉼도 없이 탑을 도는 한 쌍의 남녀는 아직도 탑전을 벗어나지 않고 있었다. 청비낭자와 수충이었다. 이미 많은 남녀들이 뒤따르던 발길의 청을 받아들여 어둠 속으로 사라졌지만 그들에게는 요원한 일처럼 느껴지는 탑돌이였다.

두 남녀가 흥륜사를 나온 것은 관솔불이 완전히 꺼진 뒤였다. 바람이 일고 있었다. 달빛을 가리던 옅은 구름은 점차 온 하늘을 뒤덮기 시작했다. 구름 뒤에 감춰진 보름달은 간간이 한쪽 몸을 드러냈다가는 다시 숨어 버렸다. 그럴 때마다 청비낭자의 얼굴에는 어두운 그림자가 드리워지고 있었다.

"곰곰이 생각해 보았사옵니다."

"무엇을 말이오!"

"외람되오나 소녀의 청을 들어주시겠사옵니까!"

"말해보오."

"소녀의 가문이 미천함은 공께서도 잘 알고 계시질 않사옵니까. 그럼에도 이다지도 괴로움을 주시는 연유가 무엇이옵니까. 공께서는 체모를 소중히 하옵소서."

"……."

"장차 보위를 염려하셔야 할 존귀한 몸이시옵니다. 한낱 계집 따위로 여염의 풍문에 오르내리는 어리석음을 범하여서는 아니 되옵니다."

"그만 멈추시오!"

수충은 부드럽게 그녀의 말을 막았다.

하지만 청비낭자는 수충의 눈에 지피는 불길을 볼 수가 있었다. 그것은 범접하기 어려운 기운을 담고 있었다. 청비낭자는 수굿이 고개를 떨구었다. 청비낭자의 두 눈에는 벌써부터 촉촉이 젖은 달빛이 들어 있었다.

"왕가의 혼인이 어찌 사랑만으로 이루어지겠사옵니까?"

"남녀의 사랑을 떠나 혼인이 이루어졌다는 말 또한 듣지를 못하였소."

"하오나, 지금의 조정은…."

"낭자의 아리따운 마음으론 남정네들의 일을 염려할 바가 아니오. 장부의 말에 허언이 있으리까. 내 비록 천격賤格을 겨우 벗어났으나 그래도 이 나라 왕자의 몸이 아니오."

"아니 되옵니다. 소녀는 도저히…."

"오늘 밤 이후의 일은 보지도 말고 듣지도 않으면 될 것이오."

수충은 부드럽게 청비낭자의 손을 감쌌다. 순간, 청비낭자의 해쓱해진 얼굴은 더욱 창백해졌다. 가녀린 손마디가 수충의 손 안에서 바르르 떨고 있었다. 청비낭자의 눈에는 지난 몇 개월 동안의 일들이 쉼 없이 스쳐갔다. 첫 만남 이후 장난처럼 다가서던 수충으로 인해 얼마나 조심스러웠는지 몰랐다. 그러나 지금은… 해가 밝으면 만천하에 드려날 일이었다.

'어찌해야 좋을까.'

청비낭자는 스르르 눈을 감았다. 아무런 생각도 나지 않았다. 차라리 모든 것이 꿈이기를 바랄 뿐이었다.

"소녀가 두려워함은 제 일신을 위해서가 아니옵니다. 다만…."

"다만, 무엇이오?"

"공께 누만 끼칠 일이니, 어찌 공의 말씀을 따르겠사옵니까."

"낭자의 아름다움도 그 마음만은 따르질 못하겠구려. 내 평생 동안 간직할 것이오."

"……."

"탑을 돌면서 무슨 생각을 했는지 아시오?"

"……."

"나의 배필을 떠올리고 있었소."

수충의 손에서는 땀이 배어나고 있었다. 청비낭자는 슬몃 수충에게서 손을 거두려 했다. 하지만 수충은 더욱 힘껏 청비낭자의 손을 쥐었다. 그리고는 반은 농에 가깝게 말을 이었다.

"나의 배필은 말이오."

"소녀는 더는."

"쉿!"

수충은 청비낭자의 말을 막았다. 부드러운 수충의 눈빛이 청비낭자의 얼굴을 감쌌다. 청비낭자의 발그스름해진 얼굴이 달빛 아래 환하게 드러났다. 청비낭자는 얼른 눈길을 돌렸다. 어느 때부턴가 실개천에 반사되던 횃불도 이제는 보이지 않았다. 청비낭자의 맑은 눈망울에서는 별이 부서지고 있었다.

편전에서는 하정사賀正士의 파견을 두고 중신들의 의견이

분분하였다. 하정사를 파견하자는 원칙에는 합의가 되었으나 미녀美女를 함께 보내자는 제안이 나오면서 군신회의는 제자리를 맴돌고 있는 것이었다. 미녀를 선발하자는 의견을 처음으로 꺼낸 사람은 정월에 중시를 제수 받은 이찬 효정이었다.

"전례로 보아도 대국[唐]에 경사가 있을 때는 종종 변방국에서 미녀를 보내온 터입니다. 근래 들어 대국의 천하가 안정 되어 황실에 근심이 없다 들었사옵니다. 본국에서도 대국으로 들어가는 하정사 편에 이 나라의 미녀를 함께 보내 이를 경하함이 어떨는지요?"

느닷없이 나온 의견이었다.

"미녀를 보낸다 했소?"

"그러하옵니다."

"으음…. 공들은 어찌 생각하오?"

대왕의 얼굴에는 마땅찮은 표정이 역력했다. 그때에 상대등 인품이 입을 열었다.

"근래 들어 대국은 돌궐과 화친을 맺었고 토번과는 인친의 예를 맺어 교류가 성황 중이며, 거란과도 관계를 일신했습니다. 변방의 장수들은 황명을 하늘처럼 받드니, 개국 이래 처음 맞는 치세라 힘이 천하의 중론이라 합니다. 이러한 때에 미녀를 보내 이 나라의 정리를 보임도 나쁘지는 않을 것이옵니다."

"순원공은 어찌 생각하오?"

인품의 말이 끝나자 대왕은 김순원을 향했다.

동비홀 성곽의 축성에 세운 공로로 관등을 회복한 김순원은 이때에 이미 파면될 때의 대아찬에서 파진찬으로 관등이 올라 있었다. 그것은 뜻밖에도 김순원의 복직을 가장 반대하고 나섰던 김원태의 주청에 따른 것이었다. 기왕에 복직을 시킬 바에는 그 공로를 인정해 관등을 올려야 한다는 것이 김원태의 주청이었다. 대왕은 갑자기 변한 김원태의 의중은 알 수 없었지만 흡족하게 허락했다.

"명분이야 좋습니다만."

"문제가 있단 말이시오?"

"황상께 바쳐지는 미녀라면 골품 출신이어야 할 터인데, 과연 신의 입장이라 하더라도 미식迷息을 쉽게 내줄 수는 없을 것이옵니다. 또한 기일이 촉급하여 적합한 미녀를 선발할 수 있을지도 염려하지 않을 수 없사옵니다."

"어려운 일이기는 하지만 불가한 일은 아닐 것이옵니다."

인품이 김순원의 말을 막았다.

"서라벌에 낭자가 많다 하나 손꼽을 만한 미녀는 이미 민간에 드러나 있는 터이니 선발에 어려움은 없을 것이옵니다. 다만 부모의 허락이 문제가 되겠으나 이 역시 가문에 광영이 되면 되었지 누가 되는 일이 아니옵고, 또한 이 나라 사직을 위한 일인 터에 마다할 일이 아닐 것이옵니다."

대왕은 편전을 한번 쭉 훑어보았다. 반대를 하고 나서는 사람은 하나도 없었다. 대왕은 마지못해 허락했다.

"시행토록 하오."

대왕의 얼굴은 여전히 그늘이 가시지 않은 채였다.

하정사는 급찬 박유朴裕로 결정되었으며 미녀의 선발은 예부禮部에서 담당키로 하였다. 예부령은 신정信貞이었다. 아름답다는 이유 하나로 당나라까지 공출되는 운명을 지니게 될 미인의 선정권이 신정에게 주어진 것이었다. 중시로 대왕을 보좌하기도 했던 신정은 김원태의 오랜 측근이었다.

서라벌은 불섶을 쑤신 듯 한 차례의 소동이 벌어졌다. 개중에는 명리를 좇는 사람들도 있기 마련이어서 자기의 딸을 보내려 안달을 떨기도 했지만, 예쁘다는 처자가 있는 대부분의 저택은 온 종일 대문을 걸어 잠근 채 속앓이를 할 뿐이었다. 자랑스럽기만 했던 예쁘다는 말도 그 며칠 동안 만큼은 그렇게 원망스러울 수가 없었다.

십여 일이 지나지 않아 미모를 자랑해왔던 서라벌의 미녀들은 모두 예부로 불려왔다. 그러나 이틀 동안의 심사 끝에 마지막까지 남겨진 미녀는 겨우 세 낭자뿐이었다. 우열을 가릴 수 없는 아름다움을 갖춘 미녀들, 이 가운데에서 한 명만이 선정되는 것이었다. 남은 심사는 단 한가지였다. 여인으로서는 가장 수치스러운 처녀성과 신체를 검증받는 절차였다. 황제에게 보내질 미녀이니만치 한 치도 소홀할 수 없는 일이었다. 사범서司範暑의 밀실에서 진행된 이 심사에는 예부령 신정을 비롯한 세 사람의 조정 중신만이 참석할 수 있었다.

다음날, 편전에 상주上奏된 미녀는 청비낭자였다.

5

 한 필의 준마가 알천을 훌쩍 뛰어넘었다. 시냇가에는 손길 바쁜 낭자들이 벌써부터 양잿물을 풀고 있었다. 둔덕에는 지난겨울의 눈 대신 그만큼 하얀 무명 이불보나 저고리 등이 널리기 시작했다. 낭자들의 가녀린 손은 어느 사이에 빨갛게 물들어 있었다. 그럴수록 손길은 더욱 빨라졌고 빨래터는 재잘거림으로 시린 냇물을 달구고 있었다.

 그녀들의 화제는 오늘 아침도 방금 전에 개울을 건너 사라진 말[馬]로부터 시작되었다. 까만 윤기가 자르르한 갈기를 세운 채 삽시간에 들판을 가로지르던 말, 그 뒤에는 언제나처럼 눈같이 흰 한 마리의 삽살개가 따르고 있었다. 지난겨울부터 심심치 않게 눈에 띄던 준마와 삽살개는 청비낭자가 미녀로 선발된 뒤로부터는 서라벌의 모든 시선을 끌고 있었다.

 "부르셨는지요?"

 오랜만에 마주한 아들이었다. 연화부인의 표정은 그리 밝지 않았다. 수충을 바라보는 연화부인의 눈길은 깊은 수심에 잠겨 있었다. 수충은 묵묵히 연화부인의 시선을 받아들였다. 연화부인은 수충의 그런 담담함에서 잊고 있었던 한 사내의 눈을 보고 있었다. 그것은 대왕이 보위에 오르기 전 그녀를 바라보던 거침없는 눈길이었다. 연화부인은 슬그머니 수충의 눈길을 외면하고 말았다.

 "너의 행실이 세인의 입에 오르내림을 알고 있느냐!"

"……."

연화부인의 목소리는 매우 부드러웠다. 수충은 연화부인의 눈을 더욱 똑바로 쳐다보았다.

"왕가의 피를 욕되게 해서는 아니 된다!"

"……."

"왜 대답이 없느냐!"

"이미 욕된 왕가의 피가 아니옵니까? 어머님께서는 말씀을 거두시지요."

"무엄하구나! 감히 그런 말을 입에 담을 수 있더냐?"

"……."

"장차 보위를 이을지도 모를 왕자의 몸이거늘"

"보위라 하셨습니까?"

수충이 되물었다. 연화부인은 힘없이 눈길을 떨구었다. 수충의 눈매에 번지는 불길을 연화부인은 감당할 수가 없었다.

"몸을 닦아 기다려야 할 때이니라. 한 치 앞날도 예측할 수 없는 것이 나라의 경영이 아니더냐? 어찌하여 스스로 무덤을 파는 일만 하고 다니느냐. 제왕의 길은 닦지 않고 사냥으로 해를 보내더니 이제는 여염의 풍문에까지 오르내리고 있질 않느냐. 이것이 대왕의 적자인 네가 할일이더냐!"

"대왕의 적자가 할일은 아니겠지요."

"무슨 뜻이냐?"

"허울뿐인 왕자에게는 과분한 일이라는 말씀이옵니다."

"무어라고?"

"어머님을 버리신 대왕께서 지식을 거두리라 보다니요. 어머님께서는 아직도 대왕의 성정을 모르시옵니까?"

"……."

수충은 따지듯이 연화부인을 몰아세웠다.

연화부인의 눈에는 한 줄기 눈물이 흘러내렸다. 그녀라고 수충의 마음을 모를 리 없었다. 사가로 나온 뒤로 한 번도 찾지 않은 대왕이었다. 그러나 자식이 옳은 길로 가기를 바라는 것이 어미의 마음이었다. 날이 갈수록 왕자의 본분을 벗어나는 행실만 일삼는 수충을 연화부인도 더는 두고 볼 수 없었다.

"너도 글을 읽었으니 나라의 경영을 알 것이니라. 설령 네게 불만이 있다 하여도 대왕께 누가 되는 행실을 해서야 되겠느냐? 나라사람들의 눈이 무섭지도 않느냐!"

"대왕께서는 나라 사람들의 눈이 두려워 어머님을 버리셨습니까? 그렇다면 저는 그들을 두려워하지 않을 것이옵니다."

"……."

"제게도 마음먹은 바가 있음이옵니다."

"수충아!"

"어머님께서는 너무 심려치 마시옵소서. 소자의 뜻도 결코 어머님과 다름이 없을 것이옵니다. 다만"

"……."

"그만 물러가겠사옵니다."

"수충아!"

연화부인의 간절한 부름이 길게 이어졌다. 그러나 수충은 이미 말을 달리기 시작한 뒤였다. 그의 뒤에는 여전히 흰 삽살개가 뒤를 쫓고 있었다.

몇 개의 산과 계곡을 지나 넓은 개활지가 나올 때까지 수충은 쉬지 않고 말을 달렸다. 산자락을 조금 올라와 펼쳐진 개활지는 잔솔포기와 가닥나무가 빼곡하게 들어차 산토끼라도 나옴직한 곳이었다. 눈치 빠른 삽살개는 아까서부터 낮은 구릉을 이리저리 뛰며 콩콩거리고 있었다. 수충은 약간의 긴장감을 느끼며 전통箭筒에서 살[矢]을 꺼냈다. 한 대는 입에 문 채 살을 매기는 수충의 눈길은 삽살개의 뜀만 쫓고 있었다. 마침내 개활지의 가장자리에서 큰 강아지만한 잿빛 토끼가 후다닥 뛰기 시작했다. 순간, 팽팽하게 당겨진 활시위가 이내 높은 현효 소리를 냈다. 그러나 시위를 벗어난 살은 뛰던 토끼의 한 발 앞에서 땅바닥에 꽂혔고, 그 바람에 놀란 토끼는 방향을 바꾸어 산기슭을 타고 돌기 시작했다. 댓바람에 입에 물었던 살을 다시 허공에 날렸다. 이번에도 마찬가지였다. 연거푸 살을 날려 보내기를 수차례, 매번 허탕이었다. 어느 사이에 전통은 비어 있었다.

수충의 이마는 땀에 흥건히 젖어 있었다. 이렇듯 헛시위만 당겨보기는 처음 있는 일이었다. 수충은 말머리를 돌렸다. 어머니 연화부인의 애절한 간청이 아직도 머릿속을 떠나지 않고 있었다. 수충으로서는 받아들일 수 없는 청이었다. 연화부인의 뜻이야 모를까마는 속 시원하게 털어놓을 수 없는 자신의 입장도 안타까울 뿐이었다.

수충은 오래 전부터 자신에게로 다가오는 불길함을 느끼고 있었다. 그것은 대왕의 적자이기 때문에 겪을 수밖에 없는 예정된 삶인지도 몰랐다. 점점 자신을 주시하는 시선과 어떤 움직임들, 그것은 다음 보위를 노리는 자들의 계산된 술책임이 분명했다. 그것을 피하는 길이 무엇일까. 수충은 고민하지 않을 수 없었다. 부질없는 목숨 따위가 아까워서가 아니었다. 그에게도 야심은 남아있었다. 아무리 연화부인이 사가로 내침을 당했고 자신의 뒤를 챙겨 줄 인척조차 남아 있질 않다지만, 어쨌든 대왕의 적자인 몸이었다. 하지만 이제는 그 당연한 야심마저 허망함을 깨달은 지 오래였다. 사방을 둘러보아도 그의 편이 되어줄 중신은 찾을 수 없었다. 수충이 할 수 있는 일이라고는 오로지 혹시라도 올지 모르는 때를 기다리는 것이었다. 그러기 위해서는 부질없는 목숨이나마 자신의 안위를 걱정하지 않을 수 없었다. 시시각각으로 옥죄어 오는 그들의 시선을 물리치는 게 급선무였다. 그들의 시야에서 멀어지기 위한 방편은 무엇일까. 그것은 왕자로서의 자질을 갖추지 못했음을 보여주는 것이었다. 수충의 계산은 적중하고 있었다. 이러한 모든 저간의 일들을 연화부인에게까지 말할 수는 없는 일이었다. 지아비를 지척에 둔 채 이십여 년을 홀로 지내온 연화부인이었다. 그런 연화부인에게 또 다른 짐을 안길 수는 없었다.

    그러나 지금 수충의 앞에는 전혀 예상치 않았던 일이 벌어지고 있었다. 청비낭자가 미녀로 선발된 것이었다. 우연한 만남으로 시작된 청비낭자와의 인연은 이미 돌이킬 수 없는 사이가 되어 있었다. 그런데 느닷없는 미녀 선발이라니. 수충은 어렴풋이 미녀 선발에 스며있는 음모를 느낄 수 있었다. 하지만 왕자의 몸이었기에 더욱 손을 써볼 방도가 없었다. 미녀로 선발된 이후로는 잠시도 마주할 수없는 청비낭자였다. 죄책감이 앞서지 않을 수 없었다. 그녀와 함께 했던 시간은 수충에게 이제까지 가져본 적이 없는 포근함이었다. 수충의 일거수일투족을 주시하는 눈도, 짓누르는 불안도 없었다. 그것은 수충에게 걷잡을 수 없는 열병으로 다가왔고, 도리어 청비낭자를 불안하게 만들기도 했었다. 그 불안이 현실로 다가온 것이었다.

어느 틈엔가 수충의 준마는 초막 앞에 멈춰 서 있었다. 청비낭자가 자신의 상처를 돌보던 초막이었다. 초막은 시위부侍衛府의 군졸들이 지키고 있었다. 황제에게 진상되는 미녀가 거처하는 집이니 경비인들 삼엄하지 않을 리 없었다. 청비낭자의 모습도 보일 까닭이 없었다. 지금쯤은 예부에서 궁중의 예법을 배우고 있을 터였다. 수충은 선뜻 마상에서 뛰어내렸다. 우두머리인 듯한 자가 읍揖을 하고 다가섰지만 수충은 그를 외면했다.

"네 녀석이 할 일이 없어졌구나!"

수충은 삽살개에게만 한마디 던져놓고는 다시 말에 올랐다. 준마의 뒤를 쫓던 삽살개는 이내 초막으로 돌아와 힘없이 누웠다.

6

봄날은 속절없이 빨랐다.

하정사가 당으로의 출발을 기약한 날짜도 어느새 이틀을

남겨 놓고 있었다. 김순원은 밤이 이슥해 파진찬 사공의 내방을 맞았다. 그러더니 얼마 있지 않아서 대아찬 배부가 또 들이닥쳤다. 그들의 낯빛으로 보아 심상치 않은 일이 생겼음은 쉽게 짐작할 만했다.

"공께서도 수충공의 풍문은 들으셨겠지요?"

먼저 서두를 꺼낸 사람은 파진찬 사공이었다. 사공은 거두절미한 채 물었다. 김순원은 물끄러미 사공을 쳐다보았다.

"우려하던 일이 벌어지고 있음입니다."

"수충공을 이르셨습니까?"

"그러합니다."

"우려할 일이 대체 무엇입니까?"

"수충공께서 당나라로 숙위宿衛를 떠난다 합니다."

"대왕께서도 가납嘉納하셨습니까?"

"대왕의 허락이 계셨으니 떠난다하는 것이 아닙니까. 중화中火 무렵에 주청했는데 저녁 늦게 허락을 받았다 합니다."

"정말 뜻밖이 아닐 수 없습니다."

이번에는 대아찬 배부가 나섰다.

김순원은 주먹만 꼭 쥘 뿐 말이 없었다. 수충과 청비낭자의 풍문은 김순원도 들은 터였다. 하지만 사태가 이렇게 돌아가리라고는 전혀 예상치 못했다. 그가 이제까지 준비해왔던 모든 것이 한순간에 물거품이 될 처지였다.

관등에서 파직된 이후 십여 년의 대역죄인 생활과 겨우 골품을 회복하여 다시 관등에 오르기까지의 지난 세월들, 그것은 오직 절치부심 김원태에게 당한 수모를 되갚으려는 몸부림이었다. 하늘의 도움인지 대왕은 아직도 김순원을 잊지 않고 있었다. 뿐만 아니라 김순원의 말을 퍽이나 신임하는 눈치였다. 힘이 솟지 않을 수 없었다.

남은 것은 김원태를 꺾는 것이었다. 그것은 절대로 무리수를 두어서 될 일이 아니었다.

'때를 기다려 그의 날개를 꺾자.'

김순원은 서두르지 않았다. 그의 마음 한 구석에는 수충이 언제나 자리하고 있었던 것이다. 그러한 수충이 당으로 유학을 떠난다니 청천벽력이 아닐 수 없었다.

"답답하오이다. 순원공께서도 무슨 방도라도 세워야 하질 않겠습니까!"

배부였다.

"왕가의 일에 방도가 따로 있겠는가. 두고 볼 수밖에."

"두고 보다니요?"

"하면 어찌하는가? 대왕께서 가납하신 일을 두고 신하가 나선다 함은 명분이 약하질 않던가?"

"공께서는 저들의 계책을 진정 몰라서 하시는 말씀입니까. 다음 차례가 무엇이겠습니까. 태자 책봉이 아닙니까? 수충공께서 나라 밖에 있는 틈에 중경공을 태자에 앉히려는 속셈을 진정 모르신단 말씀입니까?"

"알기에 드리는 말씀이네. 그럴수록 신중해야 할 것이야. 지금 나선다면 저들의 공격을 견딜 수 있다고 보시는가!"

"……"

배부는 묵묵히 입을 다물었다.

"공을 탓하자고 드리는 말씀이 아니네. 저들이 발톱을 세우면 우리는 날개를 접어야 하네. 그것이 일신을 보존하는 길이고 후일을 도모하는 방편이 아니던가. 내게도 방책이 전혀 없는 것은 아닐세."

"그것이 무엇입니까?"

"……."

"공께서는 혹시"

사공이 김순원의 눈을 빤히 쳐다보았.

김순원의 얼굴은 잔뜩 찌푸려져 있었지만 그의 눈매에는 희미한 웃음이 걸리고 있었다. 등줄기가 오싹할 만큼 살기가 가득한 웃음이었다.

"그렇습니다. 원태공한테 당한 방식대로 갚아줄 것이오. 지금의 대왕을 세우려 서두르다가 당한 내가 아닙니까. 원태공이 자신의 혈육을 태자로 책봉하려 서두른다면 그들 또 한 내게 당할 것입니다."

"지금은 그때와 경우가 다릅니다."

"모를 리가 있겠습니까."

"하오면?"

"기다리면 됩니다. 지금은 기다릴 때지 나설 때가 아닙니다. 뒷날에 자연히 알게 될 일이니 궁금하시더라도 잠시 접어 두시지요."

"자칫 때를 잃을까 저어할 따름이지요."

"때를 놓치다니요?"

"원태공이 어디 가볍게 처신하는 인물입니까. 더구나 대원신통이 나선다면 분명 태자 책봉을 막을 수가 없질 않겠습니까?"

"꼭 그렇다고만 볼 일은 아닙니다."

"무슨 뜻입니까? 수충공이 엄연한 장자라 하나 중경공 또한 현 왕비의 적자입니다. 수충공께서 숙위하는 동안 태자 책봉이 이루어진다면 당연 중경공으로 갈 것이 아닙니까."

"그럴 테지요"

"더구나 저쪽에서 삼광三光공이 나선다면"

"삼광공으로서는 가담치 않을 터인데 무슨 염려가 되겠습니까."

"……."

"삼광공 대한 대왕의 총애가 저극하고 나라 사람들의 따름도 또한 적지 않다 하나, 모두가 아버지 유산공의 후광과 어머니 지소부인이 건재한 까닭이 아닙니까. 삼광공 스스로 이루어 놓은 바는 없음입니다. 오히려 삼광공을 보자면 제 한 몸의 안위만 걱정하는 인물입니다. 일을 도모하기 보다는 오늘에 만족하는 인물일진대 삼광공이 나선다 하여 무슨 대수이겠습니까?"

김순원은 담담하게 말했다. 그러나 사공과 배부로서는 답답하기 그지없었다.

"하오나, 태자 책봉을 막을 수 없으니 문제가 아닙니까?"

"저들이 시작한다면 막을 일이 아닐세."

"막질 않다니요?"

"차라리 기미를 보아 우리가 먼저 태자 책봉을 주청하는 것이 나을 것이네."

"……?"

"누구를 주청한단 말씀입니까?"

"중경공 말고 누가 또 있겠는가. 하나 중경공의 나이 겨우 열 살에 불과하네. 태자로 책봉된다 해도 후일을 생각한다면 대왕께서 범 같은 수충공이 염려되지 않을 수는 없을 것이네. 다행히 대왕께서 수충공을 마음에 두고 있다면 태자 책봉을 미룰 것이고, 중경공을 생각하고 계셨다면 가납할 터가 아닌가. 우리로서는 대왕의 뜻을 거스르지 않아도 될 것이고 또한 저들 세력의 공격도 피할 수 있을 것일세. 더구나 우리의 주청으로 태자 책봉이 이루어진다면 저들도 필시 방심할 것이니, 그때를 노린다면 어찌 틈이 없겠는가."

"……."

"으음."

김순원은 조용히 눈을 감았다.

좌중에서는 한마디의 말도 나오지 않았다. 김순원의 계책은 범인의 상식을 뛰어넘는 것이었다. 오랜 세월 복수의 칼을 갈아온 그가 아니고서는 도저히 생각할 수 없는 계책이었다. 그러나 그 계책은 성사를 미지수로 남겨 놓은 것이었다. 미지수라기보다는 오히려 실패할 가능성이 더 농후한 계책, 하지만 지금의 김순원과 진골정통으로서는 달리 대안이 있을 수 없었다. 한 오라기 가능성만을 담보로 한 계책을 두고 좌중은 깊은 침묵에 빠져들고 있었다.

천시天時와 지리地利

1

선대先代로부터 선라에서 당으로 들어가는 바닷길은 두 가지가 있었다. 하나는 당은포唐恩浦(남양)를 출발해 고구려 연안을 거슬러 올라가 요동반도에서 발해를 건너 등주登州(산동성)로 들어가는 연해로이고, 또 하나는 곧바로 서해의 만리창파를 건너 명주明州(절강성)에 다다르는 횡단로였다. 선대에는 연해로를 많이 이용하였으나 통일전쟁을 거치며 항해술이 좋아진 뒤로는 횡단로를 이용하는 배편이 늘고 있었다. 그러나 아직도 상고선商賈船(장삿배)들은 위험이 큰 횡단로를 꺼리기도 했다. 연해로나 횡단로나 실제 항해일이야 한 달여면 충분한 뱃길이었다. 그러나 상고배라는 것이 항해보다는 물건을 팔고 사는 일이 더 급한 터이니, 도중에 지체하기가 일쑤이고 어쩌다 바람이라도 만날라치면 두어 달은 보통이고 족히 석 달은 잡아야 했다.

연해로를 보면 당은포를 떠난 배는 이틀 길로 덕물도德物島(덕적도)에 당도해 하루를 묵었다. 다시 배를 띄워 사흘 여에 혈구穴口(강화)에 이르면 장구진長口鎭(장연)까지가 또한 이레 뱃길이면 충분했다. 연안을 따라 패구浿口(대동강), 오목도烏牧島(신미도), 오골강烏骨江(압록강)을 지나 청니포靑泥浦(요동 대련)에 이르면 망망대해가 눈앞에 펼쳐진다. 여기에서 발해를 건너 당으로 들어가는 것이다. 청니포 우뚝 솟은 마석산馬石山을 뒤로하고 삼백 리 발해 창파를 헤치면 오호도, 말도, 구흠도, 대사도를 거쳐 등주에 닿는 뱃길이었다. 하지만 여기에서도 당의 도읍지인 장안까지 가려면 아직도 까마득한 여정이다. 황하黃河의 거센 물결을 헤치고 지금까지 온 길보다도 두어 배는 더 먼 격랑을 거슬러야 하는 것이 연해로이다.

횡단로 역사 당은포에서 승선하여 당인도唐人島를 지나 구두산九頭山을 뒤로 하고 웅주熊州와 완산주完山州의 연안을 따라 뱃길을 잡으면, 남풍을 만날 경우 하룻길에 군산도群山島의 남쪽 섬인 횡서橫嶼에 닿는다. 수십 개의 암초가 섬을 에워싼 횡서에서 하루를 보내고 아침 조수에 배를 띄우면 군산도까지는 금방이다. 열두 봉우리가 마치 성처럼 둘러쳐진 군산도에는 군산정群山亭이 있어 선객船客들이 하룻밤 유숙하기에 좋았다. 여기에서 돛을 올려 뱃머리를 세우면 또한 하루가 버거운 길에 옥무덤 같은 흰빛 암초 수백 개가 뱃길을 막아서는 죽도竹島로 들어선다. 죽도를 벗어나면 검푸른 바다가 넘실대고 그 건너에는 흑산도黑山島가 구름처럼 떠 있다. 흑산까지 가는 길에는 수많은 암초들로 휩싸인 외서外嶼, 궤점跪苫, 월서月嶼의 옆을 지나야 한다. 흑산에서 하루 뱃길에는 배도排島가 있다. 다시 하룻길에 다섯 산이 솟아 오른 오서五嶼의 틈을 빠져나와 협계산夾界山을 바라보면 망망대해가 펼쳐진다. 지금부터는 서해의 만리창파가 뱃전을 막아서는 것이다. 나흘 만에 물이 깊고 검은 흑수양黑水洋의 거센 파도를 겨우 건너면, 이번에는 싯누런 파도가 넘실대는 황수양黃

水洋이 뱃전을 부술 듯 부딪쳐 온다. 이맘 때 쯤이면 물결 뒤로 아득히 산이 솟아오르고 뱃머리는 백수양白水洋에 들어선다. 당나라 섬 땅인 반양초半羊礁라는 암초를 에돌아 나오면, 봉래산蓬萊山의 자태가 점점 또렷해지고 짙푸르던 바다 빛깔은 어느새 맑아져 있다. 바다 위에 떠 있는 봉래산을 지나면 역시 해중 산인 매잠梅岑이 뱃전을 스친다. 여기서부터 당의 내륙을 따라 뱃머리를 틀면 백오십 리 길에 교문산蛟門山이 나오고 다시 하루 뱃길에 정해현定海縣에 당도할 수 있다. 신라 땅 당은포를 떠나 처음 딛는 뭍인 것이다. 정해현에서 목적지인 명주明州(절강성 영파)까지는 연해를 따라 남진하는 나흘 거리이다. 명주에 이른 배들은 대개 장강長江(양자강) 하류의 금릉金陵(남경) 등지에 머무르거나 장강을 거슬러 당의 내륙으로 들어간다. 가끔은 이 즈음에 완성된 장강에서 황하까지 뚫려 있는 운하를 이용하기도 하는데, 이때는 금릉을 조금 못 미친 윤주潤州(진강)에서 운하를 이용, 황하를 타고 장안으로 들어가는 뱃길이다.

　이 외에도 덕물도에서 바다를 건너 곧 바로 동주로 들어가는 등 섬들을 거치지 않는 횡단로도 있었지만, 위험하기 짝이 없는 뱃길이었다. 때문에 병선兵船이 아니고서는 이 길을 이용하는 선편이 거의 없는 실정이었다.

　박유를 하정사로 한 신년 하례단의 선편이 택한 뱃길은 요동반도에서 발해를 건너는 연해로였다. 선편은 대해를 건너야 하는 만큼 일반의 짐바리나 실어 나르는 반선搬船하고는 그 격부터가 달랐다. 나라의 사신 일행이 승선한 배였다. 황실에 바치는 공물이 있었고 특별히 황제를 모시게 될 미녀까지 동승한 터였다. 게다가 이 나라 대왕의 적자인 수충의 유학길을 안전하게 보살펴야 하는 선편이니만치 한 치의 소홀함도 있을 수 없었다. 선부船府에서는 날렵하기 이를 데 없고 웬만한 파도에도 견딜 수 있는 중맹선中孟船을 띄웠다. 또한 바닷물의 빛깔만으로도 내일의 일기를 점칠 수 있는 수병水兵과 초공들로 배꾼을 선발하였다. 도사공都沙工은 바다를 십수차례나 왕래한 경험자였다. 선부가 내노라하는 중맹선에다 난다긴다하는 수부水夫들을 모두 모은 것이었다.

과연 중맹선은 닻을 올리자마자 쏜살같이 내달았다. 선객의 대부분이 관복을 입은 사신 일행이었다. 그렇지 않은 민간의 복색을 한 사람들도 당으로 숙위를 떠나는 귀족의 자제들뿐이었다. 그들은 큰 바다로 나선 것도 초행길이요, 배를 타보기는 더욱 처음이었다. 지체 있는 신분인지라 대접이 소홀치 않았지만 배편을 이용한 여행이라는 것만으로도 편안할 리가 없었다.

덕물도가 먼 바다라지만 내해인 터라 파도가 심하지 않았고 혈구까지도 그다지 물살이 심하지 않아 그런 대로 견딜만은 했다. 하지만 이미 이틀 뱃길에 시달린 선객들이었다. 게다가 강물이 쏟아져 들어오는 혈구진의 물골에 뱃머리가 닿으면서부터 선객들은 비로소 뭍이 아님을 절실하게 깨닫고 있었다. 밀물에 만수가 된 혈구진은 내려오는 강물과 부딪쳐 용틀임을 치고 있었다. 육중하기만 했던 중맹선도 가랑잎처럼 선체를 뒤척거리는 것이 마치 자반을 뒤집듯 히는 것이었다. 한가하던 선실은 삽시간에 아수라장이 되었다. 기둥을 부여잡고 왝왝거리는 놈, 갑판으로 오르는 사다리를 쓸어안고 실신한 듯 널브러진 놈, 구석에 처박혀 엉덩이만 치켜든 놈, 뱃머리가 곤두박질 할 때마다 떼구르르 굴러갔다가는 토사물을 한포대기 게워놓는 놈, 이미 관등을 따질 게재도 아니었고 체면을 차릴 여유도 없었다. 제정신을 갖고 갑판을 오르내릴 수 있는 사람이라고는 오로지 바다에 익숙한 배꾼들뿐이었다. 노란 똥물까지 다 게워놓을 때쯤이 되어서야 배는 혈구진을 벗어났다. 선객들은 반쯤은 넋이 나간 뒤였다. 그러나 이렇듯 사람들이 배 멀미에 곤욕을 치를 때도 끙 소리 한번 않는 것이 있었다. 수충의 옆을 떠나지 않는 삽살개였다.

"내 말 좀 물어보세나."

겨우 한숨이나마 돌릴 여유를 되찾자 수충은 도사공을 불렀다.

"수질水疾이 참으로 견디기 어렵네. 얼마나 더 참으면 될 듯한가?"

"사나흘만 더 고초를 겪으시면 자연 가라앉을 것이옵니다. 물을 따라 올라가는 뱃길이니 패구나 오골강의 초입에서 또 한 번의 물골을 넘어야 하지만 심히 염려할 일은 아니옵니다."

"어째서인가?"

"뱃길이라는 것이 사나흘만 고초를 당하면 저절로 익숙해지는 까닭입지요. 풍랑이 거세고 물살이 빠르기로 말하면 발해를 딩하리까마는 이제까지 대해大海를 건너면서 배멀미를 하는 사람은 아직 없었사옵니다. 그동안에 다 뱃길에 숙련되었기 때문입지요."

"그럼 아직도 며칠은 더 힘들어야겠네 그려?"

"그러하옵니다."

'내 어려운 부탁하나 함세?"

"하명만 하시옵지요. 공의 말씀을 어찌 어기겠사옵니까."

"저쪽 선방에 청비낭자라고 계시질 아니한가."

"황상을 뫼시려 간다는 미녀를 이르는 말씀이옵니까?"

"그러하네."

"……."

이제까지 넙죽넙죽 대답만 잘하던 도사공은 청비낭자의 이야기가 나오자 일순 낯빛이 달라졌다.

"내 그 낭자에게 수질에 좋은 약재를 몇 가지 보내려 하이. 임자가 전해줄 수 있겠는가?"

"군졸들이 엄하게 경계를 하는 터가 아니오니까. 제 비록 도사공이라 하나 어찌 황상을 뫼실 미녀에게 수작을 걸겠사옵니까?"

"어디 수작을 걸라는 것이던가. 멀미에 잘 듣는 약재를 전하라는 것이지. 시중드는 처자가 있다 하나 선방에 갇혀 오죽이나 답답하겠나. 임자가 묘안만 짜낸다면 뱃바람이라도 쏘일 수 있는 일이 아니던가?"

"하오나, 소인도 받자온 명이 있사온데."

도사공은 뜨악하니 대꾸했다.

"내 명색이 왕자의 몸인데 청비낭자에게 수작을 할 듯싶어서 망설이는가?"

"그것이 아니오라…."

"그럼 됐네. 갖다 전하시게. 그리고 성한 남자 몸도 그나마 뱃바람에 견디는 실정이 아니던가. 도사공의 융통이라면 낭자 한 몸 바람 좀 쏘이는 일이야 무엇이 어렵겠는가. 내 부탁 드림세."

"알겠사옵니다."

도사공의 말대로 배멀미는 나흘을 넘기지 않고 멎었다. 서북풍을 등에 업은 배는 한달음에 청니포로 들어섰다. 하룻밤을 묵는 사이 바다는 검푸르게 변해 있었다. 도사공은 띄우자던 배를 정박시키고 다시 하루를 보냈다. 도사공의 예측대로 폭풍이었다.

사흘 밤낮을 몰아치던 비바람이 기라앉자 바다는 다시 잠잠해졌다. 그러더니 닻을 풀어 한나절은 갔을까. 때마침 돛대를 활같이 휘는 바람이 일기 시작했다. 동남풍이었다. 순풍을 만난 중맹선은 주돛을 내렸다. 이물대[船首]와 고물대[船尾]의 쌍돛을 반쯤만 올린 것으로도 배는 살같이 물살을 가르고 있었다.

당나라 땅 등주에 배가 닿도록 수충은 청비낭자의 얼굴을 볼 수 없었다. 도사공의 궁리가 맞은 것인지 다음날부터 청비낭자가 뱃전에 오르기는 했지만, 다른 선객들은 자리를 비우게 한 뒤였다. 그것도 잠시로 끝나는 선심이어서 수충으로서도 더는 어찌 해볼 방도가 없었다. 그렇게 애만 태우는 사이 배는 등주에 닿았고 2천 리 황하 길도 어느 사이에 끝이나 있었다.

2

"네가 수충이라 하였느냐?"

먼 바다 건너 신라에서 하정사가 오자 현종은 흡족했다. 현종은 전권을 휘둘렀던 측천무후를 제거하고 보위에 오른 황제였다. 이제 막 천하의 기틀을 다잡기 시작한 현종은 특히 주변 변방국들과의 화친에 주력하고 있었다. 홍로사를 두어 변방국 왕가의 자제들을 유학생으로 받아들이는 것도 그 나라와의 화친을 염두에 둔 시책이었다. 유학생의 경비까지도 일부를 부담하는 당나라의 숙위 학생 교육은 변방국들의 많은 호응을 얻고 있었다. 그러한 터이니 신라에서 대왕의 적자가 숙위 학생으로 왔다 함에는 현종으로서도 기쁘지 않을 수 없었다. 더구나 수충의 의표를 대한 현종은 그 비범함에 다시 한 번 놀라고 있었다.

현종은 다음날로 조당朝堂에서 연회를 열었다. 괴이하기 그지없는 생김새였으나 7척 거한의 의표는 감히 함부로 범접할 만한 위인이 아니었고 청명한 눈빛은 마주하기가 부끄러울 만큼 맑은 수충이었다. 현종은 슬몃 수충을 떠보고 싶었다.

"천하의 성도城都에 들어왔으니 이제 무엇을 배울 생각이더냐?"

"배움에 종류가 따로 있겠사옵니까. 눈으로 보는 것을 배울 것이며, 귀로 듣는 것을 배울 것이고, 마음으로와 닿는 모든 것을 배울까 하옵니다."

"어허, 과연 가상한 뜻이로다."

현종은 지그시 수충을 내려다보았다. 그러다 문득 생각이 난 듯 물었다.

"네게는 이 땅에서 볼 수 없는 동행이 있다던데 짐에게도 보여줄 수 있겠느냐?"

"어렵지 않사옵니다."

수충은 곧 바로 삽살개를 데리고 왔다.

"참으로 영민해 보이는 녀석이구나!"

현종은 처음 보는 삽살개에 감탄을 금치 못했다. 눈같이 흰털을 치렁치렁 늘어뜨린 삽살개는 두 눈만 빼꼼하게 내놓고 있었으나 누가 보아도 명견임에 틀림없었다. 현종은 벌써 삽살개의 모습에 흠뻑 취한 눈길이었다.

"멀고 험한 길을 마다하지 않고 저놈을 데리고 온 데에는 연유라도 있는 것이더냐?"

"연유랄 것이 따로 있겠사옵니까. 저를 아껴주었음을 아는지 한사코 제 곁을 떠나지 않길래 길을 같이 한 것뿐이옵니다. 미물이라 하지만 녀석의 정이 안쓰러웠던 까닭입니다."

"……."

현종은 아무 말 없이 수충을 살폈다. 수충은 낯빛 하나 변하지 않은 채 담담히 현종을 우러렀다.

다음날이었다.

「아득히 땅 끝을 다하고 창창히 바다 한구석에 닿아 있으나 명분과 의리의 나라일진대 어찌 인심이 다르겠느냐. 사신이 돌아가면 풍교風敎를 전하고 사람이 오면 전모典謨를 배우니, 의관衣冠은 예를 알고 충신은 유교를 숭상하는 나라가 신라국이 아니더냐. 여기에 온 미녀도 사랑하는 가족이 있고 또한 상고해 보면 모두가 신라왕의 옛 자매가 아니겠느냐. 저인들 두고 온 친족이 그립지 않을까. 만천하의 어버이로서 이 어찌 예를 보여야 할 짐이 취할 바이겠느냐. 차마 거둘 수 없는 까닭이니 돌려보내도록 하라!」

현종은 청비낭자의 귀국을 하명했다, 더불어 하정사 박유에게는 조산대부원외봉어朝散大夫員外奉御의 관직을 주어 돌려보냈다.

3

세월은 덧없이 흘러갔다.

수충이 기거할 집을 하사하는 등 현종의 파격적인 예우를 받으면서 숙위하는 동안, 서라벌은 기다림의 수순처럼 암운이 드리워지고 있었다. 파종을 겨우 끝내 놓은 뒤부터 시작된 가뭄이 두 달여를 지속되면서 남녘땅은 물 한방울 남아나지 않았다. 거기에다 괴질까지 만연하더니 가을에는 삽량주의 참나무에 열린 상수리가 밤톨로 변하였다. 뜻밖의 변괴가

줄을 잇자 나라 사람의 인심은 극도로 흉흉해졌다. 겨울이 지나고 춘궁기에 들어서자 민간에는 알곡이 남아 있지 않았다. 대왕은 나라의 창고를 풀어 구휼미를 내보내고 사면령을 내렸다. 죄질이 가벼운 사람들을 내보내 부족한 일손을 돕고 민심도 추스르려는 연유에서였다, 그럴 즈음 청주菁州에서 흰 참새가 잡혀 대궁으로 보내졌다. 조정은 서광의 조짐이라며 호화로운 새장을 꾸며 참새를 돌보았다. 그러나 유월에 들어서자 또다시 한발이 시작되었다. 일 년 농사의 가장 중요한 고비 길에서 해를 거듭해 가뭄이 온 것이었다. 나라사람들은 망연자실 하늘만 바라보는 형국이었다. 편전의 조회도 날이 갈수록 시들해지고 있었다. 그러던 어느 날이었다.

"나라 사람들의 원성이 심하옵니다. 대왕께서는 기우제를 지냄이 어떠하시겠사옵니까?"

김순원이 주청을 올렸다.

"내가 정성을 보여 하늘이 감응한다면 무엇인들 못하겠소. 하지만 그 결과가 나타나지 않으면 오히려 저자의 웃음이나 살 테니 실로 하늘이 무심키만 하구려."

"하서주河西州에 마땅한 인물이 있다기에 드리는 말씀이옵니다."

"마땅한 인물이라 했소?"

"그러하옵니다. 용명악거사龍鳴嶽居士라 불리는 이효理曉라는 점술가이온데, 어려서부터 주역에 통달하고 천문과 지리에 두루 통하니 그곳 사람들의 의지함이 크다 하옵니다. 한 번 불러서 시험해 봄도 무방할 듯하옵니다."

"그러한 인재를 어찌 도성에서는 까맣게 모르고 있었을까?"

대왕은 서둘러 이효를 불러들였다.

기우제의 제단은 임천사林泉寺의 연못가에 차려졌다.

역대로 조정에서 거행해 온 제사로는 시조 혁거세의 시묘 제향과 산천山川 제향이 있었다. 시묘 제향은 나라의 두 번째 임금인 남해차차웅 3년에 묘를 세우고 제사가 시작된 이래, 제22대 지증마립간 대에 이르러 시조의 탄생지인 내을奈乙에 신궁을 창건하면서 틀을 갖추었다. 산천 제향은 삼산오악三山五岳 이하의 명산대천에 지내는 대사大祀, 중사中祀, 소사小祀로 구분되는데 삼산三山이란 내력奈歷, 골화骨火, 혈례穴禮를 이름이며 오악五岳이란 동쪽의 토함산, 남쪽의 지리산, 서쪽의 계룡산, 북쪽의 태백산, 중앙의 부악父岳을 일컬음이었다. 농사에 관계한 제사도 나라에서 관장했는데 입춘 후 해일亥日에는 명활성 남쪽 웅살곡에서 선농제先農祭를 지내고, 입하 후 해일에는 신성 북문에서 중농제中農祭를 지내고, 입추 후 해일에는 산원에서 후농제後農祭를 지냈다. 또한 입춘 후 축일에는 견수곡문에서 풍백제風佰祭를 지냈으며, 입하 후 신일申日에는 탁저에서 우사제雨祀祭를 지내 풍년을 기원하였다. 이러한 모든 제사는 매년 되풀이되는 정례적인 것이었다.

또한 가뭄이나 홍수와 같이 뜻하지 않은 재난을 맞았을 때의 제사가 별도로 있어 문열림에서 일월제日月祭를, 영묘사 남쪽에서 오성제五星祭를, 혜수에서 기우제祈雨祭를 각기 지내기도 했다. 이들은 특별히 대왕이 친히 주관하여 하늘의 보살핌을 받고자 하는 제사였다. 그러나 이번만큼은 대왕이 주관하는 제사가 아니었다. 임천사 연못가에다 제단을 차린 것도 이런 연유에서였다.

기우제는 하루를 넘기지 않고 비를 가져왔다. 이효가 제단에 오른 지 두 식경이 지나지 않아 바람이 일더니, 쨍쨍하던 하늘은 이내 구름을 모았다. 그러더니 자시子時가 되기 전에 빗줄기를 쏟아놓는 것이었다. 비는 열흘이나 계속되어 자라등처럼 갈라졌던 들판은 넘치는 물이 지천이었다.

"참으로 신가神技를 가졌구려! 거사는 궁에 머무름이 어떠하오?"

대왕은 단박에 반하고 말았다. 이효를 거두어 궁에 머물게 하고 싶었다.

"이제껏 산천을 흠모하여 살아온 몸이옵니다. 대왕께서는 어여삐 여기사 저의 길을 허락하시옵소서."

"기어이 돌아가겠소?"

"……."

"거사의 신기가 나라를 위함을 진정 모르겠소?"

하지만 이효는 막무가내 대왕의 청을 물리쳤다. 대왕은 다만 서라벌 인근에 머물기만을 허락했다. 대왕은 그것만으로도 흡족하여 이효에게 집을 하사하고 비단과 양곡을 수레로 보냈다. 그 후로도 대왕은 잊지 않고 이효를 불러 천기天氣를 나누니 그에 대한 신임이 이보다 더할 수가 없었다. 그러던 가을이었다.

"태백성金星이 서자성庶子星을 가렸사옵니다."

일관日官이 놀라 아뢰었다.

"해득할 수 있더냐?"

"모르겠사옵니다. 근자에 없던 일인지라 놀랄 뿐이옵니다."

"이효를 들게 하라!"

대왕은 대뜸 이효를 찾았다. 이효는 한달음에 달려왔다. 이효의 얼굴에는 웃음이 가득했다.

"하례 드리옵니다."

"무슨 말씀이오?"

"태백성이 서자성을 가렸다 함은 한 하늘에 두개의 광채가 있을 수 없음을 보이는 것이옵니다. 아마도 태자 책봉을 서두르라는 계시가 아닐까 하옵니다."

다음날부터 편전은 묘한 분위기가 감돌고 있었다. 이효가 진언했다는 태자 책봉은 금세 풍문으로 돌았고 중신들에게까지 알려지자 더욱 심상치 않았다. 별자리를 두고 의견이 분분 했지만 그것도 저희들끼리 모였을 때의 모습이었다. 누구 하나 편전에서 선뜻 거론하는 중신은 없었다. 태자 책봉과 직접 관련된 김원태의 입은 더욱 무거워졌고 대왕도 사태의 흐름만 주시할 뿐 말이 없었다.

그러는 동안 사월에는 유성流星이 자미성紫微星을 범하더니, 십이월에는 또 유성이 천창성天倉星에서 태미성太微星으로 들어갔다. 일관은 계속되는 변괴에 아연할 뿐이었다. 대왕은 다시 이효를 불려 별점을 치게 하였다.

"태백성이 서자성을 가렸던 뜻과 다름이 없사옵니다. 유성이 천창성을 걸쳐 태미성으로 들어간 것은 뭇별들이 밝은 광채를 좇는 형상이옵니다. 이는 하늘의 뜻이 한 왕자에게 가 있음을 보이는 것이옵니다."

"그게 누구인가?"

"천기를 어찌 누설하겠사옵니까."

"이 나라의 군주가 아니던가. 내게도 감출 것이 있겠는가?"

"아니 되옵니다."

"……."

"천기란 짐작하여 앞날을 대비하는 것이지 발설하여 떠들 일이 아니옵니다. 상고해 보아도 천기를 흘려 해를 당하지 않은 바가 없사옵고, 천기에 현혹되어 대사를 그르친 군주 또한 적지 않사옵니다. 대왕께서도 유념하시어 처분하시옵소서."

"알았네."

대왕도 더는 채근하지 않았다. 그러나 대왕의 표정은 그리 밝지가 않았다.

"그런데 유성이 자미성을 범했음에는 왜 말이 없는가?"

"그것은…."

이효는 순간 얼굴이 굳어졌다.

"왜 그러는가?"

"좋은 일이야 먼저 알아도 해로울 것이 없사오나, 불길한 징조는 늦게 앎만 못한 것이옵니다."

"불길한 징조라니?"

"아직은 뚜렷하게 드러난 바가 없사오니 천천히 다른 조짐을 살펴 말씀드리겠사옵니다. 대왕께서도 더는 묻지 말아 주시옵소서."

"……."

이효는 입을 다문 채 퇴청했다. 대왕의 성정에 의구심만 가득 남긴 채였다. 구구절절이 옳은 말이니 대왕으로서도 어쩔 수 없는 일이었다.

이효를 보낸 대왕은 며칠을 편전에 나오지 않았다. 태자 책봉은 이제 더 이상 미룰 계재가 아니었다. 말은 없었지만 중신들의 모든 촉각이 태자 책봉에 가 있음을 대왕이라고 모를 리 없었다. 난감한 일이 아닐 수 없었다.

대왕이 보위에 오른 지도 어느덧 열네 해째를 지나고 있었다. 약관의 나이로 백관의 윗자리에 올라 범 같은 중신들의 눈치를 보며 정사를 다스려 온 나날들이었다. 진골정통과 대원신통의 틈바구니에서 줄타기를 하듯 왕권을 보존해 온 것이었다. 그들은 아직까지도 이 나라의 관직을 손에 쥐고 자신들의 권력을 키우기에 여념이 없었다. 그러나 이제는 대왕의 힘도 예전과는 달라져 있었다. 중신들의 힘에 밀려 연화부인과 이별을 했던 나약한 대왕이 아니었다. 대왕은 서서히 예전의 무열, 문무대왕 대의 강력했던 왕권을 꿈꾸기 시작했다. 그것만이 시조 혁거세가 이 나라를 세운 이후 면면이 보존해 온 8백 년 사직을 반석에 올려놓는 길이었다.

대왕은 고뇌하지 않을 수 없었다. 진골정통과 대원신통의 거대한 두 세력을 조화시키면서 왕권을 강화하는 일, 그것은 참으로 지난한 도전이었고 섣불리 덤빌 수 없는 중대사였다. 하지만 이제는 더 이상 미룰 수 없는 일이기도 했다. 나날이 강대해지는 대원신통의 세력은 왕권마저 위협하는 지경에 와 있었다. 아버지 신문대왕이나 형님인 효소대왕 때의 변란을 떠올리지 않을 수 없었다. 비대한 세력 아래 왕권인들 남아날리 없는 까닭이었다.

대왕은 망설이지 않을 수 없었다. 두 세력을 조화시킨다고 하는 것은 결국 강한 자의 힘을 빼앗든지 아니면 약한 자에게 힘을 주는 방법밖에 없었다. 그것은 무엇을 의미하는 것이던가. 이제까지 자신의 왕위를 위해 힘써왔고 사사로이는 인척의 예까지 맺은 김원태를 견제해야 한다는 것이었다. 자칫하면 조정에 큰 혼란을 가져올 수도 있는 일이었다.

대왕이 시도한 첫 번째의 조치는 김순원을 복권사키는 일이었다. 대원신통의 상당한 반발을 예상했던 김순원의 복권은 의외로 쉽게 이루어졌다. 대왕으로서는 전혀 생각지 못한 일이었다. 남은 일은 무너진 진골정통의 세력을 키워 대원신통에 대적할 수 있도록 힘을 키워주는 일이었다. 김순원의 지략이라면 능히 알아서 처신할 터였다. 대왕은 겨우 한숨을 돌릴 수 있었다.

그런데 아닌 밤중에 홍두깨라더니 느닷없이 태자 책봉이 거론되는 것이었다. 한번도 생각해 본 적이 없는 태자 책봉이었다. 맏왕자인 수충이 장성했다고는 하나 근래의 행실로 보아서는 미덥지도 않았고, 더구나 그 어미는 궁을 떠난 지 오래였다. 조정 중신들이 반길 리 없었다. 둘째 중경을 생각해 보아도 마땅치 않기는 매한가지였다. 그렇지 않아도 김원태의 세력은 하늘 높은 줄 모를 지경이었다. 여기에다 중경을 태자로 책봉한다면 날개를 달아주는 격이었다. 그것은 이제까지 대원신통의 세력을 꺾고자 했던 대왕의 의중과는 너무나 다른 길이었다. 얼핏 태자 책봉의 거론에 대원신통의 음모가 있는 것은 아닐까하는 생각이 든 것은 이럴 즈음이었다. 한번 의구심이 들기 시작하자 의문은 쉽게 가라앉지 않았다. 수충이 나라를 떠나자마자 태자 책봉이 거론된 것도 심상한 일은 아니었다.

이튿날이었다. 대왕은 오랜만에 편전에 나왔다. 대왕의 낯빛은 얼른 보아도 굳어 있었다.

"요사이 저자의 풍문이 요사스러운데 공들은 어찌 입을 다물고만 있는 것이오!"

대왕은 첫마디부터 역정을 냈다.

"무엇을 이르심인지요?"

"몰라서 묻는 것이오!"

"일개 일관의 말에 어찌 현혹될 수가 있겠사옵니까."

"그리하면 쉬쉬하는 까닭은 무엇이오!"

"……."

순간, 편전은 찬바람이 일었다. 대왕의 역정을 모를 리 없건만 중신들이라고 시원한 대답은 없을 터였다. 그때였다. 놀랍게도 태자 책봉을 먼저 거론한 사람은 김순원이었다.

"기왕에 거론된 일이옵고, 왕자들께서 성년에 이르렀으니 시기 또한 빠르다 할 수 없을 것이옵니다. 대왕께서는 태자 책봉을 가납하심이 옳을 듯하옵니다."

"······?"

일이 이렇게 되자 놀란 것은 오히려 대왕이었다.

"진심으로 하는 말씀이오?"

"사직의 대사를 두고 어찌 삿된 마음을 품으리까."

"그러하다면, 공은 어느 왕자를 태자로 세워야 한다고 생각 하시오?"

"보위의 승계를 어찌 신하된 자가 입에 담으오리까? 오직 대왕의 하교를 기다릴 뿐이옵니다."

"두 왕자 모두가 적자가 아니던가?"

"한 하늘에는 두 개의 태양이 있을 수 없음이옵니다."

"어버이의 마음으로서는 차마 한 왕자를 택할 수 없음이 아니던가. 수충은 나라 밖에 있고 중경이 컸다 하나 또한 이제 겨우 경전을 이해하기에 급급한데, 미룰 수도 있음이 아니요?"

"그렇지가 않사옵니다. 이미 말이 나온 이상 왕통의 승계는 하루라도 빨리 매듭을 지을수록 뒷말이 생기지 않는 법이옵니다."

"······"

"하교하시옵소서."

"······"

대왕은 재촉하는 김순원을 의아한 듯 쳐다보았다. 다른 중신들은 아직도 꿀 먹은 벙어리였다. 김순원이 저렇게 나서는 것을 보면 분명 까닭이 있을 것이었다. 대왕은 편전을 쭈욱 둘러보았다.

"공들의 의향을 따를 것이오. 어느 왕자를 태자로 세움이 좋겠소?"

"……."

"순원공이 말씀해 보오."

"정녕 신의 뜻을 듣고자 하심이옵니까?"

"그러하오."

"춘추 어리다 하나 중경공이 가할까 하옵니다."

"중경을?"

"……."

일순, 편전의 시선은 김순원에게 집중되었다. 모두가 놀란 입을 다물지 못하고 있었다. 숨소리조차 들리지 않았다. 대왕의 낯빛도 조금씩 굳어지기 시작했다.

"공들의 의향은 어떻소?"

"중경공의 영민함은 널리 알려진 바이옵니다. 가한 줄로 아뢰옵니다."

그때서야 상대등 인품이 한마디 했을 뿐이었다.

그날 밤 김원태의 저택은 하례객들의 발길이 멈추지 않았다. 사랑은 드나드는 중신들로 문턱이 닳을 지경이었고 술청을 오가는 시종들의 입에서는 웃음이 걷힐 틈이 없었다. 몰려 든 하례객들로 한바탕 난리를 치르고 밤이 이슥해지자 남은 사람이라고는 상대등 인품과 중시 효정뿐이었다. 법운이 김원태의 저택에 들어선 것은 그즈음이었다. 김원태는 반겨 들마루를 내려섰다.

"어서 오시오. 그러잖아도 이제나 저제나 오시기만 기다리던 참이오."

"가사를 걸친 몸뚱어리니 어찌 속세인들 눈이 두렵지 않겠습니까. 부러 사람들이 돌아가기만 기다리고 있었지요."

"법운도 두려운 게 다 있었소? 허허허"

"늦게나마 하례 드리옵니다."

"고맙소이다. 모든 게 법운과 효정공의 지모 덕분이 아니겠소. 이제야말로 베개를 높이고 두 다리를 쭉 뻗을 수 있음이 아니요. 허허허."

김원태는 호탕한 웃음을 터뜨렸다. 좌중은 십년 체증이라도 떨쳐버린 듯 모두들 홀가분하기 그지없는 표정들이었다. 그러나 좌정하는 법운의 얼굴은 밝지만은 않았다.

"대왕께서 하명은 내리셨사옵니까?"

"내린 것이나 진배없는 일이 아니던가?"

"그렇다마다. 조정 중신들이 모두 찬성을 하는데 대왕께서도 달리 하명하실 까닭이 없질 않은가?"

"그러실 테지요"

"임자의 말에 뼈가 있는 듯하이. 미심한 구석이라도 있는 모양일세 그려?"

중시 효정이었다. 그때서야 좌중은 법운의 표정을 유심히 살폈다. 법운은 자기에게 향한 눈길을 받으며 천천히 좌중을 훑어보았다.

"순원공이 주청을 올렸다 들었습니다만."

"그러하네."

"너무 이르옵니다. 공께서라도 나서서 막아야 할 일이 아니온지요? 태자 책봉을 막을 수 있는 분은 오직 공뿐이옵니다."

법운의 눈길이 김원태를 똑바로 향했다.

"까닭이 무엇이던가? 미녀 선발도 임자의 머리에서 나온 계책이었고 그로 인해 수충공이 숙위를 떠난 것이 아니었던가. 그런데 이제 와서 반대를 하니 영문을 모를 일일세 그려. 더구나 태자 책봉은 우리가 주청한 것이 아니질 않던가. 굴러들어온 호박을 차 버릴 것까지야 있겠는가?"

"그러하네. 순원공이 주청을 했다 함은 그도 이제는 우리에게 대적할 수 없음을 인정한 것일세. 망설일 것이 무엇인가?"

의아스럽다는 듯 효정이 말했다.

"빨리 딛는 발길은 돌부리에 채이는 법이옵니다. 다른 사람도 아닌 순원공이 나섰음이 더욱 신중해야 할 까닭이지요. 순원공은 절대로 가벼운 행보를 할 위인이 아니옵니다."

"임자의 말뜻을 모르는 바가 아닐세. 허나 중경공이 태자로 책봉된 뒤에야 무슨 우환이 남겠는가. 수충공이 나리를 비운 지금 이루어 놓지 않는다면 오히려 그것이 우환이 되고도 남음일세."

"숙위가 끝나려면 아직도 창창한 세월인데 수충공을 염려하겠습니까."

"그럼 무엇을 염려함인가?"

"대왕의 뜻이지요. 대왕의 춘추 이제 서른여섯이옵니다.

대왕의 뜻이 굳지 않은 한 중신들의 힘으로 옹립된 태자 책봉은 장차 사단이 될 수도 있음이 아니옵니까?"

"……."

"시간을 늦춰 대왕의 의중이 굳어지기를 기다려야 할 것이옵니다."

"그것은 대왕의 하교를 보면 자연 알 일이 아니던가? 그때까지는 아무 주청도 올리지 않을 작정일세."

"그것만으론 아니 됩니다. 태자 책봉을 막으셔야 하옵니다."

"……."

법운은 한사코 태자 책봉을 반대하고 있었다. 그런 법운을 바라보는 김원태의 눈은 이해할 수 없다는 표정이 역력했다. 차츰 그의 얼굴에는 불쾌한 빛까지 드러나고 있었다.

"전에도 말씀 올렸습니다만, 우리의 세력이 너무 강대해지면 대왕의 견제를 받을까 우려함입니다."

"태자 책봉이 된 뒤에는 그것도 공연한 우려일세. 대왕이 아무리 세력의 조화를 염두한다고 해도 태자의 측근을 물리칠 까닭이 없질 않은가?"

"낙관만 해서는 아니 되옵니다."

"어허, 이 사람. 태자의 측근을 보살피는 것도 사직을 굳건히 하는 일임을 왜 모르시는가!"

"……."

김원태는 기어이 역정을 내고야 말았다. 상대등 인품과 중시 효정도 이번만큼은 법운의 말보다는 김원태를 따르고 있었다.

 바깥은 매서운 바람이 몰아치고 있었다. 김원태의 저택을 나온 법운은 힘없는 발길을 도성 밖으로 옮겼다. 백률사로 향한 발길이었다. 정해진 거처는 아니었지만 딱히 갈 곳은 백률사뿐이었다. 법운은 등 뒤 어둠 속으로 잠겨드는 김원태의 저택을 한동안 바라보다가 다시 걸음을 옮겼다. 다시는 밟지 않을 길이었다.

 법운의 머릿속은 지난 일 년여 동안 김원태와 함께 했던 일들로 가득했다. 오대산에서 스승 보천을 떠나온 뒤의 일 년은 오로지 중경을 태자로 세우기 위한 날들이었다.

 장차 오실 그분을 모셔야 하느니.

 스승의 한마디는 법운에게 거역할 수 없는 운명이었다. 장차 내게 오실 그분이 누구일까? 법운은 문득 왕자 중경을 떠올렸던 것이다. 조정 중신들의 끊임없는 알력과 범 같은 왕자 수충의 견제를 이겨내야만이 보위에 오를 수 있는 어린 왕자였다. 우연찮은 계기로 김원태를 만난 것도 법운의 이런 심증을 굳히는 데 일조를 했다.

 언젠가 네 앞에 그분 스스로 나타날 것이니.

 스승은 그렇게 이르지 않았던가.

 하지만 지금의 법운은 점점 자신의 판단에 회의를 느끼고 있었다. 중경공이 내가 기다리던 그분이었을까. 스승께서 이르신 그분은 진정 이 나라의 대왕이 되실 분이었을까. 법운은 어느 한 가지도 자신할 수가 없었다. 불현듯 법운의 눈에는 스승 보천의 인자한 모습이 어른거렸다.

법운의 발길은 자신도 모르는 사이에 백률사 입구를 지나쳐 들녘을 내쳐 걷고 있었다. 동쪽 바닷가로 빠지는 강안 길이었다. 나흘 길의 오대산이 눈앞에 있는 듯, 법운의 발길은 갑자기 빨라지기 시작했다.

며칠 뒤 대왕은 대사면령을 내렸다.

"나라에 반역하고 부모와 조부모를 살해한 오역五逆 죄인을 제외한 옥 안의 모든 죄수를 방면하여, 태자 책봉의 경사를 나라 사람들에게 널리 알리도록 하라!"

중경 왕자가 태자의 위位에 오른 것이었다.

4

김원태는 일간 다녀오겠다고 다짐했던 산행을 해를 넘겨서야 떠났다. 상대등 인품이나 중시 효정에게까지 행선지를 감춘 달구벌로의 산행이었다. 오로지 가령家令 두엇만 대동한 채였다.

새벽길을 달린 김원태의 말은 해가 중천을 넘어설 무렵 달구벌에 당도할 수 있었다. 달구벌에 들어서자마자 부악父岳에 오른 김원태의 입은 저절로 벌어지고 있었다. 웅장한 부악의 산자락에는 황토 들녘이 끝없이 매달렸고, 그 들녘 가운데로는 도도한 한줄기 강물이 흘러내리다 맞은편의 고산준령을 휘감고 있었다.

"신문대왕의 안목이 허언은 아니었구나!"

김원태는 나직이 내뱉었다.

과연 도읍지로서 손색이 없는 달구벌이었다. 드넓은 옥토를 품에 안은 부악을 비롯한 고산준봉들과 앞을 막아선 깊은 강은 팔백 년 사직을 옮겨오기에 부족함이 없었다. 장차 보위를 이어나갈 외손을 보는 김원태에게는 이제 두려움이란 없었다. 그는 태자 책봉이 끝나자 남은 한 가지마저 단숨에 해치우고 싶었다. 도성의 천도였다. 법운은 서두를 일이 아니라고 간곡하게 주청했지만, 그러한 말은 이제 김원태의 귀에 들어오지 않았다. 어차피 한번은 부딪혀야 될 일이었다. 도성이 서라벌을 떠나지 않는 한 진골정통의 위협은 그치지 않을 터였다. 외손 중경의 왕통 보존과 대원신통의 앞날을 위해서도 꼭 이루어야만 할 일이었다. 김원태는 지체 없이 서라벌로 말머리를 돌렸다.

도성에 당도한 김원태는 곧바로 이찬 삼광을 찾았다.

"공께서는 이 나라의 앞날을 어찌 보시는지요?"

"무슨 말씀이신가?"

"사직의 보존을 여쭙는 말씀입니다."

"까닭을 모르겠네. 공은 대왕을 가장 가까이서 모실 뿐만 아니라 항차 태자의 외조부가 아니신가. 공에게 궁금할 바라면 나 역시 모르는 바는 마찬가지가 아니겠는가?"

삼광은 어이없다는 듯 되물었다.

"그런 뜻이 아닙니다."

"……"

"기벌포에서 설인귀의 수군을 격파하여 삼한일통의 전쟁을 승전으로 이끈 지 벌써 40여 년이 지났습니다. 하지만 우리 신라는 이곳 서라벌에 도성을 둔 채 한 발자국도 움직이질 못하고 있습니다. 그 사이에 북국(발해)은 당을 대적할 만큼 세력을 키웠고, 고구려의 옛 강역이 모두 그들의 손에 들어갈 지경입니다. 패강 북방이 안정되었다고는 하지만 북국의 땅이 되는 것을 어찌 바라만 볼 수 있겠습니까?"

"공의 말은 군사를 일으키자는 뜻인가?"

"전란이 가라앉은 지 얼마 지나지 않은 터에 군사만을 고집하겠습니까?"

"그렇다면."

"이 나라가 북방을 포기하지 않는다는 의지만이라도 보여야 한다는 것이지요."

"그것이 무엇이던가?"

"북방으로의 천도를 생각해 보았습니다만."

"천도를?"

"그러합니다. 새 술은 새 부대에 담으라고 하질 않았습니까. 바야흐로 이 나라는 삼한을 하나로 통일한 대국이 아닙니까. 그러함에도 반도의 한 귀퉁이에 있는 옛 도읍지에 안주하여 저 넓은 대륙을 잊고 있으니 어찌 통탄할 일이 아니겠습니까. 그러한 까닭에 신문대왕께서도 달구벌로의 천도를 이르셨던 것이겠지요."

"말씀을 삼가 하시게. 도성의 천도는 나라 사람들의 뜻을 얻지 못하면 역적으로 몰릴 수도 있음이 아니던가!"

"그러기에 공을 찾은 것입니다."

"공의 뜻은 알겠네만, 내가 공을 도울 일이 있겠는가?"

"삼한일통은 태대각간 유신공이 계셨기에 이루어질 수 있었던 것입니다. 그분의 적자이신 공께서 나서주신다면 천도인들 불가하겠습니까? 그것은 유신공께서 이끌어주신 우리 대원 신통의 장래를 위한 것이기도 하온 터이니, 공께서는 깊이 생각해 주시지요."

"……."

삼광은 말이 없었다.

김원태는 애가 닳지 않을 수 없었다. 삼광은 이 나라의 원로이기도 했지만 유신공의 적자라는 후광으로 해서 나라 사람의 우러름을 한 몸에 받고 있는 인물이었다. 대왕까지도 삼광이나 그의 어머니인 지소부인의 말이라면 함부로 거절하지 않는 터였다. 도성의 천도를 위해서는 누구보다도 도움이 절실한 인물이 바로 삼광이었던 것이다. 더구나 그 역시 대원신통이 아니던가. 하지만 삼광은 끝내 대답을 하지 않았다.

"대왕의 은덕으로 과분한 관직에 몸담고 있는 내가 아닌가. 내 입으로 어찌 진골정통이니 대원신통이니 운운할 수 있겠는가. 내게는 오직 대왕만이 계실 뿐이네."

"하오나, 천도는 이 나라의 사직을…."

"천도가 어디 하루 이틀에 끝나는 일인가. 모처럼 나라 사람이 평안함을 구가하는데, 대역사大役事를 벌여 그들을 노역에 들게 하고 싶지가 않을 뿐일세."

"사직을 굳건히 하자는 역사이옵니다."

"다만 공이 천도를 주청한다면 반대하지는 않을 것이니 그리 알고 물러가시게나."

"……."

김원태도 더는 고집할 수 없었다. 반대하지 않겠다는 대답이나마 들을 수 있음이 다행이었다. 김원태는 하릴없이 삼광의 저택을 나오고 말았다.

대명천지에 비밀이란 있을 수 없었다. 김원태가 세간의 이목을 피해 천도를 추진하고 있을 때, 다른 한쪽에서는 손금 보듯 그의 행각을 쫓는 인물이 있었으니 바로 김순원이었다.

밤늦은 시각이었다.

"내 공들을 급히 오시라고 한 건…."

김순원은 파진찬 사공과 대아찬 배부가 좌정하기도 전에 말문을 열었다.

"요즈음 원태공의 행보를 아시는가?"

"원태공이 또 무슨 일을 꾸민단 말씀입니까?"

배부가 득달같이 물었다.

"원태공이 달구벌을 다녀왔네. 뿐만이 아닐세. 달구벌에서 도성으로 들어와서는 곧장 삼광공을 만났다 하네."

"달구벌에는 왜 갔다 합니까?"

"그저 부악에 올랐다, 내려왔다 하네."

"……?"

"원태공의 의중을 아시겠는가?"

김순원의 질문에 배부는 머리를 갸웃했다. 도무지 알 수 없다는 표정이었다. 김순원은 빙긋이 웃으며 사공을 바라보았다. 그러자 사공이 입을 열었다.

"공께서는 천도를 생각하십니까?"

"다른 일이라면 원태공이 부악을 오를 까닭이 없겠지요. 도성을 들자마자 삼광공을 찾을 연유도 없을 테구요."

"대왕의 하명이라도 계셨단 말씀입니까?"

그때서야 배부가 숨 가쁘게 물었다.

"그것까지야 어찌 알겠는가? 다만 천도의 뜻을 품었다는 게 큰일이 아니던가?"

"만일 그것이 사실이라면 대처할 방도가 없지를 않습니까. 대왕과의 논의도 없이 그 같은 일을 벌였겠습니까?"

"대왕의 의중이야 어찌 알겠는가?"

"하지만 방책을 세워야하질 않겠습니까?"

"대왕의 심지가 천도에 있으시다면 막을 수밖에. 달리 무슨 방책이 있겠는가."

"막다니요. 대왕의 섭지가 이미 굳어졌다면 어찌 돌이킬 수 있겠습니까?"

"공은 신문대왕 대의 일을 잊으셨는가?"

"그때는 조정이 우리 진골정통의 수중에 있었기에 천도를 막은 것이 아닙니까. 하지만 지금은…."

"나라 사람의 마음이 천도天道이며 그것을 읽는 것이 곧 왕도王道임은 고금의 정한 이치가 아니던가. 그것은 예나 지금이나 다를 수가 없음일세. 도성 서라벌의 모든 민간이 반대를 한다면 대왕인들 무작정 천도를 주장하시겠는가?"

"반대할 명분이 너무 약하질 않습니까?"

사공이 짧은 한숨을 내쉬며 말했다. 그러자 배부가 선뜻 나서며 말을 막았다.

"군왕의 행함에는 명분이 있어야 하옵니다. 우리 신라의 팔백 년 사직이 도성 서라벌에서 발흥하여 오늘을 맞았습니다. 삼한일통의 대업도 서라벌 도성인의 부단한 신고와 하나 된 마음이 있었기에 이룰 수 있었던 것이옵니다. 그런데 이제 전란의 함성이 겨우 가라앉았다 하여 천도를 이르다니요. 도성 사람으로서 누가 따르겠습니까. 또한 천도라는 것이 서라벌의 진골정통을 죽이려 함임은 삼척동자도 다 아는 일이 아닙니까. 그러한 터에 명분이 없다니요? 다만 우리에게 세력이 없는 것이지요."

"그것만으로는 부족함이 아니던가!"

사공은 여전히 머리를 가로저었다. 하지만 김순원의 표정은 담담하기만 했다.

"명분이야 없겠습니까. 대국은 지금까지도 고구려의 옛 영토를 주장하면서 한편으로는 북국의 발호를 관망만 하고 있지 않습니까. 그 연유가 무엇입니까. 우리 신라의 세력을 염려함이 아닙니까. 이러한 때에 천도를 어찌 이르겠습니까. 비록 달구벌을 염두한다 하나 북방으로의 도성 천도는 거리를 논할 일이 아닐 것입니다. 그것은 곧 우리 신라가 북방을 도모할 의도를 가진 것으로 비칠 뿐이지요. 이를 대국에서 보고만 있겠습니까? 문무대왕 연간의 불의를 자초하는 일이지요."

"으음."

"과연 순원공이십니다!"

파진찬 사공과 대아찬 배부는 입을 벌린 채 김순원을 바라보았다. 김순원의 말에는 일절 막힘이 없었다.

불의라 함은 문무대왕 재위 14년(674)에 있었던 왕의 관작을 삭탈한다는 당 고종의 칙서 사건을 지칭함이었다. 당시 문무대왕은 고구려 잔여 군사의 귀순을 받아들이고 백제의 옛 땅에서는 당의 통치 기구인 웅진도독부를 깨트림과 동시에 신라의 관리를 파견하여 지키게 하였다. 그러자 당 고종은 장안에 가 있던 대왕의 아우 김인문金仁問을 신라왕으로 세워 귀국케 한 것이었다. 뿐만 아니라 유인궤를 계림도 대총관에 임명하여 신라를 공격하였다. 그것은 백제와 고구려의 옛 땅을 신라에게 양보할 수 없다는 강력한 시위였다. 문무대왕은 군사를 일으켜 당군과 결전을 벌이는 한편 화친책을 펴 위기를 피할 수 있었지만, 그것은 신라에게 커다란 위협이 되었던 것이다.

"명분이 있다 하여 안심할 것만은 아닙니다. 대왕의 뜻이 세워졌다면 받드는 자들도 있음일 것입니다."

그러나 사공은 미심쩍은 듯 한마디 덧붙였다.

"염려할 바가 아니지요."

"가볍게 볼 일이 아닙니다."

"설령 대왕이라 하더라도 쉽게는 공론화시킬 수 없을 것입니다. 게다가 원태공이 혼자 도모하는 일이라 한다면 더욱 그럴 테지요. 땅속을 기는 두더지가 나는 매를 당하오리까. 저들이 어둠 속에 감추고 있다면 우리는 밝은 날에 드러내야 할 것이옵니다."

"드러낸다!"

"그렇습니다. 대왕께서 가장 두려워하는 것이 무엇이겠습니까. 도성 서라벌의 민심입니다. 원태공이 천도를 이르기 전에 우리가 앞서 민심을 흔들어 놓는다면 천도는 불가할 것입니다."

김순원의 답변은 시원스러웠다.

일사천리로 말을 마친 김순원은 방 안을 한번 쭈욱 살폈다. 방 안은 잠시 침묵에 잠겼다. 그러던 좌중에서는 일순 한바탕 웃음이 터져 나왔다.

"으허허허."

"하하하."

다음날, 날이 밝자 도성 서라벌에는 난데없는 풍문이 떠돌기 시작했다. 그것은 며칠이 되지 않아 서라벌을 온통 뒤숭숭하게 만들었다. 풍문의 주인공은 김원태였다. 저자의 소문은 오래지 않아 대왕의 귀에까지 들어갔다. 대왕은 펄쩍 뛰지 않을 수 없었다. 대왕은 지체 없이 김원태를 불렀다.

"승부령도 저자의 풍문을 들었소?"

"……"

"공께서 천도를 준비하고 있다는데, 무슨 까닭으로 저잣거리의 입에 오르내리는지 연유를 말씀해 보시오!"

"그것은…."

"부악까지 원행遠行했다는 것이 사실이오!"

대왕의 추궁 소리가 편전을 쩌렁쩌렁 울렸다.

김원태는 움찔하지 않을 수 없었다. 이제껏 저토록 불편한 심기를 내보인 적이 없는 대왕이었다. 김원태는 순간, 대왕의 얼굴을 우러렀지만 곧 눈길을 떨구고 말았다. 대왕의 표정에서는 어느 한곳 천도를 수긍하려는 빛조차 찾을 수 없었다.

"왜 대답이 없는 것이오!"

"신은 다만."

"다만 무엇이오!"

"북방의 강역을 도모하기 위해서는…."

"그만 두시오! 그러한 대역사를 어찌 승부령의 의중만으로 처분한단 말이오. 편전의 조회는 대체 무엇이길래 조정에서는 알지도 못하는 일이 저자의 풍문에 돌게 한단 말이오?"

"그것은."

"물러가시오!"

대왕은 한 오라기 틈도 주지 않고 김원태를 물리쳤다.

그러나 잡은 자나 잡으려는 자나 어느 한순간도 포기할 수 없는 것이 권력이었고 지나치면 화를 부르는 것이 또한 권력의 속성이었다.

김원태는 천도 주청을 멈추지 않았다. 어느덧 달구벌로의 천도는 조정에서 공론화될 조짐을 보이고 있었다. 그럴수록 서라벌의 저잣거리는 더욱 소란스러워지고 있었다.

그러던 어느 날이었다.

"유성이 달[月]을 범하여 달이 빛을 잃었사옵니다."

일관이 급히 아뢰었다.

일관의 전언을 접한 대왕은 낯빛이 흐려졌다. 유성이 달을 범하였다면 상서로운 조짐이 아닐 것은 자명할 터였다.

"이효를 들게 하라!"

대왕은 오로지 이효가 생각날 뿐이었다. 이효는 지체 없이 대궁으로 들었다.

"좌우를 물려주시옵소서."

"물러가라!"

둘만이 남자 이효가 입을 열었다.

"밤하늘에 달이라 함은 오직 한 빛이니 대왕을 대신하는 것이옵고, 또한 유성이라 하는 것은 항상 있는 것이 아닌 까닭에 사람으로 사뢴다면 배우자로 보기도 하옵는 것이옵니다. 그런데 이제 달이 유성으로 인해 빛을 잃었다 하니 무슨 연고인지 신도 궁금할 따름이옵니다."

"공의 말은 왕비를 이르는 것인가?"

"죽여주옵소서! 어찌 천한 입으로 왕가의 일을 거론하겠사옵니까. 다만 별자리의 행렬이 예사롭지 않음을 아뢸 뿐이옵니다."

"……."

대왕의 낯빛은 처참하도록 일그러지고 있었다. 이효는 감히 뒷말을 잇지 못하고 때를 보아 대궁을 물러나왔다. 그로부터 한 달 남짓 되었을까. 대궁에서는 서슬 퍼런 하명이 떨어졌다. 김원태의 딸이자 태자 중경의 친모이기도 한 성정왕후를 사가私家로 내보낸다는 것이었다. 추호의 용서도 없는 서릿발 같은 대왕의 명이었다.

「자고이래로 아녀자의 신분이란 지아비를 섬김에 몸과 정성을 다함이 그 근본이 아닐 수 없다. 이에는 저자와 왕후장상이 따로 없는 터, 항차 나라 사람에게 모범을 보여야 할 왕후를 이르겠느냐. 그럼에도 양궁梁宮의 왕후가 아녀자로서 아녀자의 본분을 다하지 못하고, 나라 사람의 모후母后로서 그 본분을 망각하여 행실하니 내 이제 사가私家로 내보내노라. 하나 인륜의 정리마저 끊음은 차마 금수禽獸의 짓일러니 그동안의 공로를 어여삐 여겨 채단綵緞 5백 필, 밭 2백 결, 벼 1만 석, 집 1구를 내리고 왕후의 위位만은 보존케 하노라. 널리 나라 사람에게 알려 경계토록 하라!」

왕자 중경이 태자로 책봉된 지 불과 3개월 뒤의 일이었다. 봄볕에 무르녹던 서라벌의 저잣거리는 삽시간에 얼어붙고 말았다. 대왕과 왕후의 금실이 예전만 못하다는 풍문이 궁인들을 통해 간헐적으로 나온 적은 있었지만, 중신들로서도 전혀 예기치 못한 일이었다. 영문을 모르는 중신들은 삼삼오오 모여 대왕의 의중을 헤아리기에 바빴고, 김원태는 두문불출 아예 바깥출입을 금하고 있었다.

성정왕후가 사가로 나가는 날부터 시작된 비바람은 점점 거세지고 있었다. 동쪽 바닷가에서 사람이 날려 바다로 떨어졌다는 전갈이 있기가 무섭게 서라벌에서도 한 아름은 족히 됨직한 버드나무가 뽑혀 나갔고, 저자에는 기왓장까지 날아다닐 정도였다. 실로 어마어마한 대풍大風이었다. 민가는 물론 궁宮마저도 성한 곳이 없어 숭례전崇禮殿은 아예 주저앉기까지 했다.

비바람이 멈춘 하늘은 다시 햇살을 드러냈다. 그러더니 이번에는 한 톨의 빗방울도 내리지 않은 채 초여름을 보내고 있었다. 두어 뼘 자라난 볏 줄기는 갈라진 논바닥 틈으로 하얀 뿌리를 보이기 시작하더니 금방 새빨갛게 타들어가고 있었다. 대왕은 또다시 이효를 불렀다. 이효는 기우제가 끝나기도 전에 비를 청했다.

이효가 대왕의 하사품을 받아 돌아가는 길이었다. 이효의 옆에는 김순원이 말머리를 나란히 하고 있었다.

"내 공의 은공은 잊지 않을 것이오.

"하늘의 뜻을 따라 대왕께 주청한 것뿐인데, 은공이랄 거야 있겠습니까."

"공이 천기를 미리 알려주지 않았던들 내가 어찌 저들과 대적할 수 있었겠소? 공이 내 옆에 있음은 하늘이 도운 것이 아니겠소."

김순원은 은근한 눈길을 이효에게 주었다.

"그러나 내게는 할일이 남아 있으니 그것이 걱정이구려."

"원태공의 날개가 꺾였음인데 공께서는 아직도 걱정이 남아 있습니까. 허허허."

"한쪽 날개가 건재하질 않소?"

"오래 가지는 못할 것입니다."

"어찌 그러하오?"

"공께서 계시질 않습니까. 공께서 눈독을 들이는 날개인데, 장차 남아날 까닭이 없지를 않습니까. 허허허."

"쉿! 말을 삼가 하오."

"하늘의 뜻이란 때로는 일을 꾸미는 자에게 그 뜻을 내보이기도 하는 법이지요. 허허허."

"……."

순간, 김순원의 눈이 반짝 빛났다. 이효는 못 본 척 말머리를 돌리고 있었다. 어느 사이에 말은 도성의 한길을 벗어나 들녘 길로 접어들고 있었다. 김순원은 말을 세웠다.

"공의 말을 잊지 않으리다."

"서두르는 자에게는 항상 화가 뒤따른다는 것을 잊어서는 아니 됩니다."

'명심하리다."

김순원은 이효를 작별했다.

한줄기 소나기를 퍼부었던 서라벌의 하늘은 말끔히 개어 있었다. 하늘 모퉁이에는 뭉게구름이 피어올라 갖가지 형상을 만들고 있었다. 일손을 놓았던 들녘은 사람들의 함성으로 시끌벅적했다. 그들을 바라보는 김순원의 눈길에는 웃음이 가득 돌았다. 김순원은 날 듯이 가벼운 마음으로 회정回程 길에 올랐다.

5

따사롭던 가을볕도 시들해지고 있었다. 아침 일찍 거처를 나온 수충이 하루 종일 장안성을 헤매고 다니다 발을 멈춘 곳은 서시전西市廛이었다. 저잣거리로 들어선 수충은 머뭇거림 없이 한 주점으로 들어갔다. 수충을 맞이하는 목소리는 당에서도 먼 이국나라인 서역의 여인들이었다.

"암마륵菴磨勒으로 한 상 차리게."

그중 낯이 익은 여인에게 말을 던진 수충은 주루에 올랐다. 저자에서 손님을 청하는 여인들의 소란스러움과는 달리 주점 안은 호젓하기만 했다.

"용고주龍膏酒도 있사옵니다."

"그러한가! 그렇다면 나도 오늘은 황상께서 즐기신다는 용고주를 맛볼 수 있겠구먼."

"어디 용고주뿐이옵니까?"

"그렇다면 다른 것도 있다는 말인가?"

"이 서시전의 주루에 없는 것이 무엇이겠사옵니까? 공께서 목석이시니 옆에 있어도 보지를 못함입지요."

"농이 지나치네."

수충은 쓸쓸히 눈길을 돌렸다.

"공과 같은 분들만 계신다면 바다 건너 계림이란 곳의 아녀자들은 참으로 살맛이 안날 것이옵니다."

"그렇게 보이는가? 하하하"

여인은 눈을 흘깃거리며 돌아섰다.

수충도 여인의 속살거림이 싫지만은 않은 듯 말을 받았다. 하지만 그의 웃음 속에는 공허함이 가득 맴돌았다.

수충은 조용히 눈을 감았다. 가히 장안성은 모자란 것이 없는 도읍지였다. 삼년이란 짧지 않은 세월동안 수충이 본 것은 이제까지 살아오면서 보았던 것보다 훨씬 많았다. 정돈된 성 안의 도로와 한길을 따라 끝없이 이어진 기와 담장의 행렬은, 처음부터 수충의 눈을 압도하는 장안성의 풍광이었다.

 둘레가 70여 리에 달한다는 장안성은 황제가 거처하는 궁전을 중심으로 한 궁성, 정사를 담당하는 관사들이 모여 있는 황성이 있었고, 나머지는 민가들의 지역인 외곽성으로 구분되어 있었다. 외곽성은 1백 8방坊으로 펼쳐져, 11구역으로 나뉜 남북대가南北大街와 14구역으로 나뉜 동서대가東西大街의 한길을 축으로 수많은 도로가 바둑판처럼 뚫려 있었다. 방의 대부분은 왕후장상과 대소 관원들의 저택으로 즐비했고 곳곳에 사찰과 도관道觀이 들어서 있기도 해, 그 숫자만도 무려 1백여 개에 이르렀다. 또한 황성 밖 동남쪽으로는 동시東市가, 서남쪽으로는 서시西市가 위치해 상권을 형성하고 있었다.

 이들 시전은 같은 종류의 물건을 파는 점포들을 한 도로에 배열하여 이를 행行이라 불렀으며, 물건을 쌓아두는 창고를 저邸라 하였다. 동시는 그 규모만도 2백 2십 행에 이르렀고 사방에 저가 있어 온갖 진귀한 물건이 끊일 날이 없었다.

 서시는 동시보다 더욱 번화하여 가히 당을 대표하는 시전으로서 모자람이 없었다. 이국인들이 많이 드나드는 서시에는 그들이 직접 운영하는 점포나 주점까지도 수를 헤아릴 수 없이 많았다. 이들 점포나 주점은 서역의 특산품으로 인기가 높았는데 특히 암마륵菴磨勒, 비리륵毘梨勒, 가리륵訶梨勒 등의 과실주와 서역의 남부지방 우발산니烏戈山離의 명주로 알려진 용고주龍膏酒는 서시전의 주점에서는 최상품으로 알려져 있었다.

"드시옵지요."

수충은 묵묵히 잔을 들었다. 술을 따르는 하얀 손의 주인 역시 서역의 여인이었다.

"수심이 너무 깊사옵니다."

"그러하더냐."

"주루라 하는 곳이 만 가지 근심도 털어 버릴 수 있어 찾는 것 아니옵니까? 이제껏 공의 활짝 개인 존안을 뵙지 못하는 것도 저의 죄만 같아 송구스럽기 그지없사옵니다."

"그것이 어찌 임자의 탓이겠나."

수충은 훌쩍 잔을 들이켰다. 그러나 수충의 표정은 조금도 밝아지지 않았다. 술병이 비워질수록 수충의 얼굴은 한층 굳어지고만 있었다.

"오늘은 이 서시전과도 작별주를 나누는 날일세 그려."

"무슨 뜻이옵니까?"

"일간 계림으로 떠나야 할 몸이니, 다시 서시전의 술을 맛보게 될지 모르겠다는 말이네."

"하례 드리옵니다."

여인은 그때서야 수충의 심정을 알겠다는 듯 고개를 끄덕였다. 여인의 눈에는 아쉬움이 짙게 배어 있었다.

"숙위를 오셨다 아니 하셨사옵니까? 그런데 벌써 돌아가시다니 너무 이른 듯하옵니다."

"……."

수충은 대답 대신 술잔을 기울였다. 여인의 목소리는 잔잔한 울림으로 수충의 귓전에서 흩어지고 있었다.

주점의 문이 열리고 한 사내가 들어선 것은 그즈음이었다.
"문안드리옵니다."
수층은 벌떡 일어나 사내를 맞았다.
"태자 중경공께서 돌아가셨다 했느냐?"
수층은 급히 물었다.
겉차림만으로도 시전을 들락거리는 상고가 분명해 보이는 사내였다. 사내로부터 전갈을 받은 것은 어제 저녁이었다. 계림 땅을 떠난 뒤로 줄곧 서라벌의 소식을 알려오던 수족 같은 사내였다. 허언이 아닐 것은 분명했지만 수층으로서는 도무지 믿기지 않는 전갈이었다.
"분명하옵니다."
"돌아가신 지 겨우 달포도 지나지 않았는데 어떻게 알았느냐!"
"소인은 등주에서 황하로 뱃길을 잡고 있었사옵니다. 출항을 서두르는데 때마침 바다를 건너온 상고배를 만났습지요. 도중의 성시城市들을 마다하고 내쳐 장안성으로 들어온 것이옵니다."
"욕을 보았구나."
"욕이랄 게 있겠사옵니까."
"춘추 어린 태자가 변을 당했다니, 대체 까닭이 무엇이더냐!"
"상세히는 듣지 못했사옵니다만, 특별한 병세가 있었던 것은 아니었다 하옵니다."
"그게 무슨 말이더냐!"

"……."

수충은 놀라 추궁하듯 물었다. 그러나 전언을 하는 사내도 더는 아는 게 없었다.

"으음."

수충의 표정에는 깊은 그림자가 내리고 있었다.

자세한 것이야 입조사入朝士나 하정사가 당도해야 알 일이었다. 성정왕후가 사가로 내침을 당한 뒤로 김원태의 세력이 많이 꺾였다는 풍문은 이미 듣고 있었다. 그런데 이제 태자 중경마저 죽었다면 김원태는 더 이상 버틸 수가 없을 것이었다. 당연히 조정의 권력은 김순원에게 넘어갈 것이지만, 태자의 위位는 어떻게 될 것인가. 수충의 가슴속에서는 서서히 뜨거운 피가 솟고 있었다. 비록 생모가 궁 밖에 있지만 대왕의 피를 받은 왕자는 자신뿐이었다.

"일간 계림으로 떠나는 상고배가 있더냐?"

"등주로 내려가는 배야 항용 있지만, 계림으로 떠나는 상고배는 등주에 가야 알 수 있사옵니다."

"그것만으로도 다행이로구나!"

"계림으로 돌아가시려 하옵니까?"

"하면 죽은 듯 대왕의 부름만 기다리겠느냐? 서라벌에서 입조사나 하정사가 오려면 해가 지나야 하질 않겠느냐. 지체 없이 계림으로 돌아가리라!"

마침내 수충은 단안을 내리고 있었다.

"학습이 끝나거나 대왕의 허락 없이는 돌아갈 수 없음이 숙위에 든 신분이 아니옵니까?"

"내 어찌 모르겠느냐. 하지만 입조사가 오기 전에 또 무슨 음모가 꾸며질지 아느냐. 순원공이라면 능히 그러고도 남을 인물이 아니더냐."

수충은 초조하지 않을 수 없었다. 사내의 말대로 대왕의 부름 없이 서라벌로 돌아가는 것은 대왕의 명을 거역하는 것이었다.

숙위 학생은 선발되기도 힘들었지만, 선발되어 당에 건너온 이상 학습이 끝날 때까지는 돌아갈 수 없는 것이 또한 어려움이었다. 신라가 당나라에 숙위 학생을 파견하기 시작한 것은 국학國學과 태학太學이 완비된 당 태종 재위 때인 신라 선덕여왕 9년(640)부터였다. 태종은 당의 대표적인 교육 기관인 국학과 태학의 시설을 완비하여 기존의 학사學舍에 1천 2백 칸의 건물을 증축하고, 오경박사五經博士와 칠학七學을 각기 전담하는 박사를 따로 두어 교육의 기틀을 마련하였다. 이와 함께 교육제도와 시험제도를 마련하여 오경오의五經五義를 선정함으로써 통일된 교육 과정을 반포하였다. 이들 과정은 국자학國子學, 태학太學, 광문학廣文學, 사문학四門學, 율학律學, 서학書學, 산학算學 등의 7개 분야로 나누어 인력을 양성하였다. 대표적인 학과목으로는 대경大經에 예기, 춘추, 좌전이 있었고 중경中經에 시경, 주례, 의례가 있었고 소경小經에 역, 상서, 공양전 등이 있었다. 학습 기간은 논어, 효경이 각각 1년이었고 주역, 모시, 주례, 의례가 각각 2년이었으며 예기와 좌전은 각각 3년씩이었다. 교육시설을 마련한 태종은 여기에 당의 학생뿐 아니라 주변 변방국의 왕실이나 귀족의 자제들을 불러들여 교육을 받도록 하였다. 이는 변방국들에게는 당의 선진 문물을 배울 수 있는 계기가 되었으며, 당으로서는 변방의 나라들을 포용하여 자신들의 세력 아래 두고자 하는 외교 정책에 따른 것이었다. 변방국의 숙위 학생들은 대개 국학이나 태학에서 학습을 하였는데 수학 기간은 10년이었다. 국학에 입학한 변방국의 숙위 학생은 당의 홍로사에서 숙식과 의복을 지급받았으며, 도서 구입비는 본국에서 부담하는 국비 유학생이었다. 교육시설이 처음으로 완비되었을 때는 학생과 이들을 가르치는 박사 등을 포함하여 정원이 3천2백6십 명이었으나, 얼마 지나지 않아 8천여 명에 이를 정도로 호응이 좋았다.

 삼한일통 이후 통일된 국가를 정비하기 위해서 많은 인력이 필요했던 신라로서는 이러한 당의 교육정책이 매우 유용한 것이기도 했다. 신라에서도 신문대왕 재위 시절에 이미 당의 교육 정책을 들여와 9년 과정의 국학國學을 완비하였지만, 당으로 유학생을 파견하는 데는 주저치 않았다. 초창기의 숙위 학생은 왕실이나 혹은 엄선된 중신들의 자제들을 파견하여 당의 선진 문물이나 행정 제도를 배워오기에 적극 노력하였다. 그러나 수충처럼 대왕의 적자가 숙위를 들어간 것은 처음 있는 일이었다. 당 현종이 다른 숙위 학생들과는 다르게 홍로사에 머물게 하지 않고 저택을 따로 하사한 것도 그러한 연유에서였다.

 주루 밖은 서서히 어둠이 깃들고 있었다. 저자에는 하나둘 홍등紅燈이 불을 밝히기 시작했다.

"제 소견으로는 대왕의 전언을 기다리심이 옳을 줄 아옵니다. 섣불리 행하실 일이 아니옵니다."

"만 리 이역에서 어찌 나라를 살필 수 있겠느냐?"

"옥체의 보존이 시급한 때이옵니다. 혹여 해를 당할까 두려워함이옵니다."

"중경공이 해를 당했다 여기는 모양이구나."

"필시 까닭은 있으리라 보옵니다."

"그렇다면 더욱 서둘러야 할 것이니라. 내 어찌 죽음을 두려워하겠느냐!"

수충의 눈에는 불길이 지피고 있었다. 잔을 움켜쥔 수충의 손이 부르르 떨렸다. 중경이 태자로 책봉되었다는 전언을 받았을 때도 이렇듯 충격을 받지는 않았던 수충이었다. 그것은 일견 예상했던 일이었으나 돌연한 중경의 죽음은 그와는 달랐다. 사내의 말대로 그 죽음에 어떤 음모가 숨어 있다면 그것은 분명 대왕의 뜻과도 관련이 있을 것이었다. 그렇지 않다면 태자의 목숨을 노린 세력이 대왕인들 가만 둘 리가 없었다. 하지만 대왕의 전언이 없다는 것은 그들 세력으로부터 아무런 위협이 없다는 뜻일 터였다. 그렇다면 대왕과 그들 세력의 의중이란 무엇일까.

"어찌 생각하느냐?"

"무엇을 여쭘이신지요?"

"중경공이 없으면 대왕의 적손은 오직 나 하나뿐이 아니더냐? 그런데 저들이 왜 중경공을 해하였다고 보는 것이냐?"

"그것은…."

"태자의 위를 비울 수도 없음이 아니더냐? 그것을 아는 저들이 그럴 까닭이 있었을까? 하하하."

"그러기에 회정길을 늦추셔야 하옵니다."

"돌아갈 것이니라."

수충의 입은 굳게 다물어졌다.

저자로 나온 수충은 곧장 주옥점珠玉店으로 길을 잡았다. 서시전에서도 가장 큰 주옥점이었다. 불빛 아래 드러난 점포의 진열대는 그야말로 온갖 광채로 황홀했다. 한쪽으로는 희고 투명한 영석瑩石, 발그스레한 남보석藍寶石, 가무스름한 흑요석黑曜石을 비롯해 자紫, 녹綠, 황黃, 남藍 등 수 만의 은근한 빛깔을 뿜어내는 옥정玉晶과 수정水精이 있었고 또 한쪽으로는 붉은 반점이 알알이 박혀 있는 비옥翡玉, 티 하나 없이 연푸른 취옥翠玉 등의 슬슬瑟瑟 구슬들이 빛을 발했다. 언뜻 보아도 신라 땅에서는 보기 힘든 주옥들이었다. 수충은 그중 정교하게 다듬어진 목걸이와 팔찌를 하나씩 가리켰다.

"모두가 석국石國에서 온 슬슬이옵지요. 서시전에서도 이렇게 훌륭한 슬슬은 쉽게 찾아보기가 어렵사옵니다."

"그러한가."

얼굴이 비칠 정도로 맑은 비옥과 취옥이었다. 하지만 그것에서 현란한 광채는 찾을 수 없었다. 오히려 아련히 멀어지려는 듯 심연으로만 빠져드는 고요, 그것은 아주 쓸쓸한 아름다움을 담고 있었다. 그것을 바라보던 수충의 눈이 천천히 감겨졌다. 어느새, 주옥을 살피던 수충의 눈에는 어머니 연화부인과 청비낭자의 쓸쓸한 눈매가 떠오르고 있었다.

6

 몇 개월 만에 처음으로 말발굽소리가 서라벌을 울렸다.
 태자 중경의 죽음으로 한바탕 광풍이 지나간 서라벌의 조정은 다시 평온을 찾고 있었다. 그러나 이 평온함은 세력을 되찾은 자의 자중과 세력을 잃은 자의 몸조심에 불과했다. 편전의 조회는 떠들썩한 토론이 끊겨 버린 지 오래였고 시위부 군졸들의 창검 소리도 자취를 감춘 지 오래였다. 그러한 대궁이 갑자기 소란스러워진 것은 당은포에서의 전갈 때문이었다. 대궁으로 급한 전언이 온 것은 저녁 어스름이었다.
 "수충공께서 당은포에 당도하셨사옵니다."
 "수충이!"
 대왕은 놀라 소리쳤다.
 "그렇다면 어찌 입조하지 않았다더냐?"
 "대왕의 하명을 기다리고 있사옵니다. 대왕의 명이 없이 숙위에서 돌아왔으니 죄를 청한다 하셨사옵니다."
 "그럼, 아직도 당은포에 있단 말이더냐?"
 "그러하옵니다."
 순간, 활짝 밝아졌던 대왕의 얼굴이 조금씩 찌푸려지고 있었다. 삼년 만에 다시 보게 된 자식이었다. 수충이 돌아왔다는 전언이야 반갑지 않을 수 없었다. 그러나 한편으로는 꺼림칙한 마음이 가셔지질 않았다.
 자청해서 숙위를 들어간 터이기는 했지만 수충이 없는 틈에 태자를 세웠던 대왕이었다. 아무리 자신이 원해서 한 일은 아니라 해도 수충에게 아비로서 면목이 설 일은 아니었다. 태자 중경이 죽고 난 지금, 수충의 귀국은 또 한 차례의 바람을 부를 것이었다. 더구나 중경의 죽음에는 예사롭지 않은 무언가가 있었다. 그러지 않다면 생때같았던 중경이 병명도 모르는 채 시름시름 앓다가 느닷없이 죽을 까닭이 없었다. 대왕이 이를 감지한 것은 중경이 죽고 난 뒤였다. 그러나 추측일 뿐 거기에는 아무런 물증도 없었다. 자식을 잃은 마음이야 여염의 아비와 다를 바가 없었지만, 대왕은 조용히 장례를 치르고 말았다. 비록 지식을 먼저 떠나보냈지만 그로써 눈엣가시와 같던 대원신통의 세력을 단번에 꺾을 수 있는 호기를 맞은 것이었다. 성정왕후의 내침 이후로 김원태가 관직을 사임하자 한결 자중하고 있는 대원신통의 중신들이었다. 대왕은 지금이야말로 왕권을 다질 수 있는 절호의 기회라 판단하고 있었다. 그러기 위해서는 김순원을 이용하지 않을 수 없었다. 중경의 사인을 조사하자는 대원신통의 주청을 물리친 것도 혹시라도 김순원의 관련을 염려한 까닭이었다.

"수충이 태자의 죽음을 알고 돌아왔다더냐?"

"아시는 듯하였사옵니다."

"입조사를 보내지도 않았는데 어떻게 알았다더냐? 설령 보냈다 하더라도 이렇듯 빨리 올 수도 없는 일이 아니더냐?"

"……."

"시위부의 군사로 영접하라! 어찌 이 나라의 왕자를 역관에서 묵도록 한단 말이더냐?"

"……."

"서둘러 시행하라! 수충이 보고 싶구나."

시위부의 기마는 그날 밤으로 당은포를 향해 떠났다. 수충이 서라벌에 들어온 것은 그로부터 이레가 지나서였다. 대왕은 친히 도성 밖에까지 나가 수충을 기다렸다.

다음날, 대궁에서는 커다란 연회가 베풀어졌다. 중경이 죽은 뒤로는 처음으로 열리는 연회였다. 좌석이 무르익자 대왕은 수충을 불렀다.

"너의 견문을 듣고 싶구나."

"좁은 소견에 견문이랄 게 있겠사옵니까. 다만 인륜과 군신의 도리를 터럭만큼이나마 깨달았을 뿐이옵니다."

"……."

일순, 대왕의 눈빛이 잠시 꿈틀거렸다. 희희낙락하던 중신들의 잡담도 어느 사이에 멈춰 있었다.

"내게 들려줄 수 있겠느냐?"

"성현들의 말씀을 감히 제 입에 담겠사옵니까. 촌각만 기다리시지요."

수충은 슬며시 일어났다. 그리고는 담담한 눈길로 좌중의 중신들을 쭈욱 훑어보았다. 김순원의 얼굴에서 한동안 멈추었던 수충의 눈길은 이내 전殿 아래 군졸에게 향했다.

"가져오너라!"

군졸이 가져온 것은 문선왕文宣王(孔子) 십철十哲 72제자弟子의 도상圖像이었다. 수충은 단번에 도상을 펼쳐 놓았다. 그것은 대전을 한 바퀴 돌고도 남을 지경이었다. 공자를 필두로 해서 그의 학문을 실천한 안회, 민자건, 염백우, 중궁, 재아, 자공, 염류, 자로, 자유, 자하 등 열 명의 성현과 또 그들을 따랐던 72명의 제자들은 살아 움직이듯 대전의 중신들을 쏘아보고 있었다.

"천하가 아무리 어지럽다 하나, 성현의 가르침을 따른 제왕의 치세가 어지러웠다는 말은 아직 듣지를 못하였사옵니다. 우리 신라에 가르침은 있지만 성현의 존안은 없기에, 글 읽는 자에게 경각이 될까 하여 모셔왔사옵니다."

"너의 뜻이 심히 가상하구나!"

"황공하옵니다."

대왕은 수충의 얼굴을 천천히 보았다. 수충도 대왕의 눈길을 피하지 않았다. 그 눈빛에서 대왕은 수충의 뜻을 읽을 수 있었다. 그것은 하필 문선왕 십철의 도상을 가지고 들어온 뜻과 무관하지 않을 것이었다. 대왕은 슬그머니 눈길을 돌렸다. 그리고는 대왕의 심기를 읽기에 바쁜 중신들을 향해 입을 열었다.

"들으시오! 공들도 왕자의 말을 들었을 것이오. 내 이제 문선왕의 도상을 국학에 안치할 것을 명하니, 차후 국학의 학생은 물론 조정의 중신들도 문선왕을 섬기며 성현의 가르침을 몸소 행하도록 하오."

"받들어 따르겠사옵니다."

대왕은 다시 어주御酒를 내려 연회의 분위기를 돋우었다. 그러나 한번 식어버린 중신들의 마음은 좀처럼 펴지지 않은 채 이날의 연회는 파장을 맞고 말았다. 그들에게는 문선왕 십철을 들고 급거 귀국한 수충이라는 존재가 어둠처럼 자리 잡는 것이었다.

　수충이 서라벌에 돌아온 뒤로 조정 중신들의 행실은 눈에 띄게 신중해졌다. 벌써 거론됐음직한 태자 책봉도 아직은 주청하는 중신이 없었다. 대왕이나 수충도 이에 대해서는 일말의 언급도 하지 않았다.

　하지만 조정에는 조심스럽게 변화가 일고 있었다. 그것은 진골정통계의 중신들이 하나 둘 부상하기 시작한 것이었다. 특히 중시 효정이 사임하고 뒤를 이어 파진찬 사공이 중시로 임명된 것은 대원신통의 자리를 진골정통이 빼앗은 것이나 다름없었다. 그것은 김원태의 측근 인물 대신에 김순원의 심복들이 조정의 전면에 나섰다는 표시였다. 효정의 사임은 대다수 대원신통 중신들에게는 커다란 충격이었다. 아직은 이찬 인품이 상대등으로 남아 있었지만 대원신통으로서는 불안하기 짝이 없었다.

　중시 효정이 사임을 청하여 대왕의 윤허가 내리던 날이었다. 김순원은 이날도 파진찬 사공과 대아찬 배부를 청해 놓고 있었다.

　"말씀들을 해보시게."

　김순원은 아까서부터 한 질문을 던지고는 말이 없었다. 사공과 배부도 두 눈만 껌벅일 뿐 쉽게 방책을 내놓지 못하고 있었다. 몇 각刻이 지나서야 배부가 마른 침을 두어 번 삼키더니 입을 열었다.

　"왕비의 간택을 주청하는 것이 어떨는지요?"

"아니 되네."

"성정왕후 이후 국모國母의 자리가 빈 지 벌써 2년이 되고 있습니다. 그러한 터에 불가하다니요?"

"그것으로 저들 대원신통의 세력을 견제할 수 있다고 보는가? 임시방편일 뿐일세. 또 지금까지 비의 간택을 불허하신 대왕이 아니시던가."

"대왕께서도 대원신통을 경계하셨기에 마다하신 터가 아니겠습니까. 하루라도 비울 수 없는 것이 국모의 자리인데, 대왕께서도 더 이상 미룰 까닭이 없음입니다."

"나라의 대사는 서둘러서 이로울 것이 없음을 아직도 모르시겠는가! 마땅한 처자가 있는 것도 아니고."

"어찌 없다 하십니까?"

"국모의 자질을 갖춘 처자를 보아두기라도 했다는 말이신가?"

"보아두기만 했겠습니까. 항용 가까이서 지켜보고 있음이 아닙니까?"

"그게 누구신가?"

김순원은 머리를 갸우뚱하며 배부를 쳐다보았다. 배부의 입가에는 슬몃 웃음이 감돌고 있었다.

"바로 순원공의 영애令愛입지요."

"어허, 이런."

순간, 김순원의 얼굴에는 언뜻 한줄기 빛이 스치고 지나갔다. 그러나 김순원은 정색을 하며 입을 열었다.

"말씀을 삼가시게. 비록 미식迷息이 추함은 벗었다지만 감히 국모의 자질에 견주겠는가. 더구나 사가에 계시다지만 대왕께는 두 분의 비가 계시질 않던가?"

"그것은 염려할 바가 아닙니다."

그러자 이제까지 듣고만 있던 파진찬 사공이 나섰다.

"선덕여왕께서는 후사를 얻기 위해 부군인 용춘공이 있음에도 불구하고 용수공을 또다시 맞이하시질 않았습니까? 이러한 전례를 보더라도 사가에 계신 비빈은 심려할 일이 아니겠지요."

"왕비의 간택이 어디 전례만으로 추진할 일입니까?"

"수충공을 이르는 것입니까?"

"왕비를 맞는다면 당연 후사가 있을 터인데, 그렇게 되면 태자 책봉을 염두 하지 않을 수 없겠지요."

"……."

"수충공을 어찌 보십니까?"

이번에는 김순원이 묻고 있었다.

"전일에 문선왕 십철을 가져온 것으로 본다면야."

"그렇습니다. 인륜과 군신의 예를 배웠다 함이 무슨 뜻이겠습니까. 중경공을 태자로 세웠던 일을 추궁함이 아니겠습니까? 그런 수충공이 버티고 있는 터에 왕비의 간택을 주청한다면 뒷일을 짐작할 수 있을 것입니다."

"태자 책봉을 먼저 하자는 말씀입니까?"

"……."

김순원은 머리를 흔들었다.

그보다 더 시급한 것은 대왕의 뜻을 파악하는 일이었다.

김순원의 지모로도 요즘 들어 대왕의 심기는 헤아리기가 힘들었다. 수충이 돌아왔을 때만 해도 대왕의 뜻은 어렴풋이 알 수 있었다. 문선왕 십철을 흡족하게 받은 것이나 그 뒤에 수충을 대하는 대왕의 표정은 어두움이 없었다. 하지만 해를 넘기면서 수충을 바라보는 대왕의 눈빛은 점차 달라지고 있었다. 수충이 청비낭자와의 만남을 지속하면서 이루어진 변화였다. 대왕에게 귀띔을 한 것은 김순원이었다. 그때까지는 대왕도 까맣게 모르는 일이었다. 과거와는 달리 수충이 몸가짐을 조심하였기에 저자에서조차 몰랐지만, 김순원의 눈길까지 수충의 행각을 놓칠 리는 없었다.

"왕실에 어찌 6두품의 피가 섞일 수 있겠소! 순원공은 이후 수충의 행실을 낱낱이 살펴 알리시오. 저자에 풍문이 돌아서는 절대로 아니 되오."

대왕은 불같이 명을 내렸다. 그것은 김순원에게 또 다른 기대를 갖도록 만드는 일이었다. 한때는 수충을 태자로 옹립하여 진골정통의 복원을 꿈꾸었던 김순원이었다. 중경이 죽은 지금 태자의 위位가 수충에게 갈 것은 당연한 일이었지만, 대왕의 서슬 퍼런 호통에 그의 머리는 삽시간에 앞일을 그릴 수 있었다. 자신의 뜻을 거스르는 자식을 거둬들일 대왕이 아니었다. 그것은 중경의 일만 보아도 알 수 있는 터였다. 대왕의 춘추는 아직도 창창했다. 수충이 끝내 대왕의 성정을 거스른다면 왕좌는 결국 다음 왕비의 소생이 차지할 수밖에 없을 것이었다. 혼기에 들어찬 딸자식을 가진 김순원이었다. 김순원은 다가오는 호기를 주시하지 않을 수 없었다. 하지만 그것은 대왕의 뜻이 없이는 불가능한 일이었다.

김순원의 눈이 번쩍 열렸다. 아무리 심복과 같은 사공과 배부라지만 이러한 저간의 사정을 말할 수는 없는 일이었다.

"그보다는 대원신통을 제거할 수 있는 방도를 먼저 찾는 게 순리일 테지요."

"좋은 방책이 있습니까?"

배부가 물었다.

"새로이 중시 직에 오르셨으니 이번에는 사공공께서 주청해 보심이 어떻겠습니까?"

"그것이 무엇입니까?"

사공이 김순원을 빤히 쳐다보았다.

"중신들의 자제들을 가능한 대로 숙위를 보내는 것입니다. 할 수 있다면 대원신통의 자제들을 많이 포함해서 말입니다."

"이 나라 조정은 숙위 출신의 중신들이 정사를 다루고 있음인데, 그것은 장차 대원신통에게 득이 될 일이 아닙니까?"

"숙위에서 돌아오려면 십년이란 세월이 있지를 아니합니까. 그동안 대원신통의 세력을 꺾어야겠지요. 그때서야 돌아온들 무슨 걱정이겠습니까."

"……."

"지금의 중신들을 서둘러 꺾으려면 화가 될 뿐이지요. 그보다는 저들을 달래면서 후환을 아예 제거하려면 숙위보다 나은 것이 없을 것입니다."

"그렇다면 태자 책봉이나 왕비의 간택은 덮어두자는 말씀입니까?"

"곧 때가오겠지요."

좌중에서는 다시 말이 없었다.

7

짧은 겨울이 끝나자 대왕은 나라 서쪽, 옛 백제의 주군州郡으로 시찰을 나갔다. 청주는 물론 완산주와 무진주의 민심을 살피는 이 길에는 수충도 동행하였다. 대왕이 친히 민간을 방문하여 고령자와 홀아비, 과부, 고아, 자식 없이 홀로 늙어 가는 늙은이 등 환과고독鰥寡孤獨에게 피륙과 낟곡을 내리며 위무하는 길이었다. 그러나 이 뜻깊은 대왕의 행차는 오히려 부자父子의 관계를 악화시키는 계기가 되고 말았다. 그것은 마다하는 수충을 굳이 대동했던 대왕의 의향과도 전혀 다른 결과였다 일의 사단事端은 마지막 기착지였던 무진주의 복홀군伏忽邢에서부터 시작되었다.

"수충은 어디 있느냐!"

마침 몇 곳 민간의 초막을 들렀다 나온 대왕은 수충의 모습이 보이지 않자 좌우를 불렀다. 뒤로는 시위부의 군사들이 따르고 있었지만 머뭇거릴 뿐 대답이 없었다.

"왕자의 행방을 묻지 않았느냐!"

"저쪽 민가의 뒤꼍에 계시옵니다."

"무엇을 한다더냐?"

"그것이…."

군졸은 다시 대답을 못하고 우물쭈물했다. 대왕은 성큼 군졸이 가리킨 민가로 말을 몰았다. 나지막한 돌담 뒤로 수충의 뒷모습이 눈에 들어왔고 그의 앞에는 많은 사람들이 에둘러 있었다.

"무엇을 하느냐?"

그러나 선뜻 다가서던 대왕은 돌연한 광경에 입을 다물지 못했다. 애처로운 듯 눈을 찌푸렸던 대왕의 낯빛이 어느 순간 노기를 띠고 있었다. 그런 대왕의 표정을 읽은 사람은 오직 수충뿐이었다. 하지만 수충은 일을 다 끝내고서야 자리에서 일어섰다. 핏자국이 가득한 발을 치료받던 아이는 사색이 되어 눈만 멀뚱거리고 있었다. 수충은 수굿이 대왕의 뒤를 따라 회정길에 올랐다.

"네 행실을 어찌 보느냐?"

대왕이 수충을 책하는 물음을 던진 것은 청주 관내를 벗어나 삽량주에 들어설 무렵이었다. 며칠간의 회정길 내내 말이 없던 대왕은 수충을 뚫어지게 바라보았다. 호위하던 군사들도 저만큼 멀어진 틈이었다.

"어린아이가 너무도 아파하길래 차마 보고만 있을 수가 없었사옵니다."

"그것이 너의 일이었더냐?"

"책망하시는 뜻을 모르겠사옵니다."

"제왕의 길은 해서는 안 될 일과 꼭 할 수밖에 없는 두 가지 일을 선별해야 하느니라. 이래도 내 뜻을 모르겠느냐!"

"……."

천시와 지리 143

나지막하지만 위엄이 가득한 대왕의 말이었다. 순간, 수충의 얼굴에는 알 수 없는 감정의 여울이 드러났다.
　"가엾은 민간을 돌보는 일이었습니다. 어찌 해서는 안 될 일이라 하시옵니까?"
　"그것은 의원도 할 수 있는 일이 아니더냐? 제왕이라면 모름지기 백성의 병을 염려할 것이 아니라 환부의 근원을 치유해야 할 것이니라."
　"아버님의 뜻을 몰라서가 아니옵니다."
　"이번 순무巡撫 길도 저들 민초들의 어려움을 헤아리려는 것이 아니었더냐. 그것이 바로 나라의 경영임을 모르겠느냐!"
　"……."
　"나라의 경영은 한 사람의 어려움을 보아서는 아니 된다. 만 사람의 아픔을 달래는 것이 나라의 경영이며, 그것이 바로 제왕이 가야하는 어려움이니라."
　"한 사람이라 하여 포기한다면 어찌 만 사람을 구하겠사옵니까?"
　"그것이 제왕의 길이라 하질 않았더냐! 제왕에겐 제왕으로서의 권위가 있는 터, 그것을 잃었을 때는 하찮은 민초와 다를 게 없음을 왜 모르느냐!"
　대왕의 목소리는 점차 높아지고 있었다. 그러나 수충은 여전히 고집을 꺾을 기미가 없었다.
　"권력에 길들여진 백성은 칼을 따르지만, 어짊으로 다스린 백성은 마음을 좇는다 들었사옵니다."

"그리하여 민간의 처자를 희롱하는 것이더냐!"

"……."

마침내 대왕은 버럭 소리를 지르고 말았다. 수충은 의외의 물음에 흠칫 놀랐지만 이내 눈빛을 바로 했다.

"왕실의 체통을 잊었더냐!"

"어찌 희롱을 하겠사옵니까."

"그러면 백년가약이라도 맺겠단 심산이더냐!"

"……."

"제왕은 하늘이 내는 터, 이제까지 어느 열성조列聖朝에서도 왕실에 민간의 피가 섞인 적은 없었느니라. 절대 불가하니라!"

"하오나."

"아니 된다질 않았더냐!"

대왕은 단단히 입막음을 하고 있었다. 수충은 더 이상 대꾸도 못한 채 고개를 숙이고 물러나고 말았다.

하지만 대왕과 수충의 마찰은 그것으로 끝나지 않았다. 삽량주 관내에 들어선 뒤로 이틀 길에 못미쳐 서라벌을 멀리 바라보고 있을 때였다. 대왕의 행차는 들녘을 지나 신성新城의 서문西門을 지나야 대궁으로 들어갈 수 있었다. 공교롭게도 그 길은 연화부인의 사가를 지나는 길이었다. 수충이 대왕의 앞에 선 것은 멀리 연화부인의 사가가 기와지붕을 드러낼 즈음이었다.

"어머님의 거처를 들러가심이 어떤는지요?"

"……."

"회정길에 찾으심이니 아버님께 누가 될 일은 아니라 보옵니다."

"이미 돌이킬 수 없는 부부의 연緣이 아니더냐."

"이제껏 한 번도 찾지 않으신 어머님이옵니다. 그리 매정하실 까닭이 무엇이옵니까?"

"나라를 다스리는 제왕이 어찌 사사로운 정에 얽매이겠느냐!"

"그것이 제왕의 길이옵니까?"

"……."

대왕은 굳게 입을 다물었다. 대답을 구하는 수충의 눈에는 핏발이 서 있었다. 대왕은 서둘러 채찍을 휘둘렀다 그러나 수충은 기어이 대왕에게 한마디를 더 내뱉고야 말았다.

"부부의 인연마저 저버려야 한다면 소자는 제왕의 길을 탐하지 않을 것이옵니다."

"무엇이!"

그러나 수충의 준마는 벌써 연화부인의 사가로 내딛은 뒤였다.

8

짧은 봄과 긴 여름 그리고 가을은 쉼 없이 지나갔다. 그동안 서라벌에서는 지진으로 민가가 주저앉았고 황룡사의 구층탑은 벼락에 맞아 탑신이 무너지기도 했다.

그러자 잠잠하던 저잣거리에는 새로운 풍문이 돌기 시작

했다. 대왕과 수충왕자의 불화설에서 비롯된 그것은 어느 날 갑자기 청비낭자가 모습을 감추면서부터는 더욱 그럴 듯하게 엮어지고 있었다. 수충과 청비낭자의 풍문이 돌기가 무섭게 자취가 묘연해진 것이었다. 더구나 겨울 초입에 들어 별자리마저 어수선해지자 풍문은 끝없이 이어졌다. 유성이 묘성昴星으로부터 규성奎星으로 들어가는데 잔별들이 뒤를 따른 것이었다. 또 어느 날 밤은 혜성[天狗星]이 간방艮方에 떨어졌다. 이를 두고 저자의 풍문 또한 제각각으로 풀이한 해석이 날개를 달고 있었다.

"규성은 서방에 위치하여 예로부터 그 빛이 밝으면 천하가 태평하다고 했다. 유성이 동방으로부터 서방의 규성으로 들어가는데 잔별들이 뒤를 좇았다 함은, 큰 인물이 신라 땅을 떠나 서방의 나라에서 이름을 드날릴 정조가 아니겠는가. 또 천구성이 동북방에 들어와 떨어졌으니 이는 분명 그 인물이 신라 땅에서는 이름이 사라질 징조인 것이니라."

그런가하면 한편에서는, 천구성이 서남쪽에서 동북방으로 들어왔으니 왜적의 침입을 나타낸 것이라고 떠드는 축도 있었다. 이러한 풍문은 얼마 지나지 않아 대궁에까지 알려졌다. 대왕은 각 주州에 파발을 띄워 방비를 갖추게 하였다. 성곽이 부실한 북변의 한산주에는 부역을 동원하여 여러 성곽을 쌓기도 하였다. 풍문을 잠재우기 위한 조처였다. 하지만 대왕의 하명은 이에서 그치지 않았다.

"청비라는 처자의 행방을 찾았소?"

대왕은 김순원을 불러 물었다.

"백률사 뒤의 계곡 깊숙한 곳에 초막을 지었다하옵니다."

"역시 수충의 셈속이오?"

"그러하옵니다."

"알았소. 물러가시오"

대왕의 눈꺼풀이 가늘게 떨리기 시작했다. 김순원을 물리친 대왕은 곧바로 시위부의 무장을 들게 했다.

"내 뜻을 알겠느냐!"

"……."

"살생이 있어서는 아니 된다. 다만 청비라는 처자만은 다시는 수충 앞에 설 수 없는 곳으로 보내야 하느니라!"

잠시 뒤, 서너 필의 기마가 살같이 도성을 빠져나갔다. 겨울 하늘은 어느새 감청색으로 젖어들고 햇발은 뉘엿하게 산 위에 걸리고 있었다. 도성을 나온 기마는 들녘을 가로질러 강안江岸으로 사라졌다.

이즈음, 또 한 필의 준마가 연화부인의 사가를 나서고 있었다. 겨울에 들어선 뒤로 몇 개월째 대궁을 떠나 있는 수충이었다. 수충의 준마는 강안의 들녘을 내달아 백률사쯤에서 방향을 바꾸어 산기슭으로 길을 잡았다. 잔솔과 떡갈나무가 늘어선 기슭에 이르자 준마는 숨이라도 돌리려는 듯 잠시 멈추었다. 수충은 그런 준마의 갈기를 쓰다듬으며 훌쩍 마상에서 뛰어내렸다. 그리고는 성큼 준마를 앞서 기슭을 오르기 시작했다. 하지만 몇 걸음을 옮기지 못해 수충은 마상에 뛰어올랐고 준마는 또다시 급한 입김을 뿜어내기 시작했다. 가만히 보면 준마의 앞길에는 서너 필의 말굽 자국이 있었다.

가랑잎으로 차곡한 산기슭이 우묵하게 파헤쳐진 자국이었다. 산흙까지 흩어진 자국은 한눈에도 심상한 것이 아니었다. 아무리 완만한 경사라지만 저렇듯 말을 몰기에는 설령 사냥터라 할지라도 삼가는 짓이었다. 더구나 헤쳐진 산흙은 아직도 물기를 머금은 채 빨간 속살을 고스란히 드러내고 있었다. 말이 지나간 지 얼마 되지 않았다는 표시였다.

수충의 준마는 순식간에 여남은 산굽이를 돌아 널찍한 개활지로 올라섰다. 개활지 뒤로는 소나무와 후박나무가 빼곡한 계곡이 산정을 향해 까마득히 뻗어 있었다. 수충의 눈은 산정을 타고 내려오던 능선이 우뚝 봉우리를 세우며 계곡이 휘돌아 감은 모서리로 가 있었다. 거기에서는 한줄기 연기가 서서히 오르더니 이내 화광火光이 솟기 시작했다. 수충의 준마는 곧장 화광을 향해 갈기를 세웠다.

"낭자는 어디 있느냐!"

벽력같은 호통이 계곡을 쩌렁 울렸다 수충의 손에는 벌써 활인검活人劍이 빛을 발하고 있었다.

"공께서는 고정하시옵소서!"

돌연한 수충의 출현에 무사들은 감히 마상에 있지를 못했다. 무릎을 꿇은 무사들 뒤로 화염에 휩싸인 초막이 무너져 내리고 있었다. 수충의 눈에서도 불꽃이 떨어졌다.

"묻지를 않았더냐! 낭자는 어디 있더냐!"

"저희도 뵙질 못하였사옵니다."

"그래도 변명을 늘어놓느냐! 그러고도 네놈들이 목숨을 보존할 듯싶더냐!"

천시와 지리

순간, 수충의 활인검이 번쩍 치켜 올려졌다. 그러자 이제까지 머리를 조아리던 무사들도 제각기 검을 빼어 들었다. 삽시간에 계곡은 팽팽한 긴장이 감돌았다. 그러나 감히 이 나라의 왕자와 검을 겨눌 수는 없는 무사들이었다. 그들은 수충의 검을 피하려고만 애쓸 뿐 제대로 검술조차 펼칠 수 없었다. 하지만 이미 마음의 평정을 잃은 수충으로서는 그러한 무사들의 마음 씀을 알 리 없었다. 더구나 그 또한 장대한 기골답게 검술에는 일가견이 있는 터였다. 수충의 날카로운 활인검은 한 치의 사정도 없이 무사들의 목을 겨냥하고 들어왔다. 비록 수충을 에웠다고는 하나 무사들은 검이 교차된 지 십 합이 지나지 않아 수세에 몰리고 있었다. 그때였다. 수충의 활인검이 선뜻 허공을 긋고는 곧장 앞에 선 무사의 머리 위로 떨어졌다.

"챙그랑!"

다시 활인검이 허공을 갈랐다.

"쉬익! 차르릉!"

한순간이었다. 수충의 활인검이 머리 위로 우뚝 세워졌다. 무사들의 손에는 토막 난 칼자루만이 들려 있을 뿐이었다. 벌써 피 칠갑이 된 무사들이었다. 검을 치켜든 수충의 손이 스르르 내려왔다. 칼날의 배면이 화염에 환히 드러났다. 거기에는 활인검活人劍이 행서체로 또박또박 새겨져 있었다.

"대왕께서 보냈더냐!"

"……"

"가서 전하여라. 내게는 이미 아비가 없고 이미 나라도 없느니라! 다시는 나를 찾지 말라!"
 "아니 되옵니다"
 "무엇을 망설이느냐. 어서 떠나거라!"
 "……."
 "다시는 이 나라 땅에서 나를 보지 못할 것이니라."
 "목숨을 보존케 한 은혜 잊지 않을 것이옵니다. 청비낭자는 정녕 저희도 찾지 못했음을 잊지 마옵소서!"
 "진정이더냐?"
 "그러하옵니다."
 "고맙구나."
 무사들은 수충에게 예를 표하고는 마상에 올랐다.
 청비낭자의 눈같이 하얀 삽살개가 모습을 나타낸 것은 잠시 뒤였다. 수충은 재빨리 삽살개의 목에 걸려 있는 매듭을 풀었다. 청비낭자의 필적이었다.
 「공께 누가 됨을 견딜 수 없어 멀리 떠나옵니다. 찾지 마옵소서. 이제부터는 선청善聽이 소녀를 대신할 것이옵니다.」

9

해가 넘어가버린 강안의 들녘과 야산들은 천천히 어둠 속으로 빠져들고 있었다. 온종일 들녘을 타고 넘던 바람도 이 시각만큼은 고즈넉하게 가라앉았다. 나루터에서는 조그만 나룻배 한 척이 묶인 닻줄을 풀고 있었다. 강을 건너는 선객은 약관을 넘어선 청년과 그를 따르는 삽살개뿐이었다. 닻줄을 풀고도 나룻배는 한동안 멈춰 있었다. 강바닥에 삿대를 박은 사공은 멀찍이서 뛰어오는 승려를 기다리는 중이었다. 승려는 득달같이 달려와서 뱃전으로 훌쩍 뛰어올랐다. 법운이었다. 멍석짝만한 나룻배는 엎어질 듯 기우뚱 요동을 치고서야 강심을 향했다.

"날도 어두워지는데 어디까지 가는 공자이신가?"

법운은 선 채로 물었다, 초면이고 뭐고 가림이 없는 말투였다. 하지만 민가의 복색을 갖추었을망정 골품의 기품이 역력한 터인지라 연하라고 해도 말을 삼가는 태도가 엿보였다.

"……."

"무엇을 그리 골몰하시는가?"

청년은 멍하니 강심만 바라볼 뿐이었다. 법운이 다시 채근을 해서야 청년은 입을 열었다. 하지만 청년의 입에서는 엉뚱한 말이 튀어나오고 있었다.

"어두워지면 어디로 가야 인간의 도리라 할런지요?"

"무엇이 그리 어둡단 말이신가?"

"모두가 어둡습니다. 인간이란 태어난 대로만 살아가야 하는 것입니까? 이 나라를 떠받치고 있는 골품은 무엇이고 피는 무엇인지, 또 권력은 무엇입니까? 어둡지 않은 것이 하나도 없습니다. 그런 터에 오늘 하루 어두워 갈 곳이 없는 것이 어찌 대수가 되겠습니까?"

"……."

청년은 어둠에 잠기는 강물에서 시선을 떼지 않은 채 연거푸 질문을 던지고 있었다. 그것은 딱히 법운을 향한 질문만도 아니었다. 법운은 적이 마땅한 말을 찾지 못해 망설였다. 자신도 모르는 사이 법운은 부르르 몸을 떨고 있었다. 나룻배는 나루턱에 대어지고 있었다.

"정해진 거처가 없다고 하셨는가?"

배는 다시 강 건너로 돌아서고 있었다. 둘만의 호젓한 자리가 되자 법운이 물었다.

"그렇습니다."

"나와 함께 가지는 않으시겠는가?"

"저야 상관이 없으나 스님께 짐이 되고 싶지는 않습니다. 더구나 처음 뵙는…."

"불가의 인연이 이승의 일만이겠는가. 나 법운이라 하네."

"저는…."

"말하지 않아도 되시네. 굳이 통성명을 나눠야 할 처지도 아니질 않는가."

법운이 말했다. 청년은 수굿이 입을 다물었다. 법운도 더는 말이 없이 산길로 들어섰다. 인근에는 민가의 불빛조차 보이지 않았다.

"스님께선 어디로 가시는지요?"

"가사를 걸친 몸이 목적지인들 따로 있겠는가."

"……."

"궁금함이 있으신가?"

"당분간 스님과 동행하여도 무방하겠습니까?"

"집을 나왔단 말이신가?"

"세상 구경도 할겸 이 나라 강역을 두루 돌아볼 생각입니다. 스님께서 허락하셔 말동무라도 될 수 있다면 더욱 좋겠지요."

"보아하니 귀한 골품의 자제인 듯한데 시종도 없이 원족遠足을 나섰단 말이신가?"

"태대각간 유신공은 열다섯의 나이에 뜻을 세워 삼한을 통일하셨습니다. 제 나이 스물넷이면 뜻을 펴기에도 이미 늦은 것이겠지요."

"……."

순간, 법운의 가슴에 잔잔한 파문이 일어났다. 법운이 이 나라의 만왕자인 수충을 몰라본 것은 아니었다. 직접적인 교류는 삼가왔지만 법운의 시야에서 수충이 사라진 적은 없었다. 특히 중경을 태자로 세우기 위해 계책까지 세웠던 법운이었다. 보천 큰스님의 꾸지람 이후 법운의 귀는 항상 서라벌에 가 있었다. 그러던 법운에게 어느 날 문득 수충이 눈에 들어오기 시작한 것이었다. 그것은 이제까지 보천 큰스님께서 깨우쳐주던, 장차 오실 그분에 대한 기대였다. 하지만 수충이 다가서면 설수록 법운에게는 예전의 과오가 비수처럼 파고들었다. 그것은 더욱 거역할 수 없는 운명처럼 법운의 목을 조이는 것이었다. 그러나 아직은 아무런 확신도 가질 수 없는 법운이었다.

"혹, 사람을 찾지는 않으시는가?"

"……."

청년은 전혀 미동도 없이 법운에게 눈을 돌렸다. 법운도 청년의 시선을 피하지 않았다. 그의 눈에는 아무런 회환의

빛도 보이지 않았다. 달관한 듯한 그의 시선은 천천히 밤하늘로 향했다. 법운은 자신도 모르게 스르르 무릎을 꿇었다.

"소승의 불충을 죄로써 다스리소서!"

"이미 왕실을 떠나 제 이름조차 잊은 몸입니다. 스님께서는 말씀을 거두시지요."

수충은 조용히 걸음을 옮기고 있었다.

법운과 수충이 오대산의 보천암에 당도한 것은 며칠 뒤였다. 숙질간이라고는 하나 처음으로 대면하는 보천과 수충이었다. 하지만 이들의 마음에 세속의 인연이란 애초부터 자리하고 있지 않았다. 보천은 단숨에 수충의 머리를 깎았다.

교각敎覺.

수충에게 내려진 법명法名이었다.

제 2 부
육신불肉身佛의 길

구법求法의 땅

1

 동이 트고 있었다.
 뒤따라오던 짙은 안개는 어느 결에 보이지 않았다. 끝없이 펼쳐져 아직은 어둠에 잠겨 있던 들녘이 차츰 윤곽을 드러내고 있었다. 밤새도록 걸어 온 그 들녘은 하나둘 제 모습을 갖추면서 이윽고 숙연하면서도 찬란한 경관을 유감없이 보였다. 유채꽃이었다. 앞과 뒤 어느 한곳 그 노오란 유채꽃이 빠진 틈은 없었다.
 노인은 그때서야 지난밤 내내 맡아왔던 고즈넉한 내음이 유채향인 것을 알았다. 노인은 들녘 저쪽으로 가물거리며 멀어지는 샛길을 벗어났다. 그리고는 아무렇게나 털썩 밭두렁에 주저앉아 꽃대궁 하나를 휘어잡았다. 사방을 휘둘러보아도 가없이 뻗어나간 들녘에는 아무런 움직임도 없었다. 날것조차 그 어떤 기다림이 있는지 기척도 없었다. 그러나 모든 것이 잠들어 있는 것은 아니었다. 먼동이 희뿌연히 터오는 동녘의 언저리에서는 한 무리의 안개가 고요히 피어오르고 있었다. 그것은 간혹 뒤채는 듯 흩뿌리다가는 이내 솟구쳐 올라 기이한 형상을 만들고 있었다. 노인은 아까서부터 꽃대궁을 손에 쥔 채 그 형상에 시선을 주고 있었다. 한동안 심상치 않은 눈길로 안개의 움직임에 주의하던 노인의 입가에는 어느덧 포근한 미소가 걸렸다. 노인은 꽃대궁을 코에 끌어당겨 천천히 그 향기를 음미하듯 들이마셨다. 그리고는 기쁨에 들뜬 표정이 되어 몸을 일으켰다. 짧은 사이 동쪽 하늘은 훤히 밝아지고 있었으며, 그 아래 소용돌이치던 안개 사이로는 거대한 형상이 하늘을 떠받치고 있었다. 산이었다. 거의 보름 동안을 기껏해야 구릉이나 보았을까, 광막한 들녘에서 떠오르는 태양과 그 들녘으로 사라지는 석양만을 보아온 노인의 눈에서는 한 줄기 눈물이 흐르고 있었다.

　안휘의 청양현靑陽縣은 예로부터 장안과 낙양에서 멀리 떨어진 남방에 위치하여 나라사람들에게 알려질 기회가 적었으나 산수가 기이하였다. 태고부터 멈춘 적이 없이 도도히 흐르는 장강[揚子江]에서 끝이 없는 들판과 구릉을 사흘 밤낮을 걸으면 구름 사이로 피어오른 한 송이의 꽃을 볼 수 있었다. 청양현의 명산인 구자산九子山이었다. 구자산은 동진의 원제元帝로부터 관중후關中候를 제수받기도 했던 갈홍葛洪이 잠시 머문 뒤로 선도仙道(도교)의 영산으로 알려져 있었다. 갈홍의 가문은 강소성江蘇省 구룡현의 명문가였다. 신선사상을 완성하여『포박자抱朴子』를 저술하기도 한 갈홍은 장창張昌의 난이 일어나자 의병을 일으켜 복파장군에 임명되었다. 전란이 수습되어 낙양으로 향하던 갈홍은 다시 팔왕의 난과 진민의 난을 만나 강남에 머물게 되었다. 갈홍이 구자산을 찾은 것은 이때였다. 그 후 갈홍은 고향으로 돌아가『포박자』를 완성하였으며 말년에는 광동의 나부산羅浮山에 들어가 세상에 나오지 않았다. 이렇듯 구자산과 갈홍의 만남은 한순간에 불과했다. 하지만 누대에 걸쳐 깊은 계곡 곳곳에는 도관道觀이 들어섰고 구자산은 원근의 도교 중심지로 흥성했다.
 이곳 구자산에 처음으로 불법佛法을 전한 이는 동진東晋의 배도杯渡화상이었다. 그러나 사람들의 마음은 이미 불법을 떠나 있었다. 배도화상은 끝내 불법을 펼치기도 전에 육신을 천 길 낭떠러지 아래로 던지고 말았다.

구자산의 바위굴에 승려가 오는 날
구자산이 만개하리라.
洞僧到來 九子開花

 한마디 알지 못할 시詩 구절만 남긴 채였다.
 옛날 배도화상이 뼈를 묻었다는 천 길 낭떠러지는 천주봉天柱峰이었다. 노인은 오늘도 천주봉을 품에 안고 휘감을 듯 감싸다가도 멀리 달아나버리는 구자산의 연봉에서 눈을 떼지 못하고 있었다. 벌써 이 산을 찾은 지 십여 년. 그것은 노인의 하루 일과 대부분을 차지하는 노역이었다. 노인에게 있어 구자산은 그의 전 재산인 동시에 그의 삶의 전부였다. 노인이 구자산에 첫 걸음을 내디뎠을 때 사람들은 그를 민공閔公이라 불렀으나 그의 이름은 양화讓和였다.
 "도명이는 어디 있느냐!"
 구자산의 만 봉들이 마치 알을 품듯 껴안은 천주봉은 당장이라도 머리 위로 내려칠 기세로 눈을 압박해왔다. 민양화는 찔끔 눈을 감았다가는 다시 아들을 찾았다.

"도명이는 어디 갔느냐!"

"산에 간 듯한데요."

두 번의 외침이 있고서야 계집아이가 뛰어나오며 대답했다.

"하냥 사냥질이라더냐?"

"산에서 할일이 또 있을라구요."

"거 참."

입맛을 쩝쩝 다시는 민영화를 보며 계집아이는 혓바닥을 낼름 내놓고 안채로 들어갔다. 그때였다.

"산에서도 밝은 길이야 얼마든지 찾을 수 있을 텐데 무엇을 염려하시는지요?"

소리가 들려온 곳은 대밭[竹林] 뒤쪽이었다. 민양화는 흠칫 고개를 돌리고는 우두커니 목소리의 주인을 기다렸다. 단아한 승려였다. 민양화는 잠시 전의 호들갑이 부끄러웠던지 넌지시 말막음을 했다.

"깊은 산중이라 큰 짐승도 수시로 나고 해서…."

승려는 그의 말에 빙그레 웃고 있었다. 승려의 맑은 눈동자에는 티끌 하나 없어 마주보기조차 민망하였다. 민양화는 속내를 들킨 사람처럼 말을 끝내지 못했다.

민양화가 구자산을 찾은 것은 후사를 얻기 위함이었다. 오래 전부터 기도의 효험이 크다고 알려져 온 구자산은 부친으로부터 물려받은 땅이기도 했다. 가산이 풍족하고 부부간의 금슬도 원만했으나 아이가 없는 것이 늘 걱정이었다. 불사를 한다, 도관을 찾는다 열심으로 치성도 드리고 별별 수단을 다

써보았지만 아이는 영영 소식이 없었다. 그러다 구자산으로 들어온 뒤의 어느 날이었다. 민양화 부부는 목마르게 기다리던 태몽을 꾸었다. 사방에서 구자산으로 몰려드는 휘황한 광채를 따라 한 마리의 소가 품으로 들어오는 꿈이었다. 열 달이 차자 사내아이가 태어났고 태몽을 견주어 이름을 도명道明이라 하였다. 그렇게 태어난 도명의 나이가 벌써 아홉이었다. 그러나 다른 아이들과 달리 서책을 가까이 하는 일이 없고 항상 험한 산에 올라 하는 짓이라고는 사냥과 전쟁놀이뿐이었다. 경전이라도 공부하여 제과制科에 응시하든지 시부詩賦를 익혀 진사과進士科라도 보았으면 좋으련만 그럴 기미는 전혀 없었다. 그래도 민양화의 답답함을 덜어주는 일이 있다면 도명의 장난이 범상치 않아 은근한 기대를 갖게 하는 것이었다.

"소승 단호라 하지요."

승려는 다소곳이 두 손을 모으고 있었다. 민양화도 얼떨결에 합장의 예를 취했다.

"시주의 산에서 불법을 펼까 해서 왔습니다만."

"제가 불법의 감응으로 후사를 얻은 것을 알고 오셨는가 보옵니다."

"모두가 시주의 정성이지요."

민양화는 다시 한 번 단호檀號라는 승려의 눈을 쳐다보았다. 참으로 맑은 눈이었다.

"이곳 사람들이 신선도에 빠져 있음은 아십니까?"

"불자가 불법을 알리려 하는데 취하고 버림이 있을 수는 없겠지요."

"도관은 문전성시를 이루나 사찰은 없는 곳이 이곳입니다."

"불법이 어찌 사찰에만 머물겠습니까."

승려는 담담히 대답했다. 하지만 승려의 목소리는 어떤 비장함마저 띠고 있었다. 승려의 맑은 두 눈에 어려 있던 구자산의 위용은 어느새 사라지고 강한 불꽃만이 일고 있었다.

"초막이라도 짓도록 하지요."

산기슭을 타고 올라온 바람이 마을로 내리닫고 있었다. 마을은 천길 천주봉을 앞에 두고 하룻길 험한 산을 올라와 아늑한 분지가 형성된 곳이었다. 마을은 온통 댓잎 부서지는 소리로 요란해지고 있었다. 산허리 어디를 둘러보아도 대나무 천지였다. 이제 막 새순을 틔우는 서너 길 껑충한 키꼴의 대나무들은 묵은 잎들을 떨구기라도 하려는 듯 몸부림을 치고 있었다. 나긋한 봄바람이 대숲에 마지막 남은 묵은 잎을 날려 보내고 바야흐로 푸르른 죽순이 하늘을 찌르기 시작했다, 그러나 아직은 구자산의 상봉인 천태봉天台峰이 눈 속에 파묻혀 있던 어느 날이었다. 구자마을의 대숲 한가운데에는 아담한 초막이 생겨났다.

죽림정사竹林精舍.

단호는 무엄하게도 세존의 법륜法輪을 흉내라도 내듯 그렇게 이름 지었다. 이러한 단호의 방만한 불심이 화를 불렀을까. 배도화상이 구자산에 들어온 지 삼백여 년 만에 겨우 이 땅을 밟은 승려 단호는 오래지 않아 그 초막을 불사르고 산에서 쫓겨나고 말았다. 그것은 민양화는 물론 구자마을 사람들이 불법을 채 맛보기도 전이었다.

"일체만물이 모두 불성佛性을 지니고 있으니 선근善根을 갈고 닦으면 부처 아닌 이가 어디 있겠는가!"

그 자신이 세운 죽림정사의 첫 법회에서 단호는 이렇게 일갈을 터뜨렸다. 아마도 구자산에 범람하고 있는 선도의 융성을 겨냥했음직한 법문이었다.

"정토를 옆에 두고 금단金丹으로 천선天仙이 되고자 하니 지나가는 개도 웃을 일이로다. 땅바닥을 기는 미물에게도 불성이 있다 했는데 하물며 인간에게 어찌 불성이 없을 손가. 모두가 미래불未來佛인데 금붙이로 신선을 사는구나. 일생을 참회하며 하루를 참회하고 촌각도 참회에 멈춤이 없고, 보리심으로 남에게 베풂에[利他行] 게으르지 않으면 아미타정토가 옆에 있는데 미혹에 빠져 삼악도를 헤매는 도다."

단호의 칼 같은 일침에 맨 처음 반기를 든 사람은 봉황음계곡의 도관에서 나온 도사道士 선도해였다. 봉황음도관은 당나라 전국을 통틀어서 스무 곳뿐이 없다는 시방총림十方叢林에 버금가는 규모로 구자산 일대 도교의 중심지였다.

"우리 도교에서 말하는 신선이란, 불가의 제석천신보다 오히려 위에 있고 신선이 되기 위해서는 선행을 쌓는 것이 먼저이며, 과오를 저지르지 않음을 철칙으로 하고 있는 터이다. 충忠, 효孝, 화和, 순順, 인仁, 신信의 덕을 쌓지 않으면 수만 방술도 도움이 되지 않는다. 천선이 되려면 1200가지의 선행을 쌓아야 하며 지선地仙이 되기 위해서도 300가지의 선행을 쌓아야 하고, 이렇듯 온갖 선행을 행하였다 해도 한 가지라도 악행을 하면 이전의 모든 선행이 한낱 물거품이 되어 선계仙界에 다다를 수 없음이로다. 그럼에도 못된 중놈이 일각의 방편만을 보고 선도仙道를 욕되게 하는구나."

그렇지 않아도 승려가 구자마을에 들어왔음을 탐탁지 않게 보고 있던 선도해였다. 단호의 마구잡이 칼질에 자신들의 믿음이 난도질을 당할 처지였다. 선도해는 분연히 일어나 단호를 욕보였다.

"미친 중놈이로구나!"

느닷없이 당한 반격이었다. 단호는 미처 대처할 엄두도 내지 못했다. 자신의 당당함만을 믿었던 방심이었을까.

"저 중놈이 여러분을 질책함을 아직도 모릅니까?"

단호의 머뭇거림에 선도해는 더욱 말고삐를 조였다. 초막 앞 대나무 밭은 사람들의 웅성거림으로 금세 소란스러워졌다. 대개가 뜬금없이 마을로 들어온 승려가 어떤 말이나 하는지 두고 보자는 심정으로 초막을 찾은 인근의 부자들이었다. 선도해의 자극은 선도에 심취해 있는 마을 부자들에게는 뜨끔한 것이었다. 모두가 먹고 살기에는 부족함이 없었다. 염려할 일이라고는 개나 소나 짓까부는 사후의 세계였다. 지옥이니 염부제니 하는 끔찍한 곳에 떨어진다는 말들은 진절머리가 날 지경이었다.

선도를 닦으면 살아서 신선이 될 수 있다. 참으로 반가운 일이 아닐 수 없었다. 선도해가 주장하는 신선이 되는 비법은 부자들에게 솔깃하게 다가섰다. 그것은 금단金丹이라는 환약을 제조해 복용하는 것이었다. 하지만 금단이란 환약의 제조가 그리 간단한 일이 아니었고 그 효능만 보아도 기울인 정성에 따라 엄청난 차이가 있었다.

일전의 단, 이를 복용하면 3년 만에 신선이 된다.
이전의 단, 이를 복용하면 2년 만에 신선이 된다.
삼전의 단, 이를 복용하면 1년 만에 신선이 된다.
사전의 단, 이를 복용하면 반년 만에 신선이 된다.
오전의 단, 이를 복용하면 백일 만에 신선이 된다.
육전의 단, 이를 복용하면 40일 만에 신선이 된다.
칠전의 단, 이를 복용하면 30일 만에 신선이 된다.
팔전의 단, 이를 복용하면 10일 만에 신선이 된다.
구전의 단, 이를 복용하면 3일 만에 신선이 된다.

금단의 제조는 아무나 할 수 있는 것이 아니었다. 금단의 비법을 전수받기 위해서는 피로써 맹세하여 도록道錄을 전수받아야 했다. 또한 선도를 믿지 않는 사람에게 알려주어 이를 비방하면 금단은 불가능한 것이었다. 금단을 제조하는 것도 쉬운 일이 아니었다. 금단을 만들기 위해서는 심산계곡의 희귀한 약초가 필요했다. 또한 금단에서 빠지지 않는 최상의 재료는 단사丹砂(수은)와 금, 백은 등이었다. 약초를 발견하면 우보법禹步法으로 걸어 사邪가 끼지 않아야 하며 복기服氣 호흡으로 심신을 맑게 하여야 했다. 뿐만 아니라 금단을 제조할 때에는 여자나 어린아이에게 보여서도 아니 되며 가금家禽의 소리를 들어서도 안 되었다. 백일 간을 결재潔齋하여 주색과 잡념을 멀리하고 청목향青木香으로 목욕하여 몸을 깨끗이 하며 속인들을 멀리해야 했다.

이렇듯 무수한 금기사항과 허다한 시간을 필요로 하는 금단의 제조는 부유한 자가 아니면 할 수 없는 일이었다. 선도해가 노린 것은 이러한 부자들의 심리였다. 신선이 되고자 금단에 빠져 있는 그들의 재산을 가난한 자에게 나누어 주라는 단호의 말은 결국 그들에게 신선이 되기를 포기하라는 소리였다. 재산이 있는 자일수록 불로장생을 원하며 만금이 부럽지 않은 자일수록 오히려 불로장생을 믿는 것이 사람의 심리였다. 선도해의 말에 마을부자들은 흥분하지 않을 수 없었다.

"가진 것을 다 내놓아 나눠주라니?"

"불법이란 것이 하잘것없는 농투성이들이나 살리자는 것인가?"

이미 단호의 법력으로는 좌중을 제어할 수 없었다. 이에 이르러서는 민양화의 백방 노력도 허사였다. 오래 전부터 선도해는 구자산 인근에 선도를 펴왔고 그의 말은 법이나 다름없었다.

"초막을 불태워라!"

단호는 몽둥이찜질만을 겨우 모면한 채 초막을 떠나는 것으로 만족하고 말았다. 초막을 휩싸는 화염을 뒤로하고 민양화는 산 아래까지 단호를 전송했다.

2

한 오라기 구름도 없는 하늘이었다.

정수리로부터 족히 한 뼘은 되리만치 기울어진 태양이건

만 뿜어져 나오는 열기는 아직도 대지를 달구어 놓기에 충분했다. 한없이 펼쳐진 들판은 아스라한 산을 향해 숨을 할딱이며 엎뎌 있었다. 두어 달째 빗물을 기다려 온 천혜의 땅은 이제는 한 포기 풀조차 거둘 수 없는 저주받은 땅이 되고 있었다. 어제도 그랬으며 그저께도 그러했고 처음 온순했던 태양이 지옥의 불덩이로 치솟아 올랐던 그날의 아침처럼 계속되는 불타는 하늘은 오늘도 그렇게 대지의 목을 조였다.

천벌, 사람들은 모두들 그렇게 불렀다. 하지만 사람들은 그 천벌을 왜 자신들이 받아야하는지에 대해서는 수긍할 수 없었다. '천벌을 받아야 하는 놈은 따로 있는데.' 누구나 생각은 하나였지만 그렇다고 이를 입 밖에 내는 사람은 없었다. 애써 파종한 씨앗들이 겨우 싹을 틔우자마자 찾아온 불볕은 이 땅의 모든 생명체들을 불사르고 있었다. 사람들은 다시 씨앗을 뿌릴 엄두도 낼 수 없었다. 온 천하에서 가장 대국인 당唐나라를 먹여 살린다는 이 천혜의 땅도 불볕 아래에서는 한낱 사막에 불과했다. 두 배는 크게 자라난 태양은 이레 낮을 넘기기 전에 습지를 말려 버렸으며 달이 다시 차오르기 전에 강바닥을 갈라놓았고 이제는 사람들의 마음마저도 말리고 있었다. 오로지 변함이 없는 것은 만 리 대륙을 가르는 장강의 도도함뿐이었다.

청명하기만 했던 하늘이 불을 가져오리란 것을 처음으로 안 것은 장강의 강안을 지키는 버드나무였다. 동트는 새벽녘이면 어김없이 찾아오던 장강의 짙은 안개가 맥없이 주저앉던 그날 아침, 연녹색의 늘어진 버드나무 잎사귀들이 죽은 듯 누워 버렸다. 아직은 햇솜을 포개 놓은 듯한 짙은 안개가 하늘과 땅을 감싸고 있을 시간이었다. 아침의 태양이 품을 헤치려고 많은 애원과 협박을 해왔던 짙은 안개였다. 한치 앞도 볼 수 없는 안개의 늪, 그것은 새벽을 여는 장강의 숨결이었다. 버드나무 잎사귀들은 그 속에서 밤새 나른해진 온몸을 찰랑대곤 했었다. 하지만 그날의 아침에는 그들도 불길한 예감에 숨을 죽이고 있었다. 나른함에서 깨어나기도 전에 아침의 태양은 거침없이 장강의 이불을 들추었고 잎사귀들은 어느새 알몸이 되어 있었던 것이었다. 대지에 불이 붙던 첫날의 일이었다. 황폐화된 대지는 인간의 발길을 끊어 놓았다. 광막한 대지의 군데군데 자리 잡은 마을에서조차 인적은 드물었다. 사람들은 잠시 동안에도 단내를 훅훅 뱉어야 하는 불볕을 참을 수 없었다. 그러나 더욱 견딜 수 없는 것은 봄 내내 가꾸어 놓은, 지금은 기왓골처럼 갈라 터진 들판을 보아야 한다는 것이었다. 날이 갈수록 한층 새빨갛게 타오르는 저녁놀이 한쪽 하늘을 덮을 만해서야 마을은 사람들의 입김으로 살아날 뿐이었다. 주인 없는 저주의 입김으로 시작되는 마을의 생명은 짧은 밤을 더욱 황폐화시켰다. 사람들은 이제 누구를 위한 저주인가를 알지도 못한 채 아무렇게나 잠자리를 찾곤 했다.

아주 초라한 두 걸승乞僧과 한 마리의 삽살개가 매불동 앞 들판에 모습을 보인 것은 태양의 불볕이 가장 기승을 부리는 한낮이었다. 그들은 한 뼘을 겨우 넘길까말까 한 그림자를 뒤축에 달고 넘어질 듯 비척거리면서도 걸음을 멈추지 않았다. 비쩍 마른 7척 장신의 중년에 들어선 걸승과 걸음걸이마저 온전치 못한 노년의 걸승 그리고 한 마리의 개. 그들의 몰골은 가히 굶어 죽은 자를 일으켜 세워 놓은 형상이나 다름없었다. 그들은 어제 아침 이후 아무것도 먹지 못했으며 어느 한 사람 만난 이가 없었다. 서로가 말을 나눠본 것도 이제는 기억에 남아 있지 않았다. 오로지 걷고 또 걷고 했을 뿐 다른 일은 해본 기억이 없었다. 어제 저녁도 오늘 아침도 '우리의 목적지는 어디이옵니까?'라며 노승은 수없이 물어왔지만, 그러한 말들은 오직 꺼지지 않는 태양만이 간직하고 있을 뿐 그들에게 기억되는 것은 온통 '길' 뿐이었다. 그 길은 어느 한때도 그들의 뜨거운 심장을 식혀 본 적이 없었다. 마른번개가 치듯 이미 가버린 20년이었지만 한 번도 묻기를 멈춘 적이 없는 길이었다. 하지만 그들 또한 얼마 동안이나 더 그 길을 찾아야하는지 모르고 있었다.

그들이 발길을 멈춘 곳은 매불동 입구의 야트막한 구릉이었다. 20년만의 회향이었다. 신라 땅을 떠나 처음으로 그들이 머물렀던 곳이었다. 하지만 그들이 오래 전에 매불동을 스쳐갔던 교각과 법운임을 알아본 사람은 아무도 없었다.

제법 야산만큼의 형태를 갖춘 구릉에는 아름은 실해 보이는 나무도 몇 그루 남아 있었다. 그 가운데 하나는 느티나무였다. 그들은 멀리서도 그 나무만큼은 한눈에 알아볼 수 있었고 누가 먼저랄 것도 없이 느티나무를 향해 발길을 돌린 것이었다. 아직은 태양이 한 치도 물러섬이 없는 한낮이었지만 길을 멈춘 데 대해 그들은 전혀 개의치 않았다. 그들은 나무 아래에 도착해서는 감회가 가득 어린 눈이 되어서 밑동을 쓰다듬고 혹은 뺨을 부비기도 하며 한참을 보냈다. 그러다가는 보잘것없는 바랑을 벗어 던졌다. 샘을 찾아 법운이 일어난 것은 그로부터 한참 뒤의 일이었다. 샘은 찔레나무 덤불 아래에 있었다. 보기보다는 길게 골짜기를 이룬 구릉은 그 가운데 쯤에 샘물을 두고 있었다. 샘까지 이르는 길이 다져진 것으로 보아 마을에서 식수로 쓰는 물인 듯했다. 법운은 바리때 가득 채운 물을 입도 대지 않은 채 느티나무 아래로 가져왔다.

"목을 축이시지요."

법운은 두 무릎을 꿇고 가장 공손한 몸짓으로 바리때를 들어올렸다. 바리때를 받아드는 교각은 아주 고요하게 미소를 지었다. 그 미소는 너무도 세상을 달관한 듯해서 이마가 불쑥 튀어나오고 광대뼈마저 불거진 우락부락한 그의 얼굴과는 전혀 어울리지 않았다. 그러나 그 미소에는 조금의 꾸밈도 없어 사람들의 마음을 감쌀 수 있는 포근함이 있었다. 그들은 물로 채워진 배를 한 번 쓰윽 문지르고는 고단해진 몸을 뉘였다

"소승도 이제는 불안하옵니다."

그들이 잠에서 깨어났을 때는 석양 무렵이었다. 낮 동안 잔뜩 달구어진 대지에서는 단내가 아직도 코끝을 자극했다. 머리 위까지 뻗친 노을은 사방을 붉게 물들였고 마침내는 촌로들의 손등처럼 갈라진 대지까지도 시뻘겋게 만들고 있었다.

"무엇이 그토록 불안하오?"

법운은 깜짝 놀라 그를 올려다보았다. 길을 떠난 이후 그토록 정이 듬뿍 담긴 대답을 들어보기는 처음이었다. 너무나 오랜만에 들어보는 대답이기에 법운은 오히려 귀를 의심하지 않을 수 없었다. 법운은 다시 한 번 그의 말을 확인하고 싶었다.

"분명 소승에게 물으셨사옵니까?"

"그러하오."

교각은 빙그레 웃고 있었다. 석양을 받아 햇볕에 그을린 그의 낯이 더욱 검붉게 빛났다. 그의 눈은 구릉 아래로 끝없이 펼쳐진 들판으로 가 있었고 그곳에서는 황폐한 대지가 해를 삼키고 있었다.

"소승은 이제."

"말을 하오."

법운은 차마 말을 잇지 못하고 그의 발아래 엎드렸다. 뜨거운 바람이 들판으로부터 구릉을 타고 올라왔다. 백여 보쯤 떨어진 마을에서는 아이들의 목소리가 음식 냄새와 함께 구릉을 파고들었다.

"당분간은 여기에다 거처를 마련토록 하오."

그의 목소리는 너무 고요하여 그의 말이 끝나기도 전에 법운은 심장이 멎는 듯한 통증을 느끼고 있었다. 자신의 마음을 고스란히 들여다보고 있었다. 법운은 심히 부끄러웠다. 하지만 이렇듯 돌봐줌에는 무어라 형언할 수 없는 고마움에 감격하지 않을 수 없었다. 법운의 볼에는 끈끈한 액체가 흘러내렸다. 들판으로부터 몰려온 바람이 법운의 얼굴을 말리고 있었다. 법운은 아무 일도 없었던 것처럼 일어나 걸망을 집어 들었다.

"마을에 다녀오겠사옵니다."

"아니오. 오늘부터는 내가 나갈 것이오."

"어찌 감히."

"법운도 이제는 쉴 때가 되었어."

참으로 오랜 동안 잊고 있던 법명이었다. 법운은 놀라움이 가득한 눈으로 그의 얼굴을 우러러 보았다. 그의 맑은 눈빛이 법운을 부드럽게 감쌌다. 그의 말소리는 더욱 고요하게 잦아들고 있었지만 그럴수록 거역할 수 없는 힘을 지니고 있었다. 법운은 잠자코 바랑을 내려놓았다.

그는 이미 구릉을 내려가 마을 앞길로 접어들고 있었다. 그의 한발 뒤에는 20년을 한결같이 그래왔던 것처럼 한 마리의 삽살개가 뒤따랐다. 법운의 눈에는 다시금 눈물이 어렸다. 법운은 눈을 감았다.

"아미타불!

뼈만 앙상한 채 힘줄이 불거진 법운의 두 손이 가슴 위에 포개졌다. 이제는 미물인 너만도 못하구나. 법운은 얼마 남지 않은 자신의 시간을 생각했다. 그로 하여금 탁발을 보내다니. 그도 이제는 나의 시간을 알고 있는 것일까. 법운은 가슴이 저미도록 아파왔다.

모든 욕심을 버리고 구도의 길을 걸어온 법운이었지만 이승에서의 남은 시간은 너무도 모자랐다. 그것은 삶에 대한 욕심 때문이 아니었다. 지난 20년 구도의 길은 오직 한 가지를 바란 행로였다. 하지만 언제부터인가 법운은 그 길의 끝이 점점 자신에게 다가서고 있음을 느끼고 있었다. 자투리로 남겨진 시간의 재촉은 법운에게 불안감만 키우는 것이었다. 그에게서 자신의 바람을 채워줄 어떠한 모습도 아직은 찾지 못한 법운이었다.

"그에게서 부처를 찾아야 하느니라."

보천 큰스님의 마지막 당부였다. 법운의 협기를 늘 못 미더워하던 보천 큰스님은 떠나는 날까지도 굴레 하나를 덧씌웠다. 그 말은 법운의 평생 구도의 길을 결정지었다. 그에게서 부처를 찾아온 20년. 법운의 눈에는 지난 20년 세월이 말달리듯 스치기 시작했다. 신라 땅 당항포를 출발하여 해거름의 이 구릉에 이르기까지 무엇을 찾았던가. 그의 종이 되어 그를 따르며 그의 깨달음만을 기다려온 법운이었다. 법운은 벌써부터 자신의 남은 시간을 계산하기에 익숙해 있었다. 그럴 때마다 법운을 채찍질하는 것은 보천 큰스님이었다.

"성자를 네 눈으로 시험하려 하느냐!"
"미천한 소승이 가피를 받고자 함이옵니다."
"이미 받았거늘 또 무엇을 구함인가!"
"소승의 무지가 깨닫지 못함입니다."
"인연은 때를 따름을 왜 모르는가!"
"하오나 이미 20년을 나약한 인간으로 고행을 자처해 온 분이옵니다. 그에 대한 시험이 어찌 그리 모질어야 하옵니까. 얼마를 더 기다려야 하는 것이옵니까. 소승에게 주어진 시간으로는 정녕 부족한 것이옵니까."

오늘따라 법운의 마음은 갈피를 잡을 수 없었다. 온통 불안에 빠져 허우적거리는 자신을 보면 볼수록 법운은 안타깝게 자신을 내려다보는 보천 큰스님의 눈빛을 느낄 수 있었다.

"이승의 시간만이 너의 것이더냐!"

법운은 꿈결처럼 들려오는 보천 큰스님의 호통을 들으며 쓰러졌다. 법운의 머리 위에서는 서라벌의 그것과 조금도 다름없는 느티나무가 수런거리기 시작했다. 구릉이 점차 살아나고 있었다. 대지가 해를 삼키고 이틀 길은 족히 될 장강의 바람이 들판을 건너오면서 구릉이 숨을 쉬는 것이었다. 숨어 있던 날파리와 하루살이들이 찔레덤불을 헤쳤고 똘똘 말려져 있던 질경이도 잎을 펼치고 있었다.

매불동에 바깥사람이 들어온 것은 참으로 오랜만의 일이었다.

그러나 마을 사람들은 어느 누구도 그들에게 관심을 가지려 하지 않았다. 이 마을을 거쳐 갔던 많은 사람들이 그랬듯이 또 다른 근심거리나 남기고 떠날 것이 뻔하기에 사람들은 오히려 그들의 출현을 두려워하고 있었다. 불볕에 지친 두 그림자가 마을 앞 벌판을 가로질러 느티나무 아래에 자리 잡은 이래 사람들의 눈은 그들을 떠나지 않았다. 사람들의 얼굴에는 이 폐허의 땅을 건너온 그들에 대한 호기심과 두려움으로 가득했다. 그러던 사람들은 기어코 그중의 한 걸승과 그를 따르는 흰 삽살개가 마을로 들어서자 문 밖으로 모두 나와 이 기이한 일행을 살피기에 여념이 없었다.

석양을 등지고 걸어오는 이 걸승은 얼른 보아도 몹시 지치고 굶주려 있음을 한눈에 알 수 있었다. 누더기 납의에 켜로 앉은 먼지는 걸승의 행각을 짐작케 해주었다. 걸승의 걸음걸이는 단아했다. 무념에 빠진 그의 눈빛은 고요하여 감히 범접하기 어려운 기운을 담고 있었다. 그러나 도둑떼의 두목 같은 7척 장신의 기골과 험상궂은 생김새는 그가 걸친 납의와는 전혀 다른 느낌이었다.
　"도둑놈이 아닐까?"
　"도적놈의 눈빛이 저렇게 맑을 수가 있을려구?"
　사람들은 저마다 걸승을 판단하고 있었다. 서로가 자신의 생각을 나타내려 옆 사람을 꾹꾹 찔러보며 눈짓을 주고받았지만 이를 입 밖으로 내지는 못했다. 사람들의 눈길은 걸승의 발길을 따라 움직였다. 걸승의 손에 들려 있는 바리때를 보며 사람들은 그가 멈출 집을 계산하였다. 사람들은 걸승이 향하고 있는 집이 어디인지도 알고 있었다. 이미 많은 구도자들과 관원들과 이 마을을 찾는 모든 내방객들, 심지어는 도둑들까지도 첫 목적지가 되는 집은 한 곳뿐이었다. 걸승도 그것을 알고 있는지 사람들의 호기심 가득한 시선은 아랑곳하지도 않고 마을 가운데의 큰 저택을 향하고 있었다. 사람들도 걸승의 뒤를 쫓았다. 마을은 기이한 걸승의 출현으로 모처럼만에 활기를 띠고 있었다. 사람들은 이제 그가 누구인가보다는 어디에서 왔으며, 갖고 온 새로운 소식은 무엇인가에 관심을 쏟았다. 또 사방 하루걸음 안에 있는 모든 마을 가운데에서도 가장 부자이나 승려들에게만은 짓궂기 이를 데

없는 오용지吳用之가 걸승을 어찌 대할지도 궁금하지 않을 수 없었다. 사람들은 나름대로 걸승이 당할 모욕과 그 모욕의 극한을 떠올리며 짓궂은 웃음을 교환하고 있었다. 몇몇 사람들은 쯧쯧거리며 혀를 차기도 했지만 그들의 안타까운 표정은 사람들의 웃음소리에 금세 파묻혔다.

오용지는 매불동의 리정里正이었다. 오용지도 걸승이 마을 어귀의 구릉에 와 있다는 전언은 낮부터 듣고 있었다.

"귀찮은 일이 생겼군.

그 소식을 접한 오용지의 첫마디였다. 오용지는 대뜸 찾아올 걸승을 쫓을 궁리부터 했다.

'중들이란 자고로 돼먹지 않은 작자들이야. 얻어먹는 주제에 꼭 한마디씩을 덧붙이거든. 그놈의 불법의 가르침이라 하는 그것 말야. 안 그런가?"

"그렇고 말구요. 게다가 어디 한 번의 시주로 돌아가기나 합니까요. 무례하기가 짝이 없는 친구들입죠."

"으흠!"

오용지는 맞장구치는 다음 말에는 대꾸 대신 큰 기침을 내뱉어 말을 막았다. 자신의 집을 찾는 대부분의 내방객들은 그저 흡족한 한 번의 식탁으로 만족하고 돌아가지만 승려들만은 그렇지 않았다. 불법의 가르침이란···.

얻어먹는 주제에도 승려들이란 꼭 한마디를 더하려 애썼다. 숫제 이건 가르치겠다는 의도를 감추려 들지도 않았다. 자신을 알고 있는 대부분의 사람들이 자신에 대해 갖추는 예의 따위는 신경도 안 쓰는 작자들이었다. 자신이 부처의 가르침 따위와는 전혀 무관하게 살고 있음을 알고 난 승려들일수록 그러한 무례함은 더욱 컸다. 약 주고 매 맞는 꼴이었다. 그렇다고 한 그릇 시주를 물리치기에는 자신의 성품에 누가 될 것이며 얼굴도 안보고 시주만으로 돌려보내기에는 호기심이 허락지 않았다. 승려를 만난다는 것이 귀찮은 일이기는 하지만 때로는 즐거움도 주는 탓이었다. 즐거움이란 그 나름대로의 궁금함을 갖고 승려들을 시험하는 것이었다. 그러나 자신의 질문에 산뜻하게 대답을 주는 승려는 아직 보지 못했다. 대사입네 하고 자신의 집을 찾는 승려들에게 번번이 실망해온 오용지는 이제는 그러한 승려들과의 말씨름에도 싫증이 나 있었다. 그럴수록 시주를 받은 승려들은 바깥소식이나 전하고는 돼먹지 않은 오용지의 잔꾀에 얼굴을 붉히고 돌아서야 했다.

  마을 어귀부터 곧장 이어진 길을 따라 걸승의 긴 그림자가 오용지의 저택에까지 이어지고 있었다. 대문 밖에 의자를 내놓은 오용지는 왼 무릎을 꼬고 턱에 손을 고여 마치 부처의 그것인 양 자세를 잡았다.

  "하하하."

  동시에 사람들의 입에서 웃음이 터져 나왔다. 오용지도 싱긋 웃었다. '오늘은 일찌감치 돌려보내야지.' 오용지는 개까지 데리고 다니는 이 걸승에게는 첫 느낌부터가 마음에 차지 않았다. 그러나 걸승의 기이한 얼굴과 맑고 그윽한 눈동자가 눈에 들어오면서 오용지의 생각은 바뀌었다. 참으로 맑은 눈빛이었다. '그런데 얼굴은 왜 저 모양일꼬.' 오용지는 자신도 모르게 웃음을 흘렸지만 깊이를 알 수 없는 걸승의 눈빛은 그의 사라졌던 호기심을 다시금 깨우고 있었다. 오용지는 재빨리 걸승에게 할 말들을 떠올리기 시작했다. 그때였다.

"소승의 끼니가 준비되었는지요?"

걸승이 입을 들썩했다. 걸승의 목소리는 너무 작아 둘러선 사람들도 듣기 힘들었다. 걸승은 조용히 몸을 돌렸다. 걸승의 몸놀림이 어찌나 조용했던지 그의 발아래 마른 땅바닥에서는 먼지 하나일지 않았다. 걸승은 두어 걸음 앞으로가 한 노인에게 합장을 했다. 그때서야 사람들은 걸승이 오용지를 향해 말한 것이 아니었음을 알 수 있었다.

"저럴 수가!"

사람들의 입에서는 놀람의 탄성이 짧게 흘러나왔다. 탄성은 오용지의 입에서도 나왔다. 하지만 더욱 놀란 사람은 걸승의 합장을 받은 노인이었다. 노인은 걸승의 눈과 마주치는 순간 아득한 나락에 빠지는 듯한 두려움을 느끼고 있었다. 노인은 자신도 모르게 질끈 눈을 감았다. 그리고는 한껏 숨을 들이쉬고는 떨리는 가슴을 진정시켰다. 걸승의 눈빛은 아무리 보아도 예사스럽지 않은 그 무엇인가를 담고 있었다. 또 그의 목소리는 어떠했던가. 들릴 듯 말 듯 조용하기 짝이 없는 목소리가 귀를 지나면서부터는 우렁찬 굉음이 되어 노인의 가슴을 뒤흔드는 것이었다.

"소승을 모르십니까?"

걸승이 다시 묻는 소리를 듣고서야 노인은 눈을 떴다. 여전히 걸승의 눈은 부드럽게 묻고 있었다. 그때서야 노인은 걸승의 얼굴을 다시 보았다.

"교각스님이 아니시온지요!"

"소승을 아직 잊지 않으셨군요."

"……."

노인은 멍하니 교각을 올려다보았다. 노인은 탁 막혀오는 가슴을 진정시키며 가까스로 입을 열었다.

"들어오시지요."

교각은 빙긋이 웃으며 거적문을 들추었다. 사람들 사이에서는 잠시 수군거림이 일었지만 교각이라는 법명이 낯설기는 마찬가지였다. 여전히 사람들의 입에서는 웃음이 흘러나왔고 뒷일이 궁금해진 몇몇은 아예 거적문을 올려놓고 있었다.

"둘 다 제정신이 아니군."

'탁발승이 눈치가 저렇게 없어서야, 쯧쯧."

"그래도 시주할 밥은 남은 모양이지."

사람들의 비아냥거림은 집 안에까지 고스란히 들리고 있었다. 하지만 노인은 교각의 얼굴에서 눈을 떼지 않았다. 그럴수록 노인은 참담해진 마음을 추스르지 못하고 어깨를 들썩이고 있었다.

"스님께서는 약속을 지키셨군요."

"아니요 아직은."

교각은 머리를 저었다. 원망이 가득한 노인의 눈길이 교각에게로 향했다. 노인의 눈에는 눈물이 돌고 있었다. 그러나 노인은 눈물을 떨어뜨리지는 않았다.

"그나저나 끼닛거리가 없으니 어떡하지요? 저두 얻어먹는 신센데. 오늘따라 얻어온 밥도 없으니."

"그렇듯 근심하지 않아도 되오."

"스님께 공양할 게 아무것도 없는데요?"

노인이 힘없이 대꾸했다. 교각의 부드러운 눈길이 노인을 바라보았다. 문득 노인은 기쁨에 넘친 표정을 지으며 날듯이 일어났다. 열어젖힌 솥뚜껑 아래에는 한 그릇의 죽이 곰삭하게 담겨져 있었다. 웬일인지 아들이라도 올 듯싶어 남겨둔 죽이었다. 노인은 부리나케 식탁을 꾸였다. 죽 한 그릇이 전부인 식탁이었지만 노인은 아무 부끄러움이 없었다. 교각은 말없이 죽 그릇을 비웠다.

"아들이 오면 주려고 했어요. 다 쓸데없는 일이옵지요. 몇 년 동안 소식도 모르는 자식인데 왠지 들어올 것만 같더니, 그랬는데 스님께서 오신 거지 뭐예요."

"승유를 말하는 것이오?"

"그럼 누구겠어요. 이젠 스님이 약속을 지키시고 싶어도 지킬 수가 없게 된 거예요."

"아직도 승유에게 승복을 입히고 싶소?"

"암은요. 하오나 그럼 뭣하겠어요. 그 녀석이 에미의 맘을 알기나 할는지, 원."

탄식처럼 말을 흘리던 노인은 가만히 교각을 올려다보았다. 그때에도 똑같은 얘기를 했었다. 승유의 나이 대여섯 살 때였다. 교각의 눈빛을 바라보던 노인은 점차 뜨거운 열기에 휩싸이고 있었다. 노인은 무슨 말이든지 하고 싶었고 이제는 교각의 눈빛도 두렵지 않았다.

"에미의 타는 속을 알기나 할런지. 죽은 자식이나 다름없지요. 그래도 가끔은 부처님께 빌기도 한답니다."

"머지않아 승복 입을 승유니 걱정을 마오."

"정말이옵니까?"

"뒤에 승유가 오거든 이것을 건네주오."

"……."

교각이 꺼낸 것은 자그마한 꾸러미였다. 노인은 꾸러미를 풀어보았다. 이 땅에서는 보가 드문 씨앗들이었다.

"승유가 이것을 찾으러 올 때에는 이미 나를 따르고 있을 것이오."

교각의 목소리는 조금의 꾸밈도 없었다. 그의 눈빛도 여전히 고요했다. 노인은 교각의 말이 금방이라도 이루어질 듯 기쁨에 넘쳐 그의 눈에서 시선을 거두지 못했다. 희색이 가득한 노인의 벌어진 두 귀는 그의 입에서 떨어질 말만을 기다렸다. 그러나 교각은 다시 입을 열지 않았고 들어올 때의 조용함 그대로 밖으로 나섰다.

사람들 사이에서는 조용한 술렁거림이 일었다. 하지만 걸승과 노인의 말소리는 너무 작아서 알아들을 수 없었다. 오용지도 이 모든 것을 보고 있었다. 밖으로 나온 교각은 곧장 오용지의 앞에 섰다. 교각의 눈빛이 날카롭게 빛을 발했다.

"동행이 있사온데 공께서도 시주를 허락하시겠는지요."

"……."

순간, 오용지는 움찔 뒤로 물러섰다. 쏘아보는 듯 빛을 발하던 걸승의 눈빛은 이내 평온하게 가라앉은 뒤였다. 비록 잠시 동안의 일이었지만 오용지의 눈은 그러한 변화를 놓치지 않았다. 거역할 수 없는 힘을 가진 눈빛이었다. 오용지는 장대 같이 버티고 있는 교각을 감히 마주보지 못했다. 하면서도 오용지는 걸승의 말을 되새기고 있었다. 그러던 오용지의 입가에는 엷은 웃음이 번졌다. 그러나 그 웃음은 오래 가지 않았다. 지극히 담담한 표정으로 자신을 응시하고 있는 그의 눈을 보았을 때 오용지는 눈가로 번지던 웃음을 서둘러 감추고 말았다. 그 한 오라기 삿됨이 없는 눈빛과 비굴함이 없는 표정은 일찍이 자신의 앞에서 시주를 청하던 어떤 승려에게서도 볼 수 없던 것이었다.

"시주를 청하였습니다.

다시 교각의 음성이 들렸을 때 오용지는 온몸의 기운이 한꺼번에 빠져나감을 느낄 수 있었다. 오용지는 가까스로 입을 열었다. 하지만 오용지의 입에서는 전혀 생각지도 않았던 말이 나오고 있었다.

"이 마을에는 아직 불심佛心이 자리 잡지 않았는데 스님께서는 어느 마음으로 시주를 청하는 것이오?"

"이미 소승이 마을에 들어섰으니 불심이 들어선 것이요, 불심을 간직한 마당에 어찌 딴 마음으로 시주를 청하리까."

"불심을 가져왔다면 스님께서 부처란 말입니까?"

"만물이 불성을 지니고 있고 마음이 곧 부처라 했는데 부처인들 따로 있으리까."

교각은 빙그레 웃음만 남긴 채 조용히 돌아섰다. 그의 음성은 너무 작고 부드러웠다. 그의 행동 또한 자취를 남기지 않아 사람들은 미처 그가 떠나는 것조차 눈치 채지 못할 지경이었다. 사람들이 그의 말에서 깨어나 교각이 사라진 것을 안 것은 한참 뒤였다. 수군대던 사람들은 몇몇씩 짝을 지어 하나 둘 어둠 속으로 모습을 감췄다. 느닷없는 걸승의 등장으로 잔뜩 기대를 걸었던 사람들은 투덜거리며 돌아섰지만 그들의 얼굴에는 아까와는 사뭇 다른 호기심 하나가 더 얹혀져 있었다.

넓다란 대문 앞은 어둠만이 빼곡히 들어찼다. 오용지는 여전히 대문 앞을 떠나지 않고 어둠의 한곳에서 시선을 떼지 못했다. 걸승이 돌아가고 있을 들판 어디쯤이었다. 그 옆에는 노인도 서 있었다.

휴우 -.

오용지는 자신도 모르는 사이 안도의 한숨을 내쉬고 있었다. 그리고는 교각과 마주했을 때 자신이 얼마나 가슴 조였는지를 생각했다. 이상한 일이 아닐 수 없었다. 처음 있는 일이었다. 아직까지도 그의 눈빛이 자신을 바라보는 것 같고 나직한 음성은 귓가에 쟁쟁하게 남아 있었다.

"할멈!"

"예, 리정 어르신."

"샘터에 좀 갔다 와야겠네."

"스님한테 말인가요. 갔다 옵죠. 갔다 오고말구요."

노인은 시원스레 대답했다. 오용지는 그런 노인을 물끄러미 쳐다보았다.

"그런데 무어라 여쭙죠?"

"달리 전할 말은 없네."

"그럼….."

"한 분이 더 계시다고 하질 않았나. 저녁 공양이라도 하시게 해야지."

노인은 나는 듯이 대문 안으로 달려 들어갔다. 오용지는 노인의 허둥대는 걸음질을 주시하며 또다시 교각을 떠올렸다. 밤길이 염려가 되기는 하지만 하인들보다는 할멈을 시키고 싶었다. 득달같이 나온 노인의 손에는 한 보시기의 저녁이 들려 있었다.

"나이는 먹었어도 밤눈은 아직 괜찮습죠. 한달음에 다녀올 테니 어르신께서는."

"할멈!"

"예, 어르신."

"……"

노인을 부른 오용지는 잠시 말을 끊었다. 오용지의 얼굴에는 희미한 여울이 일고 있었다.

"스님들에게 방을 치워놓겠다고 전하게나."

"방을요? 그러믄입죠. 꼭 전하고 말구요. 여부가 있을라구요."

햇볕은 점점 뜨거워지고 있었다. 어찌나 뜨거운지 구릉의 느티나무조차도 잎사귀를 말아 볕을 피하려 애썼고 샘은 사람들에게 한 동이의 물조차 허락하지 않았다. 간간이 불어오는 바람은 남은 물기마저 빼앗아 땅바닥에 달라붙은 질경이를 누렇게 말리고 있었다.

구릉의 두 걸승은 이 불볕에도 여전히 그들의 토굴을 떠나지 않았다. 매불동에 모습을 드러낸 이후 그들은 마을 사람들의 최대의 관심거리였다. 첫날 오용지의 청을 물리친 두 걸승은 이튿날 날이 밝자마자 느티나무 아래에 토굴을 팠다. 오용지도 전에 없이 승려들이 마을에 머무는 것을 막지 않았다. 오히려 그들의 세 끼 공양을 빠짐없이 날라다주기까지 하는 것이었다. 공양의 수발은 노인이 전담하고 있었다. 어찌된 영문인지 알 수는 없지만 불볕에 지친 사람들에게는 그나마 더할 나위 없는 얘깃거리가 되기에 충분했다.

첫날 이후 걸승들은 마을출입이 없었다. 사람들도 굳이 토굴을 찾아보려고 하지는 않았다. 그들이 오래 전에 이 마을에 왔었다는 것이나 노인과의 약속 따위에는 애초부터 관심이 없는 사람들이었다.

"토굴에서 수도만 한다는데."

"늙은 스님은 기력이 아주 다 되었다는군."

그럴수록 노인의 입을 통해 나온 소식은 그날그날 사람들의 입에 오르내렸다. 하지만 그것도 며칠을 가지 않았다. 노인이 가져오는 소식이라는 것이 매일 똑같아지자 사람들은 이제 노인의 말을 기다리지 않았다. 오용지의 말마따나 부처하고는 그다지 인연이 없이 살아온 마을이기는 했지만 첫날 걸승이 보여준 범상치 않은 행각은 사람들을 마냥 기다리게만 하지 않았다. 궁금함에 지친 사람들은 직접 토굴에 얼굴을 내밀기도 했다. 그러나 사람들이 볼 수 있는 것은 노인의 말을 벗어나지 않았다. 매일 변함없는 그들의 일과는 싱겁기 그지없는 것이었다.

"벽만 쳐다보고 있더라구."

"벙어리가 됐는지 말을 붙일 수 있어야지."

"그리고 개가 있지 않은가. 아, 그놈의 개도 무슨 도를 닦는지 스님 옆에서 꿈쩍도 하질 않더라구. 거참 신통해서 원."

말은 그렇게 하고 웃고 말았지만 사람들의 마음은 조금씩 달라지고 있었다. 무어라 표현하기는 어렵지만 사람들은 자신의 가슴 한구석에 조금씩 그 결승들이 자리 잡고 있음을 느끼고 있었다.

두 결승이 토굴 밖으로 모습을 드러낸 것은 백 일이 지나서였다. 그 사이 불볕 태양은 자취를 감추었고 황폐한 들판은 푸르름을 되찾았다. 사람들도 더 이상 하늘을 원망하지 않았다. 녹이 슬었던 쟁기들은 제 빛을 되찾았으며 낮잠에 게을러졌던 사람들의 얼굴에는 생기가 돌기 시작했다.

법운은 아까서부터 줄곧 망망하게 펼쳐진 구릉 앞 들판으로 눈길을 둔 채 움직일 줄을 몰랐다. 아무런 감정도 담지 않은 법운의 시선은 바람을 따라 흔들리고 있었고 법운도 달리 자신의 눈길을 거두지 않았다. 구릉에 처음 도착했을 때의 불안하고 조급해하던 눈빛은 이제 법운에게서 찾을 수 없었다. 무념무상. 법운의 눈은 바로 그것이었다. 그러나 그런 달관한 듯한 법운의 눈에서도 한줄기 그림자는 끝내 지워지지 않았다.

"길을 찾기도 어려운데 보려고만 하오?"

"……."

법운은 천천히 고개를 들었다. 그리고는 부끄러움이 가득한 표정을 짓고는 힘없이 머리를 떨구었다. 그의 머리 위에는 교각의 눈길이 부드럽게 머물렀다.

"보려 하면 멀리 있지만 항상 앞에 있음이 아니오. 내 말을 들어보오."

그리고는 그윽한 음성으로 혼잣말처럼 말을 이었다.

예전에 아주 어리석은 부자가 살고 있었는데 무식하기가 그지없었다. 어느 날 부자는 친구의 집이 삼층 누각으로 되어 있는 것을 보고 심히 탐이 났다. 그 누각이 굉장히 수려하고 웅장하여 한눈에 반하고 말았다. 부자는 곧바로 소문난 목수를 불렀다.

"그 누각보다 더 훌륭한 누각을 지을 수 있겠는가?"

"그럼요. 그 누각도 제가 지었는걸요."

부자는 흔쾌히 목수에게 일을 맡겼다. 목수는 다음날부터 터를 다지고 주춧돌을 놓고 벽돌을 쌓았다. 그러나 부자는 그 누각이 세워지는 모양을 보자 이상한 생각이 들었다. 참다못한 부자는 목수를 불렀다.

'누각을 어떻게 지을 셈인가?"

"삼층 누각을 올릴 참이지요. 삼층 누각을 말씀하시지 않았나요?"

"난 말이야. 아래 두 층은 필요가 없어. 내가 탐이 났던 것은 꼭대기 삼층뿐이야. 그러니 아래층은 없애고 삼층만 세워주게나."

"불가능한 일입니다. 아래층을 세우지 않고는 이층을 올릴 수 없으며, 이층을 세우지 않고는 삼층을 올릴 수 없다는 것이야 뻔한 일이 아닙니까?"

"상관없네. 내가 필요한 것은 삼층뿐이니까. 하여튼 삼층만 지어주게."

　목수는 별 희한한 소리를 듣는다는 표정이 역력했다. 그러나 고집불통 부자는 끝내 목수의 말을 듣지 않았다.
　말을 마친 교각은 조용히 돌아섰다. 법운은 더욱 부끄러워진 얼굴을 들지도 못한 채 그를 보냈다. 법운의 눈가에는 눈물이 고였다. 교각의 이야기는 한 톨 버림도 없이 법운의 폐부를 찌르고 있었다. 불도에의 정진은 소홀히 한 채 부처만을 보려 했던 자신을 크게 꾸짖는 말이었다. 수없이 들어왔던 말이었다. 법운은 자신의 어리석음을 비로소 깨닫고 있었다. 그 은혜로움은 한 줄기 눈물로 주르르 흘러 내렸다. 그는 다시 선정에 들고 있었다.
　'나를 위해 자신을 보여주려 함이야.'
　법운은 그의 마음씀에 저절로 머리가 숙여졌다. 매불동에 머물면서 그는 얼마나 자신에게 은혜로웠던가. 지난 백 일은 그를 따른 이래 가장 행복한 시간이었다. 불법을 찾아 거쳐 온 20년의 길 위에서 그는 한 번도 이렇듯 자상했던 적이 없었다. 이렇듯 고요한 눈을 보여준 적은 더욱 없던 일이었다. 언제나 그의 몸은 불같은 번뇌에 뜨거웠고 그의 눈은 갈망의 불길에 휩싸여 있었다. 길 위에서의 20년. 그것은 그 불을 끄기 위한 처절한 싸움이었다. 법운은 그 싸움에서의 승자를 보는 듯했다. 그토록 기다려왔던 승리자가 법운의 눈앞에 점점 다가서는 것이었다. 착각일까? 법운은 다시 불안해지는 마음을 다잡았다. 법운의 이런 흔들리는 마음을 알기라도 한 것일까.
　"집착은 환상을 보이고 환상은 망심妄心을 만들며 망심은 아상我相을 짓나니."

 그의 부드러운 목소리가 귀청을 울리고 지나갔다. 짧은 선정에서 깨어난 그는 더욱 고요한 목소리와 한결 부드러워진 눈길을 주며 법운의 옆으로 다가서고 있었다. 그는 지난 백일 동안 참으로 많은 가르침을 주었다. 일찍이 없던 일이었다. 그는 말로만 법운을 깨우친 것이 아니었다. 감싸주는 눈길로 깨우쳤으며 무념의 정진으로 법운의 무딘 눈을 열어주었다. 그의 손길과 발길, 그의 눈길이 닿는 어느 것 하나 법운의 귀를 뚫고 눈을 씻지 않는 것이 없었다.

 법운은 그의 숨결만으로도 가슴이 벅차올랐다. 점차 온몸의 기운이 빠져나감을 느끼며 법운은 느티나무의 밑동에 몸을 기댔다. 그리고는 잠시의 순간이라도 그의 얼굴에서 시선이 멀어질까 두려워 안간힘을 쓰며 그를 쳐다보았다. 그는 빙그레 법운에게 웃음을 주고는 구릉 아래 들판의 한곳을 응시했다. 법운의 눈길도 따라갔다. 그곳에는 그들을 비아냥거리기에 주저치 않던 사람들이 무리를 이루어 마을로 들어오고 있었다.

 "무엇으로 저들을 구해낼까."

 교각의 부드러운 음성이 탄식처럼 흘러나왔다. 법운은 깜짝 놀라 그의 얼굴로 시선을 돌렸다. 그의 얼굴에는 가느다란 그림자가 지나고 있었다. 그 그림자는 법운의 가슴속으로 조용히 밀려들었다. 법운의 눈이 흐려졌다.

 "아직도 버릴 것이 남았나 보오."

 "……."

 법운은 머리를 흔들었다. 법운의 눈은 이제 교각을 떠나

하염없이 먼 곳을 향하고 있었다.

"서라벌을 기억하시는지요? 법왕法王이 되어 돌아가시는 걸 보고 싶었사옵니다."

"온 곳이 없는데 갈 곳은 또 어디란 말이오."

"왕자의 몸을 정녕 버리셨사옵니까?"

"……."

석양을 받은 그의 얼굴에 한없이 부드러운 미소가 번졌다. 법운은 갑자기 눈이 부셔 그의 얼굴을 볼 수가 없었다. 그의 얼굴에 넘쳐흐르는 미소는 이제껏 보아왔던 그의 모습이 아니었다. 순간, 법운은 그의 얼굴에서 부처님의 상호相好를 보고 있었다.

"아!"

법운의 입에서는 신음이 터져 나왔다. 법운의 눈가에도 희미한 미소가 흐르기 시작했다. 그 미소는 자신에게 주어진 모든 일을 마쳤다는 더없는 만족스러움과 안도를 담고 있었다.

한줌 남은 석양은 여전히 그의 성스러운 자태를 감싸고 있었다. 그의 몸 어느 한곳도 놓치지 않으려 애쓰던 법운도 이제는 미련 없이 육신의 굴레를 벗고 있었다.

3

들녘은 황사黃沙가 일어 뽀얗게 앞을 가리고 있었다.

교각은 서역길이 시작되는 돈황敦煌으로부터 석 달 동안 황사 길을 걸어 낙양으로 들어왔다. 서두른 걸음이었다. 그의 나이 어느덧 오십에 다다라 있었다.

신라 땅에서부터 자신을 따르던 법운도 이제는 곁에 없었다. 변함없는 그의 말벗은 삽살개뿐이었다. 매불동에서 법운을 한낱 연기로 보내고 교각은 다시 정처 없는 먼 길을 떠났다. 그의 발길이 멈춘 곳은 돈황이었다. 만리장성을 넘어 황량한 사막을 건너고 그리고 또다시 인간이 잠시도 머물지 못할 죽음의 사막을 눈앞에 둔 돈황에서 교각은 걸음을 멈추었다. 그것은 교각의 구도의 길에 있어서 매우 큰 이변이었다. 매불동 이외의 곳에서는 한 번도 멈춘 적이 없는 교각이었다. 교각은 문득 떠오르는 어떤 생각에 사막이 내려다보이는 야트막한 언덕에 토굴을 파고 긴 칩거에 들어갔다.

"흠!"

칩거를 끝내고 동굴에서 나올 때, 교각이 내뱉은 할喝은 천지를 울릴 만했다. 불문에 몸을 던진 뒤로 촌각도 그의 뇌리를 떠나지 않았던 불법의 길을 비로소 보는 듯했다. 귀청을 때리는 소리가 있었다. 비로소 교각의 눈이 번쩍 열리고 있었다.

중생을 다 제도한 후에 보리를 증득할 것이며
지옥이 비기 전에는 결코 성불하지 않겠노라
　衆生度盡　方證菩提　地獄未空　誓不成佛

너무도 평범한 진리이지만 천하가 용납하지 않는 깨달음이기도 했다. 한번 보리라. 교각은 나는 듯이 낙양으로 발길을 돌렸다. 터럭만큼의 집착도 없는 교각이었다.

교각의 발길이 멈춘 곳은 낙양의 하택사荷澤寺였다. 때는 당 현종 치세인 천보天寶년간(서기 740년 전반)이었다. 이때의 당나라에는 온갖 종교가 난무하고 있었다. 특히 당의 개국 이래 황실의 비호를 받아온 선도仙道는 나라의 보호를 받아 더욱 교세가 강성해져 있었다. 그러나 현장법사의 서역행 이후 불법 역시 중흥기를 맞아 곳곳이 사찰이요, 대찰마다 큰 스님들의 법통이 천하를 울리고 있었다.

이즈음 융성기를 맞은 불법은 경론經論과 강설講說에 치중했던 교종敎宗과 참다운 마음을 닦아 부처로 나아가려는 선종禪宗으로 대립되어 있었다.

교종의 시작은 여러 경전을 한자화하는 과정에서 그 교리적 해석을 둘러싸고 일어난 종파였다. 교종이 체계적인 모습을 갖추게 된 것은 삼론三論을 집대성한 길장吉藏에 이르러서였다. 길장의 삼론은 그의 제자들을 거쳐 원강元康에 이어졌으나 그 후로는 명맥만 유지하고 있었다.

교종의 본격적인 개화는 천태天台와 화엄華嚴에서 시작되었다. 혜문慧文에 의해서 태동을 맞은 천태종은 지의智顗에 의해 만개하였다. 『법화경』을 만법의 으뜸으로 올려놓은 천태종은 천태지의의 법을 전수한 관정灌頂에 이르러 수나라 문제, 양제의 지원에 힘입어 교세를 떨치기도 했으나 그 뒤로는 잠시 침체기에 접어들고 있었다. 화엄종은 두순으로부터 교종의 한 갈래를 형성하였다. 지엄智儼은 두순의 법을 받아 의상義湘과 법장法藏에게 전수하였다. 신라로 돌아온 의상은 해동화엄의 시조가 되었으며 그를 문형門兄으로 섬겼던 법장은 화엄의 틀을 완성하였다. 법장은 측천무후시대 교계의 일인자로 부상하였으며 이후 화엄은 교학의 선두로 부상하였다.

한편 삼장법사 현장과 그의 제자 규기窺基, 신라승 원측圓測은 유식론에 입각한 법상교학法相敎學을 열었으나 곧 쇠퇴하였다.

특이할 만한 교종의 또 한 갈래는 현세의 이익을 중시했던 밀교密敎의 융성이었다. 밀교가 체계적인 교리를 갖추면서 대륙으로 건너온 것은 선무외善無畏와 금강지金剛智의 도래부터였다. 이들에게 법을 전수받은 불공不空과 일행一行은 밀교를 더 한층 선양하여 눈부신 발전을 이룩했다. 특히 불공은 당대 현종, 숙종, 대종의 3대에 걸쳐서 교계의 일인자로 추앙받으며 중앙의 교계를 밀교화하는 데 중심인물이 되었다.

이렇듯 불같이 융성하던 교종에 맞서 불법의 양대 산맥을 이루었던 종파가 선종이었다.

선종은 불법의 생활화에 힘썼던 한 종파로 정토교淨土敎, 삼계교三階敎와 함께 실천불교를 대표하였다. 말법중생은 아미타불에 의지하여 정토로 들어가야 한다고 주장한 정토신앙은 혜원慧遠에서 시작되어 선도善導에 이르러 널리 알려졌다. 말법신앙의 또 한 갈래로 다른 종파와 달리 실천을 강조한 승려가 삼계교의 신행信行이었다. 불법의 실천이야 말로 말세의 사람들이 현실의 악으로부터 벗어나 성불에 이르는 길임을 강조하였던 삼계교는, 곤궁한 자를 위해 물질적인 보시에도 힘을 기울였다. 정관貞觀년간(640년 전후)에는 장안의 화도사化度寺에 교단의 중심이 된 무진장원無盡藏院을 세우면서 최대의 융성기를 맞았다. 그러나 이후 현종 치세에 들어서면서 무진장원이 파괴되고 종파의 활동이 전면 금지되는 탄압을 받았다.

또 이들과는 달리 북쪽의 숭산과 장안을 중심으로 번창했던 북종선北宗禪과 남쪽의 남종선南宗禪이 참선을 중시하는 선종의 종파로 교세를 떨치며 풍미하고 있었다. 양대 종파의 거두는 측천무후 앞에서도 신하의 예를 취하지 않았다는 신수神秀와 달마대사 이후 선풍을 휘날린 혜능慧能으로 둘 다 홍인弘忍의 제자였다. 홍인은 선종의 제5대 조사였다. 대륙에 보리달마가 선풍을 진작시킨 이후 제2조인 혜가慧可, 제3조 승찬僧璨, 제4조 도신道信에 이어 동산법문東山法門을 연 홍인은 혜능에게 법을 전수하였다. 혜능은 소주韶州의 조계曹溪 보림사寶林寺에서 선풍을 드날려 그 법을 전수받은 자가 마흔셋이나 되었다. 이에 비해 북종선은 신수의 법을 이어받은 보적普寂과 의복義福에 의해 개원開元년간(735년 전후)을 풍미했지만 곧 시들고 말았다. 황제의 부름까지 받았던 신수의 종풍이 이렇듯 무상하게 불가의 곁을 떠나게 된 것은 무슨 연유일까.

 몸은 깨달음의 나무이며
 마음은 깨끗한 거울의 대좌臺座로다
 언제나 닦아 청결히 하기에 힘을 써
 먼지, 티끌이나마 붙지 않도록 해야 한다

身是菩提樹　心如明鏡臺　時時勤拂拭　莫使惹塵埃

신수가 이렇듯 무상심의 연마를 설파하고 있을 때 혜능은 그 마음조차 떠나 있었다. 본래 자기 자신의 청정한 선근을 자각하는 것, 이것이야말로 혜능으로부터 만개한 남종선의 선풍이었다. 신수의 게송에 대해 혜능은 다음의 게송으로 홍인의 법통을 이었다.

깨달음에는 본래 나무가 없으니
깨끗한 거울에도 또한 대좌가 없다
처음부터 청정한데
어디에 먼지며 티끌이 일겠는가
菩提本無樹　明鏡亦無臺　佛性常淸淨　何處有塵埃

하택사는 혜능의 많은 제자들 가운데 특히 신회神會가 종풍을 선양하는 사찰이었다. 신회는 혜능의 법을 받아 선풍을 열고 있는 남악 회양, 마조 도일, 석두 희천 등의 제자들 중 혜능의 남종선에 가장 충실한 계승자였다. 개원開元년간에는 활태滑台 대운사大雲寺의 무차대회장無遮大會場에서 신수의 북종선을 공박하는 종론宗論을 펴기도 한 신회였다.

가을볕은 해거름에 잠기고 있었다. 높다란 담장 너머로 층층의 기와등이 검붉게 채색되어 시가지를 물들였다. 누각 사이로는 비켜선 석양의 햇살이 걸려 있는데 저잣거리에서는 벌써부터 등촉을 밝히고 있었다.

교각은 천천히 하택사로 발길을 옮겼다. 혜능의 선풍을 더욱 진작시켰다고 추앙받는 신회. 교각은 그의 가르침을 받아볼 요량이었다. 하택사가 저만큼 보이자 교각의 걸음은 조금씩 빨라지고 있었다. 그러나 미처 산문山門을 들어서기 전이었다.

"비키시오!"

교각은 날카로운 외침을 들으며 길옆으로 물러섰다. 천지각天地角 형상의 물소가 끄는 우마차였다. 교각은 물끄러미 지나가는 마차에서 시선을 떼지 못하고 걸음을 멈추었다. 마차에는 휘황찬란한 낙양의 거리와는 전혀 어울리지 않는 농투성이의 얼굴이 들어 있었다. 운수가 좋아 우마차는 빌려 탔지만 엉덩이도 가리지 못한 갓난애와 저고리 하나도 제대로 걸치지 못한 아낙이었다. 그래도 하초만 겨우 가린 마차꾼의 해맑은 미소는 교각의 가슴을 뭉클하게 했다. 어쩌다 쓴 선심이 그렇게 즐거웠던 것일까. 교각은 마차가 꽁무니를 감춘 뒤에도 석양의 길에서 오랫동안 떠나지를 못했다.

"어디서 오셨습니까?"

하택사에 이른 교각이 막 절문을 들어서려 할 때, 이제까지 그의 움직임을 낱낱이 보고 있던 산문의 승려가 교각을 막아섰다.

"선사를 뵈오러 왔네."

"선약이 있으셨습니까?"

"처음 뵙는 터에 선약이 있겠는가."

"선사께서는 지나가는 개에게까지 법문을 들려준답디까?"

교각은 묻는 대로 힘들이지 않고 대답했다. 그러자 이제까지 공손하던 승려의 태도는 사뭇 달라졌다. 승려의 입에는 비웃음이 가득 매달리고 있었다. 노골적으로 교각을 무안 주려는 심보였다. 말을 하면서도 승려의 시선은 여전히 교각의 다리에 기대어 있는 삽살개한테로 가 있었다. 교각은 빙긋이 웃고는 삽살개를 한번 쓰다듬었다.

"시방세계에 두루 불성이 미치지 않는 곳이 없다 하질 않던가. 그러한 터에 이 녀석인들 법문을 청하지 못할 까닭은 무엇인가. 선사께서 오직 인간만이 청법하라는 말씀이라도 하셨단 말인가?"

순간, 승려는 말이 막혔다. 그 사이 하나 둘 승려들이 모이기 시작했다. 신회가 그때 교각을 본 것은 전혀 우연이었다. 신회는 교각과 마주서서 입씨름을 벌이던 승려를 불렀다.

"유탕俞蕩아!"

"부르셨습니까?"

"무슨 일이더냐?"

"막무가내 선사를 뵙겠다고 하기에."

신회는 흘낏 교각을 훑어보았다. 신회의 눈에도 그는 어김없는 떠돌이 걸승이었다. 남루하기 짝이 없는 가사와 덧게비로 앉은 먼지는 그의 행각을 짐작케 했다. 거기다가 산문의 승려라면 가장 멀리해야 할 짐승까지 데리고 있었다. '알 수 없는 중이로다.' 그러나 신회는 남루한 차림새에 감춰진 걸승의 비범한 의표를 볼 수 있었다.

"그를 대중방으로 들여라."

신회는 한마디 던지고는 발길을 돌렸다. 그러던 신회는 문득 그가 풍문의 주인공임을 기억해 낼 수 있었다. 한 마리의 개와 함께 천하를 주유한다던 구법승.

"흠!"

신회는 교각의 예사롭지 않은 눈빛을 다시금 확인하고는 걸음을 옮겼다.

"대중방으로 가시지요."

유탕이 한결 부드럽게 말했다. 하지만 교각은 유탕의 말에는 아랑곳없이 신회의 뒤를 따랐다.

"스님의 말씀을 듣지 않으셨습니까. 청법은 내일도 늦지 않습니다."

"부처의 법문을 구하는 일에 어찌 선후가 있겠소?"

부드럽기만 하던 교각의 눈에 불이 번쩍했다. 유탕은 흠칫 물러섰다.

"유탕아!"

"네, 스님"

"그를 내 처소로 들여라."

그때서야 선회는 교각을 허락했다.

아무런 꾸밈도 없이 소탁 하나만 달랑 놓여 있는 방이었다. 교각은 아무 말도 묻지 않았다. 지금까지 산문에서 소란을 피울 때와는 전혀 다른 모습이었다. 하지만 신회는 교각의 눈에 지피는 형형한 눈길을 아까서부터 보고 있었다. 교각이 누구인가는 물을 필요도 없는 일이었다. 신회는 불현듯 질문을 던지고 있었다.

"어디서 오셨는가!"

"걸승의 길에 머묾인들 있으오리까."

"어떻게 오셨는가!"

"법을 구하러 왔습니다."

칠십 노구의 신회는 오랜만에 구법의 열망에 불타는 눈빛을 볼 수 있었다. 그것은 이제까지 그가 보아왔던 선승들의 눈빛이 아니었다. 활활 타오르는 그의 눈에는 선승들에게서는 볼 수 없는 따스함이 짙게 배어 있었다. 그 눈빛은 어느 순간부터인가 신회에게 막연한 두려움과도 같이 다가서고 있었다. 유탕은 스승의 범상치 않은 눈길을 잠자코 바라만 보고 있었다.

"어떤 법을 말하는가?"

"어찌해야 마음을 거두는 것이옵니까?"

말투 역시 선문답에 익어 있던 신회에게는 매우 어눌한 것이었다. 이제까지 그를 찾았던 선승들이었다면 신회는 벌써 교각을 내쫓았을지도 몰랐다.

"어찌 있지도 않은 마음을 거두겠단 말이냐. 마음의 작용이 떠나 있음이 무념이 아니더냐. 그러나 무념의 본체에는 스스로 지혜의 생명이 갖추어져 있고 본래 지혜의 생명이란 실상實相을 이르는 것이니."

하지만 신회의 입에서는 나직이 법문이 내려지고 있었다.

"모든 살아 있는 생물의 마음에 본래 모습이 있더냐. 모습이라고 말해지는 모든 것이 망심妄心이니, 무엇을 망심이라

하는가. 마음을 통일시키려 하고, 공空에 집착하고, 청정함에 집착하는 것, 혹은 마음을 일으켜 궁극의 깨달음을 얻으려는 것, 어느 하나 망심 아닌 것이 없으니 허망한 마음이로다. 그러면 어찌해야 이 허망한 마음을 거두는 것인가. 다만 마음을 작용시키지 않으면 마음은 그 자체로서는 형체가 없나니, 형체가 없는 마음에 허망함인들 있겠느냐. 마음의 본성이 본디 공적空寂하며 그 공적한 본체 위에 저절로 본지本智가 존재하노니 금강반야경에 이르기를, 마땅히 머무는 바 없이 그 마음을 일으켜야 한다[應無所住 而生其心]고 이르질 않더냐. 오로지 마음을 움직이지 않는다면 자연히 깨달음의 길에 들어설 터인데 무엇을 더 구한단 말이더냐."

신회는 힘들게 말을 맺었다.

교각은 태산같이 버티고 있었다. 신회의 긴 법문이 이어지는 동안에도 교각의 눈빛은 단한번의 변화도 없었다. 형형한 그의 눈길은 조금도 수그러들지 않았고 그 부드러움 또한 그대로였다. 신회의 가슴에는 알지 못할 답답함이 들어차기 시작했다. 그 자신도 도무지 흡족하지 않은 말들의 편린은 아직도 방 안을 떠돌고 있었다. 그것은 점점 신회의 가슴을 짓누르고 있었다. 그가 깨달음을 얻었다고 자신한 이래 처음 있는 일이었다. 이윽고 교각이 입을 열었다.

"소승이 불민하여 아직 깨닫지를 못하겠습니다."

"무엇이 모자란고?"

"소승 산문을 들어서다가 문득 우마치를 타고 가는 아낙을 보았습니다."

교각은 산문 밖에서 본 마차의 정경을 차근차근 이야기하기 시작했다. 신회는 불길이 꺼지지 않는 교각의 눈을 그윽하게 바라보았다.

"마음을 짓는 바 없이 아낙에게서 측은함을 보고 마차꾼의 미소에서 부처의 미소를 보았다면 이 어찌 보리심이 아니겠는가? 무엇을 더 염려하는가?"

"사문의 깨달음이 짓는 바 없는 보리심에 있다면 저들 악업 중생은 어느 마음으로 제도하오리까?"

"……."

방 안은 잠시 침묵에 휩싸였다. 신회는 잠시나마 할 말을 잊고 있었다. 신회는 굳이 다음 말을 내놓지 않았다. 그저 묵묵부답 눈을 감고 말았다. 어떤 선지식 앞에서도 천의무봉 거칠 것 없이 펼쳐지던 그의 법문이 이렇듯 맥없이 주저앉은 적은 일찍이 없던 일이었다. 이미 교각이 구하고자 하는 바는 알고 있는 신회였다. 그러나 그 길은 이제까지 자신이 추구해온 법통이 아니었다.

교각은 조용히 일어났다. 신회도 교각을 말리지 않았다. 유탕만이 안절부절 스승과 걸승을 번갈아 바라볼 뿐이었다. 유탕은 표표히 산문을 나서는 걸승의 뒤를 한동안 뒤따르다가 털썩 주저앉고 말았다.

낙양의 밤은 화려했다. 산문을 벗어나 백여 걸음도 못 갔지만 어둠을 밀어낸 불빛은 대낮을 방불케 하였다. 저잣거리는 출렁이는 불빛과 노래, 코끝을 자극하는 향기로 가득했다. 시전市廛은 밤이 오는 줄도 모르는 흥정꾼들로 시끌벅적

했다. 두 길 담장의 대갓집 대문으로 통하는 큰길에는 연신 마차꾼의 외침이 허공을 갈랐고 음침하게 도사린 고래등 처마 아래에서는 교교한 웃음소리가 담장을 넘어왔다.

교각은 걸음을 멈추지 않았다. 남종선의 거두라는 신회에게서 구하는 바를 얻지는 못했지만 일견 예상했던 일이었다. 교각은 신회를 찾은 일에 대해 아무런 미련도 갖지 않았다. 자신과는 다른 길을 걷고 있지만 신회에게서 받은 승속을 떠난 기상은 깊은 감동을 주었다. 교각은 눈이 감길 만큼 부신 불야성을 빠져나와 서문西門 길로 들어섰다. 그리고는 한길에서 멀찍이 비켜 있는 민가로 발길을 옮겼다.

"저 집이면 알맞겠구나!"

말이 떨어지기가 무섭게 삽살개는 교각을 앞서 민가로 향했다. 그것은 낙양성에 들어온 뒤로 보아왔던 집으로는 가장 허름하고 보잘 것 없는 민가였다.

"하룻밤 유숙을 청할까 하오이만."

"스님이 아니십니까?"

"맞습니다."

"낙악성엔 사찰도 부지기순데."

"중이 절간에서만 도를 닦는 것은 아니겠지요."

"너무 누추하니까 드리는 말씀입니다. 말씀을 놓으시지요, 스님. 하찮은 민초에 불과한 제게."

머리를 갸우뚱거리던 사내는 교각의 공대에 어쩔 줄을 몰라 허둥댔다. 교각은 그런 사내를 보며 빙그레 웃었다. 너무도 순박한 웃음이었다. 사내는 그 웃음을 보는 순간 금방 자신의 우스꽝스런 행동을 잊고 친근하게 물어왔다.
"공양전이시겠지요, 스님?"
"네, 아직."
여인이 없는 집이었다. 사내는 익숙한 솜씨로 밥상을 마련해 왔다. 교각은 스스럼없이 상을 받았다. 그리고는 삽살개에게 그릇의 반을 덜어주었다.
"너도 많이 고프겠구나."
"아니, 스님!"
사내는 깜짝 놀라 소리를 질렀지만 그것도 잠시였다. 그의 입은 열려진 채 다물어지지 않았다. 뱃가죽이 등까지 말라붙은 삽살개는 교각이 첫술을 뜨고 날 때까지도 군침을 다시는 법이 없었다.
"먹거라!"
마침내 교각의 말이 떨어지자 삽살개는 주인보다도 더 조용하게 식사를 마치고 그의 발등에 얼굴을 묻었다. 교각은 부드럽게 삽살개의 머리를 쓰다듬었다.
"참으로 영특합니다요. 저 녀석이야말로 사람도 비기겠습니다요, 스님."
교각은 빙긋이 웃고 있었다.

4

　70여 리의 성곽으로 둘러싸인 장안성은 가을볕을 고스란히 받고 있었다. 역려에서는 당나귀들이 쉴 새 없이 손님을 실어 나르고 사람들은 나귀의 방울소리에 놀라 두리번거리기 일쑤였다. 손님들의 대부분은 성 안 지리에 어두운 서역인들이었다. 페르시아, 아라비아, 소무르에서 해로로 운하를 거치거나 혹은 험난한 사막을 건너온 그들은 언뜻 보아도 금방 알아볼 수 있었다. 그러나 사람들은 예전처럼 더 이상 그들을 이상하게 바라보지는 않았다. 장안성이나 낙양성, 양주성과 광주성의 시전을 통틀어도 그들만큼 씀씀이가 큰 상인들도 드물었고 그들이 가져오는 옥정玉晶과 수정水精, 향약香藥, 과실주 등은 이제 장안성에서는 없어서는 안 될 귀중품이 되어 있었기 때문이다. 더구나 장안성의 서시전西市廛에는 서역인들이 운영하는 점포가 즐비했고 특히, 그들이 운영하는 주점은 서역의 무희들까지 갖추고 사람들을 유혹하고 있었다.
　교각은 아까서부터 서시전의 주점거리를 서성거리고 있었다. 명색이 납의를 걸친 승려는 이 거리가 생기고 난 후로는 처음이었다. 사람들의 시선은 온통 교각에게 쏠리고 있었다. 홍등가의 여인들까지도 이젠 이 낯선 이방인에게 호감이라도 느꼈던지 꼬리를 흔들었다.
　"구들장이 목까지 찬 스님이라지만 한번만 와 봐요. 환희심이 별건가요, 뭐. 극락이 따로 없다니까요."
　"여인네 색욕도 다스리실 줄을 알아야 스님이지요."

교각은 그녀들의 손짓을 받으면서도 빙그레 웃음을 물었다.

그러던 교각은 대답이라도 하듯 수작을 붙이던 한 여인에게로 다가섰다. 그러자 이제까지 수작을 떨던 여인은 까닭없이 한 발 뒤로 물러섰다.

"보아하니 자네가 도지인가 보이."

"어머나, 도지까지 다 알고. 그러고 보니 이 스님께서 맹물은 아니시네."

그러나 막상 교각의 입이 열리자 여인들은 눈을 동그랗게 뜨고 말았다. 질문을 받은 여인은 흰소리까지 해대고 있었다. 도지都知는 기녀들의 우두머리를 일컫는 말이었다. 여인들의 얼굴에는 절밥이나 축내고 있어야 할 승려가 홍등가의 은어를 알고 있다는 것이 꽤나 놀랍다는 표정이 역력했다. 여인은 희떱게 뜬 눈으로 다시 한 번 교각의 행색을 훑었다.

"기녀라도 드릴깝쇼."

여인의 농은 점점 짙어졌다. 그러나 여인의 희롱도 오래 가지는 않았다. 수많은 눈들과 그들의 입에서 흩어지는 비웃음 속에서도 걸승은 포근하게 웃고 있었다. 그 웃음은 여인의 삿된 마음을 송두리째 녹이고 있었다. 마침내 걸승의 입에서 그 웃음만큼 부드러운 음성이 나왔을 때, 여인의 얼굴에는 부끄러운 기색이 가득했고 저도 모르게 머리를 떨구고 말았다.

"송유라는 청년을 찾고 있네만."

"승유라면 키꼴이 장대하고."

"맞는 듯하이."

"어쩌나. 여길 떠난 지가 얼마 전인데요."

"떠났다고 했는가?"

교각이 힘없이 되물었다. 그러자 여인은 마치 자기가 지은 죄인 양 말끝을 감추었다.

"어디로 갔는지는 아는가?"

"실은…."

"말씀하게나."

"시전의 물건을 갖고 나가서."

"도적질을 했단 말인가?"

"그런 셈이지요. 다신 여기에 오지 못할 작자입니다, 스님."

교각은 맥이 빠져 발길을 돌렸다.

서시전을 나온 교각은 홍로사로 걸음을 재촉했다. 홍로사로 가는 길은 30여년 만에 밟아보는 길이었다. 옛 기억이지만 교각의 어림은 틀리지 않고 길을 찾을 수 있었다. 열아홉 나이에 숙위 학생으로 등록하여 만 삼년을 보낸 홍로사였다. 교각은 문득 청비를 떠올렸다. 지금쯤은 한 가문을 이끄는 부인이 되어 있을 터였다. 교각의 눈에는 희미한 웃음이 떠오르다가 이내 사라졌다.

한나절이 설핏 지나갔다. 따갑던 가을볕도 한풀 누그러졌다. 홍로사 앞 가뭇하게 뚫려 있는 일직선의 한길 끝에 교각의 그림자가 나타난 것은 오래 전이었다. 그 그림자는 유독 서두름이 없고 움직임 또한 크지 않아 다른 사람들과는 쉽게 구별이 되었다. 그림자의 주인이 홍로사에 당도한 것은 한길에 모습을 보인 지 거의 한 시진時辰이 지나서였다.

"대사를 봐오러 왔습니다."

"법문 중이십니다."

"들어가도 되겠습니까?"

승려는 교각을 인도하여 당내堂內로 들였다. 교각이 찾아온 사람은 밀교의 거목인 불공不空이었다. 서역에서 막 돌아온 불공은 현종의 칙명으로 홍로사에 머물고 있었다.

"그대는 누구인가?"

불공이 물었다. 교각은 당내에 들어설 때부터 자기를 쳐다보는 범상치 않은 눈길을 느낄 수 있었다. 불공은 자기보다는 훨씬 나이 들어 보이는 걸승을 은근한 눈길로 바라보았다. 교각의 눈길은 부드럽게 빛나고 있었다.

"아직 깨닫지 못한 중입니다."

교각은 공손하게 대답했다. 나직한 음성이었다.

"어디서 오는가?"

"홍등가에서 막 나왔습니다."

"거기에서 색色은 보았던가?"

"다스려 중생을 편안케 하지 못할 바라면 색을 본들 어떠하며, 안 본들 어떠하고 공空한들 무엇하겠습니까?"

"그대는 무엇을 구하러 왔는가?"

"……."

걸승은 마룻바닥에 손을 짚을 뿐 입을 다물었다. 불공은 깜짝 놀라 교각을 쳐다보았다. 불공은 잠시 눈을 감았다. 땅의 불법을 달라는 그에게 무엇을 줄 수 있는가. 불공은 망설였다.

'지금의 천하에도 땅의 불법을 구하는 중이 있다니.'

불공은 다시 한 번 교각을 쳐다보았다.

"스스로 마음을 여실히 관찰하여 분명히 아는 것[如實知自心]이 곧 깨달음이니…."

불공은 멈추었던 법문을 다시 잇기 시작했다.

"육신의 오온五蘊(色·受·想·行·識)을 관觀하면 그것은 물거품 같고 그림자 같아 실체를 가지지 않으니, 스스로 본질을 구하려 해도 가질 수 없는 것이다. 하물며 그 가운데에 마음인들 따로 있겠는가. 마음의 실상을 깨달아 가면 지금 작용하는 촌각의 의식도 또한 머묾이 없음을 알 터, 마땅히 마음의 실상을 직시해 깨달음을 구해야 할 것이니라. 그러나 공덕을 쌓지 않은 중생들은 스스로 부처가 될 수 있음조차 의심해 그 마음까지 버리는구나. 들어라! 세존께서도 이르시질 않았더냐. 먼저 모든 번뇌의 더러움을 맑게 하고 그 마음을 보호하여라."

불공은 좌중을 쭈욱 훑어보았다. 교각의 표정 없는 얼굴이 그를 똑바로 바라보고 있었다. 불공의 손에 의지해 있던 주장자가 부르르 떨었다.

"보아라! 불자의 깨달음은 무엇이더냐. 너희들 주변을 보아라. 불법이란 모름지기 시대와 가르침을 일치시켜야 할 것이니라. 그러므로 세존께서도 중생들을 위해 즉심則心의 인印을 설하신 것이 아니겠느냐."

순간, 쥐 죽은 듯이 고요하던 법석에서는 조용한 동요가 일었다. 불공은 천천히 법좌를 내려왔다.

"내 방으로 오시게."

불공은 교각의 대답이 나오기도 전에 몸을 돌렸다. 교각은 불공의 뒤를 따라 나섰다. 법석은 더욱 소란스러워졌다. 교각의 뒤를 좇는 법당 안의 눈들은 의문스러움을 가득 담고 있었다. 불공과 교각의 모습이 사라진 뒤에야 그들 중 하나가 입을 열었다.

"자네들도 들었지. 대사님의 마지막 말씀 말일세. 처음으로 하시는 말씀이 아니던가?"

"나도 이상히 여기는 중일세. 불법이 시대와 함께 해야 한다니?"

"그 말씀은 어찌 보면 삼계교의 주장과도 같질 않는가."

"설마 그럴 까닭이 있겠나. 삼계교가 망하는 걸 두 눈으로 보시면서."

"아니야, 그래도 좀."

그들의 눈길은 좀처럼 의구심을 거두지 못했다. 그러나 속시원히 말해줄 사람은 아무도 없었다. 혀만 차던 그들은 더욱 부풀어진 의구심만 안은 채 하나 둘 법당을 떠났다.

"구함을 찾았는가?"

"소승을 위한 법문으로 새겨들었습니다."

"그러한가."

불공은 교각을 건너다보았다. 아까와는 달리 교각의 두 눈은 불길이 번지듯 타오르고 있었다. 불공은 수굿이 머리를 떨구었다.

"내게는 더 줄 것이 없네."

"대사의 법문을 가져가지 말라시는 말씀입니까? 진실로 듣고 싶었던 말씀이었습니다."

"……."

교각의 눈이 매섭게 빛나고 있었다. 그러나 불공은 말이 없었다. 교각은 다그치듯 질문을 던졌다.

"중생을 위해 시대와 가르침을 일치시켜야 한다고 말씀하시질 않았습니까. 그것이야말로 불자 본연의 자세일 것입니다. 그런데 이제 그걸 거두라는 말씀입니까?"

"지금은 황제의 한 말씀에 만법이 흥하고 폐하는 시대일세."

"그러하오면."

"중생을 보는 눈도 시대에 따라야 한다는 말일세."

"불법에 귀천을 따지오리까."

"……."

불공은 말을 거두었다. 불공의 눈이 감겨지고 있었다. 방 안에는 다시 침묵이 돌았다.

"세존의 불법에 중생이 어찌 둘이 되오리까. 설사 중생이 둘이라 한들 보리심에야 차별이 있겠습니까. 물러갑니다."

"……."

불공의 가슴은 서서히 무너져 내리고 있었다.

허망하기는 교각도 마찬가지였다. 홍로사를 나온 교각은 끝없이 뻗어 있는 대로의 한가운데에 서서 움직일 줄을 몰랐다. 돈황에서 달려올 때는 오직 한마음뿐이었다. 중생을 위한 불법. 크게 기대를 걸고 온 바는 아니지만 그래도 자신의 깨달음을 확인해 보고 싶었다. 선종의 일가를 이룬 신회나 밀교의 대법사인 불공을 찾은 것도 그 때문이었다. 하지만 그에게 남은 것은 없었다. 강론이나 펴며 법당에나 머무는 천태나 화엄에는 애초부터 마음이 없었다. 그렇다고 마음의 부처를 보겠노라 가부좌나 트는 선종에도 만족할 수 없었다. 정토에 들겠다고 아미타불에 귀의할 마음도 아니었다. 20년을 훌쩍 넘어선 길 위에서의 구도의 길, 고행의 그 세월들은 교각에게는 단 하나를 위한 기다림이었다.

'속가에서 펼 수 없었던 왕도王道를 불법으로 펴자.'

그의 깨달음은 율가의 완성도 아니었으며 선가의 무념무상도 아니었다. 떠나려 해도 떠날 수 없었고 비우려 해도 비워지지 않던 색色의 공간들, 교각은 그 불같이 일어나는 번뇌의 중심으로 들어가고 싶었다. 집착으로 집착을 풀고 색으로 색을 제거하며 번뇌로써 번뇌의 근본을 불사르고 싶었다. 그리하여 마침내는 한 서원誓願 아래 중생의 곁으로 귀의할 작정이었다. 그러나 그의 깨달음은 아무에게도 환영받지 못하고 있었다.

교각은 한길을 벗어나 제법 나무들이 들어찬 야트막한 숲길로 들어섰다. 언제 맡아도 숲의 내음은 좋았다. 흙조차 밟히지 않는 풀길이었다. 발끝에 닿는 강아지풀의 감촉이 포근하게 다가왔다. 숲은 장안성에서는 보기 드물게 드문드문 밭과 갈대 늪이 이어진 곳이었다. 나뭇가지 사이로는 때까치, 뻐꾸기, 콩새, 카나리아가 곡예를 하듯 날고 있었고 가시덤불에서는 박새와 참새가 짓까불고 있었다. 갈대 늪을 비켜

안으로 들어서자 동산이 시작되는 구릉으로 이어졌다. 길은 더욱 희미해져 동산 옆으로 돌아나가고 있었다. 정수리에 와 있는 태잉은 창끝 같은 갈잎에서 흩어지며 눈을 찔러왔다.

교각이 걸음을 멈춘 곳은 둥글게 돌던 동산이 오목하게 들어가며 아름드리 참나무 한 그루를 세워 놓은 곳이었다. 참나무 그늘로 들어선 교각은 털썩 걸망을 벗어 던졌다. 걸망만 벗으면 어디든 잠자리였다. 삽살개의 귀에 손을 얹은 채 교각은 스스로 눈을 감았다.

숲이 웅성거리고 있었다. 어린 토끼가 어미를 부르는 소리, 들쥐가 싸우는 소리, 사랑에 들뜬 때까치 울음, 생명을 재촉하는 개암매미. 숲은 쉼 없이 숨을 쉬고 있었다. 갈대 늪 가장자리의 풀더미에서 나는 묵은 풀냄새까지도 숲을 살찌우고 있었다.

교각은 소리 없이 그들 숲과 하나가 되었다.

얼마의 시간이 흘렀을까. 교각의 눈이 스르르 열렸다. 그를 가리고 있던 참나무 가지들은 어느새 태양보다 높이 있었다. 눈꺼풀로 파고드는 햇살을 가리며 한 사내가 우뚝 서 있었다. 교각은 승려를 보고서야 그가 자신을 깨웠음을 알았다. 교각도 기억할 수 있는 승려였다. 낙양의 하택사에서 실랑이를 벌이던 승려였다.

"낙양성에서부터 스님의 뒤를 쫓아왔습니다. 어제서야 장안성에 들어왔어요."

"유탕이라고 했던가?"

"제 이름까지 기억하시네요!"

유탕의 얼굴에는 반가움이 가득 흘렀다. 교각은 빙긋이 웃음을 물며 유탕을 앉혔다.
"여기까진 어찌 알고?"
"저 삽살개가 있는 한 스님을 찾기는 일도 아니지요."
"무엇하러 왔는가? 내게 볼일이 있을 리도 없을 테고."
떠들썩하던 숲이 조용해지고 있었다. 바람 한 점 없는 오후였다. 햇살에 수런거리던 갈잎도 이제는 침묵을 지켰다. 갈대 늪 끝머리에서는 날파리 쫓기에 여념 없던 물소가 하품을 마지막으로 입을 다물었다. 숲은 정적에 빠져들고 있었다.
"스님의 법통을 알고 싶어 왔습니다."
"내게서 법통이 보이던가?"
"보지 못하였습니다. 하지만 그 어떤 법통보다 강한 것을 느낄 수 있었습니다. 제 눈이 맞는지요?"
"……."
"제가 옳게 보았다면 스님을 따르겠습니다."
"그대가 느꼈다는 것이 무엇인고? 나는 그것이 궁금하네."
"보살도의 실천이 아닌지요?"
"보살도를 실천하지 않는 중도 있던가?"
"……."
"나의 법통이 보살도임을 알았다면, 그 보살도가 민초들을 위한 것임도 알았는가!"
순간, 유탕은 숨을 멈추었다. 숲도 숨을 멈추고 있었다. 유탕은 눈을 질끈 감았다가는 교각의 눈을 똑바로 쳐다보았다.

민초들을 위한 보살도. 그것은 이제껏 한 번도 들어본 적이 없는 불법이었다. 유탕의 가슴 속에서는 천천히 그러나 아주 뜨거운 불기둥 하나가 솟기 시작했다. 유탕은 불기둥을 품은 채 세 번의 큰절을 교각에게 올렸다.

"거두어 주십시오."

숲은 다시 생명의 소리를 지저귀고 있었다. 갈대 늪으로부터 시작된 생명의 화음은 조용하던 숲을 삽시간에 흔들어 놓았다. 우듬지로부터 서너 발을 뻗어나간 참나무 가지에서 도토리 하나가 떨어져 내렸다. 그들이 숲을 나왔을 때, 숲의 울림은 더욱 커져서 장안성은 서서히 그 울림의 소용돌이에 빠지고 있었다. 그것은 인간의 가슴에서 터져 나와 삼천대천의 세계로 향하는 열망이었다. 그들은 지극히 소박하고 지극히 크며 지극히 자비로운 열망을 가슴에 품은 채 걸음을 옮기기 시작했다.

두 걸승과 그들을 따르는 한 마리의 삽살개. 사람들은 장안성을 한층 따스한 햇볕으로 보듬고 있는 열망이 그들로부터 비롯된 것임을 알지 못했다. 숲으로 들어간 지 두어 시진 만에 모습을 드러낸 그들은 올 때와 마찬가지로 다시 일직선의 한 길 위에 그림자를 늘어뜨렸다. 그들의 등장에 눈길을 주는 사람은 아무도 없었다.

"어디로 가시는지요?"

제자가 된 유탕의 첫 번째 질문이었다.

"화도사로 가자."

유탕은 교각의 눈을 쳐다보았다. 그의 구도길은 아직 끝나지 않은 것일까. 유탕은 묵묵히 교각의 뒤를 따랐다. 화도사 化度寺로 향하는 교각의 마음을 헤아릴 수 있었다.

화도사는 삼계교 교단의 중심이 되었던 무진장원無盡院院이 있었던 사찰이었다. 삼계교는 신행信行이 일으킨 종파였다. 신행은 상주의 법장사法藏寺에서 삼계의 교리를 주장한 뒤 장안으로 왔다. 무덕武德년간(620년 전후)이었다. 신행이 장안성으로 오면서 삼계교는 본격적인 융성기를 맞았다. 지금 교각이 찾아가는 화도사를 비롯하여 광명사, 자문사, 혜일사, 홍선사 등이 모두 그때에 세워진 사찰이었다.

전하는 말에 의하면, 네 살 때 이미 진흙 수렁에 빠진 마차를 꺼내려고 애쓰는 소를 보며 울음을 그치지 않았다는 신행이었다. 열일곱에 스승을 찾아다니면서 특히 『화엄경』을 힘써 배웠다. 신행은 시대에 맞는 진실한 구원의 가르침을 추구하였다. 구족계를 버리고 승려들에게는 면제되었던 노역에도 종사하였으며, 한 벌의 옷을 몸에 걸치고 하루 한 끼니만 먹으면서, 은혜 받지 못한 민초들을 위한 불법을 펼쳤다. 말법시대의 중생을 구원하고자 했던 신행은 그 구체적인 실천방법으로 남에게 베푸는 것을 한시도 놓지 않는 무진장행을 강조하며 이를 실천했는데, 이러한 삼계교의 교리는 나라 사람들에게 큰 감화를 주었다.

그러나 하루살이 같은 민초들을 위한 탓이었을까. 삼계교는 황제의 등극에 따라 부침을 거듭하였다. 현종은 즉위와 더불어 칙명으로 무진장원을 폐찰시키고 승려들의 활동을 금지시켰다. 더불어 신행의 저술이 '성지聖旨에 위배되고 진종眞宗을 침범'한다고 규정하였다. 이후 삼계교는 절체절명의 위기에 빠져 있었다. 민초들을 위한 포교에 전념하던 불법이 황제에 의해 거부된 것이었다.

"스님, 화도사는 지금."

"알고 있느니라."

"칙명을 어기는 일이옵니다."

"불법이 어찌 황제의 법을 따르겠느냐."

"……."

유탕의 가슴이 서늘해졌다. 두려워서가 아니었다. 유탕은 가만히 교각을 뒤쫓던 걸음을 멈추었다. 여기저기 덧 꿰매고 닳아빠진 납의를 날리며 표홀히 걷고 있는 걸승. 속세를 떠난 승려라기보다는 삶에 지친 이웃집 할아버지와 같이 온갖 비원을 간직한 그의 눈에서 유탕은 교각의 참마음을 읽을 수 있었다. 교각이 가려하는 길, 유탕은 그 길을 어렴풋이 떠올릴 수 있었다. 유탕이 보잘것없는 걸승을 스승으로 모시게 된 바로 그 길이었다. 그러나 유탕에게는 황제의 칙명보다도 두렵기 짝이 없는 길이기도 했다.

"스님!"

"왜 그러느냐."

"겁이 납니다."

"무엇이 두려우냐?"

"스님을 만난 후로부터는 지금까지의 공부가 허망케만 생각되니 어쩐 일인지 모르겠습니다."

"무슨 공부를 했더냐!"

"화엄경만 보았습니다."

"대경大經(화엄경)에서 본 것이 무엇이더냐?"

"저의 미천한 근기로야 어찌 대경을 보았다고 하겠습니까. 다만 그 느꼈던 바까지도 스님 앞에서는 물거품이 되었습니다."

교각의 부드러운 눈길이 유탕을 향했다. 유탕의 눈이 흐려졌다. 산문에 들어선 지 십여 년. 이제껏 품고 지냈던 화엄의 세계는 무엇이던가. 스승 신회와 교각의 문답을 들었을 때, 유탕은 망치에 얻어맞은 듯한 충격을 받았다. 아무 생각도 할 수 없었다. 그 자신 깨달음을 얻어 선가의 문도들로부터 추앙을 받고 있는 신회의 가르침을 받아왔건만 그런 느낌은 처음이었다. 유탕은 지금 그때의 고백을 하고 있었다.

교각은 유탕의 어깨 위에 손을 얹었다. 그리고는 한없이 자비롭고 부드러운 눈길을 유탕에게 주었다. 유탕의 허물어진 마음을 다독거리는 눈길이었다.

이윽고 그가 말했다.

"이제까지 느낀 것을 몸으로 말하면 될 것이니라."

담벼락 옆의 우물에서 한 모금의 물로 목을 축이고 그들은 곧장 법당으로 들어섰다.

"삼계의 법을 들으러 왔습니다."

"삼계의 법이 금지된 것을 모르시오?"

"알고 있습니다."

"알면서 구한단 말씀이오? 화도사가 옛날의 화도사인 줄 아는가 보오. 허허허. 무진장원은 저기 있소만."

승려의 희떠운 말에 나머지 승려들도 저마다 픽 웃음을 터 뜨렸다. 그들은 승려들의 비웃음에 떠밀리다시피 해서 화도사를 나왔다. 그러나 두 걸승의 발길이 아직 산문 앞에 머물고 있을 때, 그들은 한 노승이 달려오는 모습을 볼 수 있었다. 그들을 불러 세운 노승은 너무 늙어 이제는 저승꽃이 만발해 있었다.

"삼계의 법을 구한다 했는가?"

"그렇습니다."

"따라오게나."

백일홍이 흐드러진 샛길을 빠져나와 노승이 들어간 곳은 허름한 민가였다. 장안성에도 이러한 마을이 있었구나 할 만큼 기와라도 얹은 집은 하나도 없는 마을이었다.

"삼계의 법에서 무엇을 원하는가?"

"헐벗고 굶주리는 민초들을 위한 불법입니다."

노승은 가슴이 뛰었다. 노승은 교각의 눈을 들여다보았다. 한 치도 피함 없는 두 눈빛이 허공에서 부딪쳤다. 노승은 자신의 판단이 빗나가지 않았음을 알 수 있었다. 노승은 벅차게 차오르는 감정을 억누르며 벽장의 문을 열었다. 그 속에는 가득 쌓인 서책이 쾌쾌한 먼지가 켜로 앉은 채 있었다. 노승은 그 중에서 한 권의 책을 꺼냈다. 그것은 사리師利가 쓴 『유가법경瑜伽法鏡經』이었다.

"삼계의 법이 금서가 되었네만 멸절된 것만은 아닐세. 오늘에 이르러 전할 바를 얻으니 내가 살아있음도 헛된 일만은 아닌가 보이. 무진장원에서 법을 펴던 선사先師들께서는 이미 부처의 곁으로 돌아가고 남은 무리들은 이 경전 한 권만 의지한 채 뿔뿔이 흩어졌네. 가까이 앉게나."

노승은 담담히 말했다. 노승은 화도사의 법당에서 두 걸승을 보았을 때 눈이 번쩍하였다.

"삼계의 법을 들으러 왔노라."

지난 몇 십 년 동안 한 번도 들어본 적이 없는 말이었다. 그 자신 삼계의 법에 의지하여 왔건만 감히 입 밖에 낼 수 없었던 말. 노승은 부끄러움을 무릅쓰고 교각을 뒤쫓은 것이었다. 삼계법통의 전수. 교각의 눈빛에서 노승이 본 것은 그것이었다.

"선사들의 법문을 머릿속에만 담고 수미산을 기다리는 중이라 탓하지는 말게. 일말의 선근도 없는 일천제一闡提에겐 그 법문만으로도 과분했네. 이제 자네를 보니 수미산도 두렵지 않으이."

노승은 넋두리처럼 말을 이었다. 교각은 아무 말 없이 노승의 말을 들었다. 그러나 그의 표정은 아주 진지했다. 신회나 불공 같은 한 법통을 이룬 큰스님들 앞에서도 보인 적이 없는 진지함이었다. 그것은 자신이 찾던 바를 구했다는 안도감에 다름 아니었다. 마침내 교각은 자신의 판단을 확인이라도 하려는 듯 질문을 던지고 있었다.

"어느 말씀으로 마음을 세워야 하오리까?"

"내 어찌 자네에게 법문을 내리겠나. 다행히 선사들의 가르침을 아직 잊지 않았으니 그로써 대신하겠네."

노승은 잠시 눈을 감았다 떴다. 그의 얼굴에는 희미한 미소가 떠오르고 있었다.

"들어라!"

드디어 노승의 일갈이 터져 나왔다.

"신행선사께서 이르셨으니, 불자란 모름지기 부처의 가르침을 실천할 때만이 선근을 닦는 터, 그 실천이란 무엇인가. 말법 중생을 현세의 악으로부터 벗어나게 하여 성불을 돕는 것이니라. 사문에 들어선 자들만이 부처를 본다면 성불을 한들 무엇하겠느냐. 여래장如來藏은 육도중생의 본체인데 필부라고 여래를 못 볼 까닭이 있겠느냐. 일체의 범부에게도 불성佛性이 있고 그들이 부처를 마음에 품고 있는데 마땅히 부처가 되지 못할 까닭이 있겠느냐.

들어라! 육도중생의 마음에 악함이 자리 잡고 있는데 어리석은 자들은 이마저 부정하고 있도다. 악한 마음을 보고 근원을 관觀하면 탐욕이 수그러들 것이며, 탐욕을 제하니 성냄이 없으며, 성냄이 없으니 무지無知도 일어나지 않으며, 탐욕과 성냄과 무지가 모두 없다면 일체의 악은 자연히 소멸될 것인데, 어리석은 중생들이 불성만 보고 악은 보지 못하는도다."

노승은 잠시 말을 끊었다. 방 안은 쥐 죽은 듯이 고요했다. 오로지 노승의 거칠어진 숨소리만이 공기를 뒤흔들고 있었다. 끊겼던 노승의 법문이 다시 이어지기 시작했다.

"널리 모두를 존경하라. 일체중생이 여래장을 갖고 있고 불성에 젖어 있는데 불법 아래에 어찌 귀천이 따르겠느냐. 남을 위해 자비를 베푸는 이타행利他行은 멀리 한 채 깨달음만 구하려 애쓰는 구나. 이타행을 행하는 사문들조차도 귀천을 가리고 있으니 어찌 참다운 불법이라 할 수 있겠느냐. 악업중생들을 봐야 할진저. 너희들은 지장보살의 행업行業을 잊었더냐!"

　노승의 거칠어졌던 숨소리도 잦아들고 있었다. 방 안은 일시에 침묵에 빠졌다. 허공을 떠돌던 먼지도 보이지 않았다. 일체의 정지. 삼라만상은 숨을 죽인 채 그들의 깊디깊은 고요에 짓눌려 있었다. 그러나 그 고요는 무언가 폭발할 듯한 기운을 가득 담고 있었다.

　그 고요를 깨뜨리고 유탕이 무릎걸음으로 앞으로 나섰다. 유탕으로서는 아직도 노승의 법문에 어리둥절했다. 저렇듯 직설적인 법문을 들어보지도 못했거니와 더구나 이타행의 대상을 명확히 구별하는 법문은 처음이었다.

　"이타행의 근본을 무엇으로 삼으오리까?"

　"행함이니라. 문수사리는 지혜로써 중생을 인도하였고 보현보살은 행원으로써 중생을 구하였느니라. 또한 관세음보살은 자비로써 중생을 제도하였으니, 이처럼 문수의 지혜와 보현의 행원, 관음의 자비는 이타행의 방편일 뿐 그 근본은 실천이 아니겠느냐. 그러한 가운데 오직 지장보살만이 한 서원으로써 중생을 제도하였으니, 지장의 이타행이야말로 보살행의 근본이며, 마땅히 말법시대의 사문이 따라야 할 길이니라."

　"삼계의 법통이 끊긴 것도 이타행의 실천 때문이 아니었습니까. 어떻게 따라야 지난날의 전철을 밟지 않을런지요?"

유탕이 재차 물었다.
"……."
그러나 노승의 눈은 이미 감기고 있었다. 노승의 감긴 눈은 다시 떠지지 않았다.

교각은 스르르 일어나 노승 앞에 큰절을 세 번 올렸다. 어두컴컴한 방 안이건만 교각은 눈이 부신 듯 두 눈을 감았다. 암흑의 세계로부터 차츰 떠오르던 아주 작은 빛. 교각은 그 빛이 점점 커져 마침내는 태양보다도 더 찬란해졌을 때, 그의 몸은 스스로 그 빛이 되어 있음을 알 수 있었다. 그것은 모든 사람들의 마음 깊은 곳에서 우러나오는 빛이었다.

황홀경의 짤막한 그 순간, 노승은 이승의 육신을 벗고 있었다.

시선詩仙 이백李白이 찬讚을 짓다

 어둑발이 내리고 하늘에는 별이 촘촘히 박히기 시작했다. 달도 뜨지 않은 그믐이었다. 한 무리의 인적이 산길을 헤치고 있었다. 삐쭉 튀어나온 바위들과 가시덤불이 앞을 막아섰지만 그들은 용케도 길을 뚫었다. 머리 위 감청색 하늘에서는 별 하나가 무리를 이끌고 어둠을 갈랐다. 산 아래 인가에서는 그들을 지키는 개가 목청을 키우고 있었다. 싸늘한 냉기를 뿜어내는 별빛만큼이나 밤공기는 차가웠다. 구멍이 숭숭한 홑적삼으로 몸을 가린 무리들은 너나 할 것 없이 떨고 있었다. 그러나 산자락까지 내려온 그들은 선뜻 인가로 들지 않았다.
 "좀 더 기다리자!"
 무리들 중의 우두머리인 듯한 사내였다. 떨거지들은 사내의 말에 고분고분 따랐다. 그들은 캄캄해서 구별하기는 쉽지 않지만 떡갈나무가 분명해 보이는 넓은 잎사귀를 가진 나무 밑에 자리를 잡았다. 마을은 오십 보도 안 되는 거리였다.
 "바로 저기라고 했지?"
 "불빛만 봐도 여느 집하고는 다르잖아."
 사내들은 고개를 끄덕이며 귀엣말을 주고받았다. 한밤중이 다 되어 마을의 불빛이 사라지고 있었지만 사내가 지목한 집만큼은 여전히 휘황했다. 불빛은 수수밭을 넘어와 그들이 몸을 숨긴 떡갈나무께로 뻗치고 있었다. 은빛으로 빛나던 그 불빛은 마른 수수대궁과 잎사귀에 걸려 산자락 어귀에 도착할 즈음에는 어둠에 삼켜지고 있었다. 하지만 그들은 상대방의 눈에서 반짝이는 불빛을 보며 드러나지도 않는 몸을 더욱 움츠리곤 했다.

"허탕을 치는 건 아니겠지?"

"재수 없이!"

"하긴 승유가 보아뒀다면."

"전부 셋뿐이야. 여차하면 몸뚱이째 들고 나와도 돼."

"하긴."

승유라고 불린 사내가 오금을 박자 떨거지들은 다시 조용해졌다. 승유는 불빛이 새어나오는 객점에 시선을 박아둔 채 뒤 뒤웅박만한 봇짐을 부스럭거리기 시작했다. 댓잎 뭉치를 꺼낸 승유는 옆의 떨거지에게 그것을 건네주었다. 사내가 댓잎을 헤치자 거기에서는 아직도 물기가 마르지 않은 주먹밥 두어 덩이가 나왔다. 떨거지들은 그것을 나누어 입속에 털어 넣었다. 그것은 그들이 아침을 먹은 후 처음으로 입에 넣는 곡기穀氣였다.

"쳇, 잠이라도 자두는 게 좋겠군."

"벌어먹을, 술판이라도 벌인 모양인 걸."

오금이 저릴 만도 했다. 밤공기는 점점 차가워지고 있었다. 떨거지들은 몸을 흔들기도, 다리를 주물러 보기도 하면서 냉기를 쫓고 있었다. 어쩌다 스치는 떡갈나무 잎에서는 이슬이 묻어나기도 해 섬뜩함을 더했다.

"잠 좀 자 두라구. 어차피 잠든 뒤에야 칠 테니까."

승유가 선심을 쓰듯 말했다. 하지만 그들의 핏발 선 눈은 오히려 말똥해지고 있었다. 잠시 뒤에 벌어질 광경이 은근히 두렵기까지 한 떨거지들은 아직은 그럴 배짱까지는 없는 조무래기 들이었다. 남의 봇짐을 노리는 터라 하나 그들로서는 어쨌든 처음으로 하는 도적질이었다. 장안성에서 주먹질을 경험했다지만 그것도 기껏해야 못된 장사치들을 상대한 것이었다.

이렇게 도적질에 나서게 된 것도 따지고 보면 심술궂은 장사치 좀 골려주자고 능금綾錦과 금포錦袍 몇 필을 숨겨둔 것이 화근이었다.

일의 사단은 승유가 트고 지내던 기루의 계집이 청향靑香을 구입하면서 비롯되었다. 창기들의 우두머리였던 계집은 그중 승유와 가까운 사이였는데 물건을 속아 산 것이었다. 승유와 함께 간 계집이 물건의 교환을 요구했는데도 장사치는 막무가내 오리발이었다.

그럴 때는 주먹패들이 나서 을러대고 구전이라도 조금 뜯는 것이 시전의 관습이었다. 그러나 이번 장사치만은 달랐다. 아마도 천산 이북의 서돌궐에서 온 듯한 이 장사치는 돌궐족답게 꿋꿋하게 버텼다. 해서 못된 버릇 좀 고쳐주자고 장사치가 사 놓은 피륙을 숨겨둔 것이었다.

시전 좀 들락거린 여느 장사치라면 으레 백배사죄하고 찾아갈 물건이었다. 그런데 이 장사치가 곧바로 관가로 달려간 것이었다. 그것은 다시는 장안성의 시전에 발길을 끊겠다는 미련한 짓이었다. 어찌 됐든 덕분에 승유와 패거리들은 도둑놈이 되고 말았고, 계집질한 김에 첩 본다고 숨겨놓았던 피륙덩이마저 팔아 치우고 장안성을 빠져나왔다. 그대로 있다가는 천상 관가에 붙들려 갈판이니 별 도리 없는 선택이었다. 그런데 이제는 칼까지 든 진짜 화적패가 된 것이었다.

승유는 머리를 한 번 휘젓고는 다시 객점으로 눈을 돌렸다. 그때, 이제껏 자는 줄만 알았던 옆의 사내가 아구리를 틀었다.

"재수라곤 억세게 없는 것들이여."

"누가?"

"선무당에게 잡힐 놈들이지 누구긴, 누구여."

사내의 말에 패거리들 사이에서는 쿡 하고 웃음이 터져 나왔다. 승유도 내심 사내의 말이 우습기는 마찬가지였다. 승유는 입을 막으며 조용히 하라고 손짓을 보냈다.

세상일이란 참으로 알 수 없는 것이었다. 시전판에 끼어들어 장사 좀 배워볼까 했던 것이 도적이 될 줄은 꿈도 꾸지 않았던 일이었다. 더구나 이제는 칼까지 들었으니 영락없는 화적떼였다. 처음에는 차라리 전란 중인 서역의 농우나 하서로가 변진병에라도 자원할까 하는 생각도 했었다. 하지만 그 짓이야말로 미련한 짓이었다. 한번 들어가면 나올 날을 기약할 수 없는 군대가 변진병이었다. 향리에서 도망쳐 나온 것도 그놈의 군역 때문이었다. 말이 좋아 기한을 두었지 힘없는 농투성이들이야 변방에 수자리 한 번 떠났다 하면 살아 나오기도 어려웠다. 설령 돌아온다 해도 십년은 예사였고 심지어는 30년 만에 쭈그러진 할애비가 되어 오기도 했다. 그러니 수자리 차례가 오면 산으로 들어가거나 아예 대처로 나가 피하는 것이 상책이었다. 그런 면에서 보면 온갖 사람들로 들끓는 장안성은 알맞은 도피처였다. 그러다 결국은 도둑이 되어 쫓기는 몸이 된 것이었다.

"염병할 놈의 수자리."

승유는 저도 모르는 사이 저주스러운 말을 내뱉고 있었다. 그러자 옆의 사내가 곱다시 물었다.

"자네도 수자리 때문에 도망쳤다고 했었지?"

"집에는 노친네 혼자 있다네."

"말 말게. 우리 집은 아예 오장령 산속으로 몽땅 들어가 숨어버렸다는 걸 모르는가? 나야말로 살붙이들조차 찾을래야 찾을 수도 없는 형편이지."

"……."

"다 그놈의 이림본가 하는 놈이 전란을 부추긴 탓일세."

동패들의 말에 감질이 났던지 한 사내가 끼어들었다. 승유는 입을 다물었다.

"어찌 그놈 탓 만이던가. 황제가 계집년의 치마폭에서 나오질 못하는 게 더 큰 문제지. 아, 요즘은 양옥환이한테 빠져 나랏일마저도 사추리도 없는 환관 놈들이 챙기질 않는다던가? 그러니 이림보 같은 역적 놈들이나 얼씨구나지."

"이 사람, 말조심해야지. 양옥환이가 귀비가 되었음을 잊었는가?"

"그거야 어디, 어제 오늘의 일이던가."

한 번 벌어진 떨거지들의 입은 좀처럼 다물어지지 않았다. 다들 똑같은 처지들이었으니 맺힌 한인들 많지 않을 수 없었다. 승유도 이제는 그들의 말을 막지 않았다.

"이림보가 요새는 삼문협三門峽에 창고까지 마련했다는 소문도 있어."

"하필이면 삼문협에다?"

"이런, 머리통하고는. 삼문협이 어딘가? 장안성이나 낙양성으로 들어오는 조세물자를 빼돌리기에 삼문협만큼 좋은 곳이 어디 있느냐 말이야. 그뿐인가. 배편으로 밀려드는 뇌물은 또 얼마구. 벌써 수만 필의 비단이 쌓여 있다는 소문이 파다해."

"저런 죽일 놈!"

"군역을 면하겠다구 바치는 뇌물은 또 어떻구. 향리에서 한 가닥 한다는 토호 놈들은 죄다 자사刺史나 현령縣令에게 뇌물을 멕이구 빠져나오질 않는가. 그놈들은 그걸 이림보에게 바친단 말일세."

"역적 놈이 어찌 이림보뿐이겠는가?"

"말하자면 그렇다는 얘기지."

객점에서는 언제부턴가 댓피리소리가 흘러나오고 있었다. 사내들의 끊이지 않던 사설도 귀뚜라미 울음에 섞여오는 피리 소리에는 사그라들었다. 객점의 불빛은 밤이 깊을수록 도리어 밝아지는 듯싶었다. 삼경이 훨씬 지난 시각이었다. 사내들은 예기치 않은 상황에 서로의 눈을 둘러보았다. 그것은 술자리가 의외로 길어진다는 표시이기도 했다. 지금쯤이면 술

기운도 웬만큼 올라 있을 시각이었다. 그들의 눈이 승유에게로 모아 지고 있었다. 판단을 내리라는 뜻임을 승유가 모를 리 없었다. 마을은 고요히 잠들어 있었다. 오직 객점의 휘황한 등불만이 밤을 새울 뿐이었다. 승유는 슬그머니 일어났다.

피리의 선율은 가히 인간이 만들어내는 것이 아니었다. 끊길 듯 잦아들다가 일순 폭포수처럼 쏟아져 내리는 선율은 월하의 항아가 교태를 짓듯 교교히 흐르다가도 문득, 장강의 백사장에 외기러기가 내려와 암컷을 기다리는 고적함으로 바뀌고 있었다. 애틋한 정리에 스스로 취한 음률은 인간이 만든 음계를 벗어나 자유자재의 선율을 넘나들었다. 별빛은 댓피리 끝에서 부서지며 실낱같은 피리소리에 편린을 실었다. 술잔을 치던 객점의 계집과 주인이 오히려 선율에 취해 비몽사몽이었다. 평생 처음 맞는 진객의 이름만으로도 황홀할 지경인데 천상을 오르내리는 선율을 대하자 그들은 제정신이 아니었다. 피리를 부는 사내도 정황은 다르지 않았다. 반쯤은 감긴 초점 없는 눈과 초탈한 사내의 자태는 이미 속세의 사람이 아니었다. 늘어진 버들가지가 바람에 몸을 맡기듯 제가 만들어내는 선율에 온몸을 내던진 사내였다.

소슬하니 불던 바람이 멈추고 있었다. 그 어느 순간 피리소리도 뚝 그쳤다.

"휴우."

누가 먼저랄 것도 없이 세 사람의 입에서는 긴 숨소리가 새어나왔다.

"상인께서는 신선주 한 잔 드시와요."

계집이 피리를 불던 사내에게 술을 쳤다. 상인上人이라 불린 사내는 바로 붓 한 자루로 천하를 주유하며 시선詩仙으로 불리고 있는 이백李白이었다.

"네가 피리소리를 듣더니 신선주를 다 아는구나. 허허허."

"소녀가 어디 금수랍니까."

계집은 입술을 삐죽 내밀었으나 이백의 말이 싫지만은 않은 듯 눈꼬리에 교태가 가득했다.

"먹을 풀어라!"

술잔을 비운 이백은 계집에게 묵향墨香을 청했다. 비록 향리의 객점일망정 탁주잔을 따르는 계집이 있고 천상天上을 마다 않은 댓피리의 선율까지 맛본 터였다. 타고난 기질이 가만있을 리 없었다. 계집은 냉큼 이백의 필낭을 풀었다. 계집은 어줍지 않은 솜씨로 정성을 다해 먹을 갈았다.

청주, 탁주를 이미 맛보았는데
무엇하러 신선을 구하리요
석 잔 술로 대도에 통달하고
한 되 술에 자연과 하나가 되누나
賢聖旣已飮 何必求神仙 三杯通大道 一斗合自然

일필휘지, 이백은 댓바람에 절구絶句 한 수를 적어 내렸다.

이즈음 장안성에서는 황제의 칙령으로 주조酒造를 금하고 금주령을 내리자 탁주를 현인賢人으로, 청주를 성인聖人이라 부르며 몰래 술을 즐기고 있었다. 현성賢聖을 마셨다 함은 이를 빗댄 구절이었다.

"네게 주는 선물이다."

계집은 아직도 묵향이 마르지 않은 화선지를 곱게 접어 품에 넣었다. 이백은 계집의 밉지 않은 너름새를 은근한 눈으로 건너보았다. 그러나 이백의 눈빛은 곧 수그러들었다.

"건너가거라."

"……."

계집은 한참을 망설이다가 뜨락을 내려섰다. 원망이 가득 담긴 계집의 눈이 제 방으로 향하면서도 돌려지지 않고 있었다. 이백은 다시 댓피리를 집어 들었다. 하지만 이내 내려놓고 말았다.

"그만 자리에 드시지요."

주인 사내는 아직 자리에 있었다. 이백은 넉넉한 눈으로 그를 쳐다보았다. 수더분하나 향리의 사람들에게서는 보기 힘든 차분함이 마음에 들었다. 이백의 눈가에 선선한 웃음이 돌았다. 그 웃음에 마음이 놓였는지 사내가 물었다.

"어디로 가시는 길이옵니까?"

"딱히 정한 곳은 없네."

"그렇다 해도 이 산골까지 오셨을 때엔."

"금릉으로나 가볼까?"

이백은 농담처럼 내뱉고 있었다. 사실 그 자신 목적지를 정하고 나선 길은 아니었다. 두보杜甫를 작별한 뒤로 무작정 나선 길인데도 오다 보니 어느덧 금릉으로 향하고 있었다. 그것을 알았을 때도 이백은 자신의 발길을 거두지 않았다.

도무지 다잡아지지 않는 마음을 그 자신도 어쩔 수 없었다.

어찌 보면 오균吳筠이 금릉에 있다는 것이 다행인지도 몰랐다. 오균, 이백의 눈에는 속세의 번진을 털어낸 그의 얼굴이 또렷이 떠올랐다. 집현원集賢院에서 이별의 정을 나눈 후 한 번도 보지 못한 얼굴이었다. 오균은 그 후 현종이 내린 숭산嵩山의 도관道觀에 있었는데 요즘은 금릉에 있다는 풍문이었다. 오균을 다시 볼 수 있다는 것은 이백에게 커다란 위안이었다. 오균과 함께 절강浙江 섬중剡中에서 선도의 진리를 주고받으며 생활을 같이 했던 이백이었다. 그 후 그의 추천으로 현종의 초빙을 받아 은태문銀台門을 드나들며 금란전金鑾殿을 서실로 쓰면서 앙천대소하며 구중궁궐을 출입하던 한림대조翰林待詔의 생활, 그것은 이백의 일생 중 가장 화려했던 나날들이었다. 오균을 떠올리는 이백의 눈에는 지난날들이 한순간에 스치고 있었다. 불혹의 나이를 넘겨서야 포의布衣를 벗고 벼슬길에 나섰던 그때의 심정은 가히 천하를 얻은 듯했었다. 한때, 장안성을 드나들며 현종의 누이인 옥진공주와 인연을 맺고 취중팔선들과 교류를 가지며 문장을 떨치기도 했지만 이루지 못했던 황제의 보필이었다.

"이제 백白을 만나니 천하에 봄이 온 듯하오."

게다가 현종의 대접은 얼마나 은근했던가. 단번에 한림대조라는 직책에 제수되어 황제가 내리는 조칙의 초안을 쓰게 된 이백은 꿈에도 그리던 현종의 온갖 칭찬을 받을 수 있었다. 현종의 초빙으로 처음 궁궐에 들어서던 날, 황제는 금마문金馬門까지 몸소 나와 수레에서 내려 이백을 맞았다. 파격이 아닐 수 없었다. 마치 한나라 황제가 상산사호商山四晧(노자를 비롯한 도교의 성인)를 맞이하듯이 현종의 정성은 이루 말할 수 없었다. 칠보 교자상에 술을 내렸으며 현종이 몸소 국 맛을 보기까지 했으니 그런 극진한 대접은 일찍이 신하로서 받아본 예가 없는 일이었다. 이백으로서는 감읍하지 않을 수 없었다. 이러한 현종의 대접은 이백의 자질을 높이 평가한 탓도 있었겠지만 한편으로는 도사 오균의 천거가 있었기에 가능했던 것이다. 장안성의 종남산終南山에서 선도를 펼치며 황실과 교분을 나누었던 오균은 현종의 절대적인 신임을 얻고 있었다. 이백이 현종의 초빙을 받은 것도 기실은, 절강의 섬중에서 이백과 함께 생활하는 동안 현종의 부름을 받아 조정으로 나간 오균이 이백을 천거한 때문이었다. 오균의 천거는 주효하여 현종은 곧 바로 이백을 불렀다.

당이 개국한 이래 현종은 선도에 가장 심취했던 황제였다. 당공康公 이연李淵이 수나라를 멸하고 태종 이세민李世民이 당나라의 연호를 세운 이래 선도는 황실의 종교였다. 이연이 선도와 인연을 맺은 뒤로 선도의 대성인인 노자老子는 당 황실의 본계本系 선조先祖로서 추앙을 받고 있었다. 태종은 당의 국조國祚가 번성하는 것도 노자가 설한 상덕上德 때문이며 천하가 잘 통치되고 있는 것도 노자가 주장한 무위無爲 덕택이라고 말하기를 주저하지 않았다.

태종의 선도에 대한 호의는 그대로 이어져 뒤의 황제들조차도 노자를 추앙하기를 그치지 않았다. 또 자신들과 같은 이씨 가문의 선조임을 주장하여 황실의 가문을 은연중에 내

세우기까지 하고 있었다. 현종에 이르러서는 노자에게 대성조고상대도금궐현원천황대제大聖祖高上大道金厥玄元天皇大帝라는 최고의 존호를 주었으며 현종은 친히『도덕경』의 주석서를 쓰기도 했다. 노자의 탄생일을 천하의 경축일로 삼아 쉬도록 하였으니 선도를 대하는 황실의 태도는 경건하기까지 한 것이었다. 뿐만 아니라 현종은 선도의 도사 윤음을 간의대부諫議大夫에 임명하여 황제의 언동을 충고하는 직책을 주기도 했다.

장안성과 낙양성을 위시한 모든 주州에는 숭현학崇玄學을 설립하고 학생들에게 도덕경, 장자, 문자, 열자를 가르쳤으며 매년 과거 시험의 예를 따라 도거道擧를 실시하여 관리로 등용케 하였다, 숭현학은 국립대학인 국자학과 같은 수준이었고 도거의 합격생은 과거급제자와 동등한 자격을 주었다.

선도가 이렇듯 당 황실에서 추앙받았던 것은 정략적인 측면이 보다 강했다. 당공 이연이 군사를 일으킨 후 가장 큰 싸움은 곽산의 전투였다. 곽산 기슭에는 가장 강력한 적장 송노생宋老生이 진을 치고 있었는데 계속되는 비로 군사들의 전투 의욕도 꺾여 있었다. 이연이 근심하고 있을 때, 홀연 백의의 노인이 나타나 이연을 배알하고 계책을 알려주었다.

"모일 모시에 비가 그칠 것이니 때를 보아 진격하면 낙승을 거둘 것이옵니다."

이연은 노인이 일러준 산협 소로를 따라 군사를 몰았고 결국 대승을 거두었다. 노인은 선도의 숨은 거물이었던 왕원지王遠知였다. 이후 왕원지는 수양제의 부름을 받아 낙양에 머물기도 했으나 양제가 자신의 조언을 따르지 않고 군사를 움직이자 다시 산으로 들어갔다. 그 뒤의 어느 날이었다. 이세민이 무리를 이끌고 신분을 숨긴 채 왕원지를 찾았다. 이때 손을 맞는 왕원지가 물었다.

"오늘에 이르러 고귀한 분들을 맞는가 보옵니다. 상서로운 기운이 가득하니 여러분 가운데 성인이 있으신 듯싶습니다. 혹 진왕께서 누추한 모옥을 찾으신 것은 아닌지요?"

"평범한 무리들인데 그럴 리가 있겠소?"

"노안을 속이시는군요. 공께서는 장차 태평천자가 될 상이옵니다. 부디 옥체를 돌보시옵소서.

왕원지는 속지 않았고 이세민은 이 일을 잊지 않았다. 뒤에 황위皇位에 올라 태종으로 즉위한 이세민은 왕원지에게 은청광록대부銀靑光祿大夫를 주어 그 예언에 답한다는 글까지 내렸다. 이후 선도는 황실의 종교로 자리했고 황실의 가계는 노자의 후손으로 굳어졌다. 당 황실이 굳이 노자의 후손임을 고집한 것은 문벌을 중시하던 당시의 풍조에서 명망 있는 가문이라는 권위를 세움과 함께, 천하가 어지러운 상황에서 다른 문벌의 발호를 막으려는 속셈이 작용한 것이었다. 황실이 선도에 기울어지자 조정의 관료들은 물론 민간에 이르기까지 선도가 미치는 영향은 실로 컸다.

그러나 가장 큰 피해는 불법을 따르는 승려들에게 미쳤다. 불교의 전파를 금지한 것은 아니지만 당대로 들어서면서 불교계는 많은 규제에 얽매이게 되었다. 특히 선도의 도록을 전수 받은 현종은, 황제를 알현할 때는 도사가 승려보다 앞

줄에 서고[道先僧後], 도읍지에는 세 개의 사찰과 두 개의 도관을, 천하 각주에는 각각 하나씩의 사찰과 도관만을 남기라는 하명을 내렸다. 이러한 정책은 이제까지 융성했던 사찰들을 정리하는 동시에 미미했던 선도의 도관들은 늘리는 결과를 가져왔다. 선도의 세력이 급격히 신장된 반면 불교의 융성은 철퇴를 맞은 것이었다. 다행이라면 선도를 신봉하는 황실에서도 불법을 마냥 내친 것만은 아니고 그들 역시 일정 부분 불법을 옹호했다는 것이었다.

이 시기 당 황실은 국가의 틀을 갖추는 데 주력하고 있었다. 선도든 불법이든 황실의 안녕과 국가의 존위를 거스르지 않는 한 오히려 장려하기를 주저치 않았다. 도사가 정사에 관여하고 고승이 국사國師에 임명되어 천하의 마음을 바로잡도록 한 것도 이 때문이었다. 이러한 황실의 신앙을 멀리 한 채 민초들의 아픔을 나누려 했던 삼계의 불법이 금지된 것도 바로 이런 연유에서였다.

"상인께서는 어찌 그리 수심이 깊으신지요?"

이백은 깊은 늪에서 빠져나오듯 몸을 틀었다. 그때서야 이백은 주인이 자신의 얼굴만 빤히 쳐다보고 있었음을 알았다. 이백은 멋쩍게 웃음을 흘렸다.

"수심이랄 게 뭐 있나."

하지만 이백은 그 순간, 두보의 준수한 얼굴이 그렇게 그리울 수가 없었다. 봉록을 줄 테니 낙향하라는, 이른바 사금환산賜金還山의 명을 받고 현종으로부터 내침을 당한 뒤에 만난 두보였다. 일 년여의 짧은 한림대조 생활을 끝내고 두보와 함께 선유하던 몇 개월은 탁주 한 잔에 한 구절 시심詩心을 안주로 했던 날들이었다. 하지만 두보와의 만남은 짧게 끝나고 말았다. 낙양에서 두보를 만나 천하를 주유했던 이백은 율시律詩 한 수로 두보와 작별하고 말았다. 불과 며칠 전의 일이었다.

> 헤어짐이 아쉬워 술독에 빠져 며칠째인가
> 물가를 거닐고 망루에도 올라보았네
> 어느 때, 석문로를 찾아
> 다시 술잔을 기울일런가
> 사수에는 가을빛이 드리웠고
> 조래산은 푸른 바다 빛으로 밝은데
> 정처 없는 발길은 스스로 서로를 멀리 보내니
> 또다시 손에 든 잔을 비우노라
> 醉別復幾日　登臨遍池台　何時石門路　重有金樽開
> 秋波落泗水　海色明徂徠　飛蓬各自遠　且盡手中杯

양송梁宋을 거쳐 제齊와 노魯 땅을 유람하면서 취해 잘 때는 가을밤에도 한 이불을 덮었고 길을 걸을 때는 손을 놓지 않았던 두보였다. 함께 술독을 비우고 함께 사냥을 하고 함께 시를 썼다. 선도에도 심취하여 약초를 캐고 금단을 같이 하던 두보였다. 자신보다 십년 연하라고는 하나 두보는 형제보다도 더 가깝고 다정한 문우文友요 도우道友였다. 둘의 마음은 언제나 하나였고 잠시라도 떨어져 있으면 걱정이 되어 못 견딜 지경이었다. 그런 터에 한 구절 시편으로 두보와 작별을 한 이백은 도무지 마음 둘 곳을 찾을 수가 없었다. 이렇듯 객점을 제집삼아 천하를 떠도는 것도 따지고 보면 두보와의 정리를 잊지 못 해서인지도 몰랐다.

"주인장도 두보의 이름을 들었겠지?"

"풍문으로만 알 뿐입죠."

"오늘 밤 따라 그가 더욱 그립네그려."

"……."

누각의 추녀 사이로 보이는 하늘은 오로지 별빛만 무성했다. 이백은 한결 처연해진 시선을 누문 밖으로 보냈다. 그때였다. 이백의 눈빛이 잠시 빛을 발했다. 주인은 이백의 심정을 알기라도 한다는 듯 조용히 자리에서 일어났다. 돌연 이백이 주인을 끌어 앉혔다. 주인은 영문을 몰라 이백의 눈치를 살폈다. 이백의 눈빛이 예사롭지 않았다.

"주인장은 봉노에서 자고 있는 아이들 방에 가보게. 짐 중에 활과 칼이 있을 걸세. 눈치 못 채게 이리로 가져오게나."

"……?"

"아마도 손님이 올 모양이야."

이백이 낮게 말했다. 그때서야 눈치를 챈 주인의 얼굴은 금방 사색이 되었다.

"종자들을 깨워야지요?"

"그럴 필요는 없으이. 활과 칼이나 얼른 가져오게나."

주인은 영문을 알 수 없어 머뭇거렸다. 손님이라면 도적이 분명할 텐데 자신을 모시고 다니는 종자를 깨우지 말라니.

들노니 처음이었다. 하지만 이백의 표정이 워낙 담담하니 주인도 곧 봉놋방으로 달려갔다.

"주인장은 한쪽에서 구경이나 하게나."

병장기를 받아 든 이백의 눈에는 언뜻 웃음까지 어리고 있었다. 주인은 이백의 말이 떨어지기도 전에 방구석으로 숨고 있었다. 주인의 이빨 부딪는 소리가 이백의 귀에까지 들렸다. 사위는 쥐 죽은 듯이 고요했다. 휘황한 등촉만이 몸을 뒤틀고 있었다. 방 안에서 밖을 훔쳐보는 주인은 간이 다 오그라들 지경이었다.

이백이 말한 손님들이 담을 넘은 것은 잠시 뒤였다. 어설프기가 그지없는 몸놀림들이었다. 이백은 그들이 모두 담을 넘기를 기다려 마루로 나섰다. 다섯 전부가 검을 빼어 들고 있었다. 이백은 검은 뽑지도 않은 채 선뜻 마당으로 내려섰다. 그러자 이백의 당당함에 놀란 것은 오히려 도적들이었다. 이백의 힘이 실린 목청이 무겁게 울린 것은 잠시 뒤였다.

"다섯이 전부더냐!"

"……."

"화적질은 아무나 하는 줄 아느냐? 이놈들!"

무리들 가운데에서 술렁거림이 일었다. 하지만 술렁거림은 곧 멎었다. 무리들 중 강단이 있어 보이는 자가 앞으로 성큼 나선 것이었다. 힘깨나 씀직한 허우대였다. 승유였다. 이백은 승유의 면상을 뚫어지게 노려보았다. 어저께부터 뒤를 따라오던 놈이 분명했다.

"좀도둑들이 어찌 이백의 행장까지 노린단 말이냐! 고얀

놈들."

"……."

무리들은 움찔 뒤로 물러섰다. 이백이라는 이름 지字를 모를 리가 없었다. 무리들은 의외라는 듯 서로의 눈을 교환했다. 그들의 입가에 희미한 미소가 걸리는 듯도 했다.

"글나부랭이야 알 바 아니지만 괜한 허풍에 속았구먼. 이백이란 작자가 칼을 쓴다는 말은 오늘이 금시초문일세."

승유가 검을 출석거리며 이죽거렸다. 그리고는 한 발 한 발 다가섰다. 무리들도 이제는 이백의 태연자약한 태도 따위에는 신경을 쓰지 않았다. 무리들이 점점 이백 앞으로 포위를 좁혀 왔다. 이백이란 이름을 밝힌 것이 오히려 화근이 된 것이었다. 이백도 천천히 검을 빼어 들었다.

쌍방의 시선이 몇 차례나 부딪혔을까. 넓은 마당은 금세 칼바람에 휩싸였다.

"쉭!"

"쉬익!"

순식간의 일이었다. 그러나 당연히 나뒹굴 줄 알았던 이백은 멀쩡히 서 있고 마당에는 벌써 두 놈이 자빠져 있었다. 나머지 놈들도 혼비백산이 되어 어쩔 줄을 모르고 망연자실 손을 늘어뜨리고 있었다. 이백이 어떤 초식을 사용했는지 알아본 패거리는 아무도 없었다.

"이놈들! 보고만 서 있지 말고 동패들이나 살펴보아라. 칼등으로 쳤으니 명줄은 걱정 말고."

그때서야 낡은 떨거지들이 넘어진 동패에게 달려들었다.

"휴우."

 여기저기서 한숨소리가 새어 나오고 있었다. 객점은 벌써부터 깨어 있었던 것이다. 하지만 봉노 문이 열려도 누구 하나 선뜻 나서는 사람은 없었다. 아직도 모두가 얼이 나간 표정들이었다. 이백의 종자만이 부리나케 뛰어나와 그의 검을 받아 들었다.

"네놈들이 우리 상인의 검술을 알 턱이 없지, 쯔쯧."

 이백의 종자가 으쓱하여 입을 열었다.

"우리 상인께선 이래뵈도 동노의 대검객 배민 장군의 검술을 터득하신 분이시다. 네놈들 같은 좀패들이 배민 장군의 성함이나 들었을라구, 쯔쯧."

 종자의 말을 듣고서야 사람들의 입에서는 탄성이 흘러 왔다. 종자의 말은 사실이었다. 이백이 검술을 배우고자 배민裵旻을 찾은 것은 그의 나이 서른여섯 때였다. 배민은 검술뿐 아니라 활에도 능한 장군이었다. 선비족들과의 전장터에서는 포위한 적들이 사방에서 날리는 화살을 마상에서 검을 휘둘러 모두 떨어뜨리니 오히려 적들이 도망했다는 장수였다. 또 북평 유수로 재임할 당시에는 성중에 범람하는 호랑이를 하루 사냥으로 서른한 마리나 활로 잡은 명사수이기도 했다. 그런 달인에게서 검술과 사술을 직접 배운 이백이었다. 검술을 배우기 위해 동노로 이사까지 한 이백이니 일반의 검술과는 그 격이 다를 수밖에 없었다. 이러한 이백의 기상을 화적패 따위가 알리는 더욱 없었다.

"이놈들을 관가로 보내야겠지요?"

"아니오. 오죽했으면 화적질이겠소."

이제 겨우 제정신으로 돌아온 주인이 나섰지만 이백은 머리를 저었다.

"들어라! 네놈들도 그만하면 깨달음이 있으렷다. 병장기는 풀어놓고 어서 떠나거라."

"……"

"무얼 머뭇거리느냐! 내 마음이 변하기 전에 떠나라는데도. 내일 아침이면 관군이 쫓을지도 모르는 일이 아니더냐!"

무리들은 그때서야 머리를 얼싸안고 달음질을 쳤다. 미처 고맙다는 인사를 할 겨를도 없었다. 칼등에 맞았건만 운신도 못하는 두 놈은 동패들의 등에 업혀 나가고 있었다.

밤은 언제 그랬냐는 듯이 적막하게 가라앉았다. 비로소 혼자가 된 이백은 필낭을 풀었다. 언제 맡아도 그윽하기만 한 묵향이 코끝을 찌르고 있었다. 이백은 필통을 열어 그 중 손때가 묻은 세필 하나를 꺼냈다. 두보가 선물한 붓이었다. 두보의 체취가 가득 담긴 붓. 이백은 가만히 들여다보던 붓을 한껏 먹물 속에 담갔다. 그윽한 묵향이 방 안에 가득 퍼졌다. 이백은 듬뿍 먹물을 머금은 붓을 들어 화선지로 가져갔다. 그리고는 단숨에 절구 한 수를 적어 내렸다. 문 밖에는 어느덧 귀뚜라미의 울음도 멈춰 있었다.

아침이 내리는 시간은 언제나 고요하다.

촌로들이 길다란 낫을 둘러메고, 밤이슬로 함초롬히 적셔진 순결한 들녘으로 나서는 시각에 교각과 유탕은 삽살개를 사이에 두고 걷고 있었다. 그들은 이미 낙양성을 거쳐 조조의 탄생지라는 합비合肥를 지나왔다. 장안성을 떠난 지 벌써 두 달을 넘어선 여행이었다. 그들은 여행 도중에 많은 사람들을 만났고 그들 모두에게 지장의 불법을 전했다.

지장의 불법. 그들의 말은 매우 생소했고 사람들은 교각과 유탕의 행각을 살피기에 여념이 없었다. 그럴수록 그들은, '지장의 불법을 받으소서.' 하며 합장을 그치지 않았고 사람들의 시선이 조금씩 자기들에게 따뜻해짐을 느낄 수 있었다. 소문은 그들의 발길보다 훨씬 빨라서 교각과 유탕을 항상 앞질러 기다리고 있었다.

그들은 목적지가 있었지만 서두르지는 않았다. 그들을 기다리는 민초들 앞에서 발길을 멈추기 일쑤였고, 더욱이 자신들을 필요로 하는 곳에서는 기꺼이 걸음을 멈추었다. 하지만 특별히 자신들이 소용되지 않는 장소에서의 그들은 나는 듯이 여정을 줄여나갔다. 요 며칠 어름은 그런 여행이 지속되고 있었다. 그들은 한시라도 빨리 소호巢湖라는 호수에 다다르려고 이른 새벽부터 걸음을 재촉하고 있었다. 소호에서 상고배라도 탈 수 있다면 강남까지의 열흘 길 다리품은 넉넉히 줄일 수 있다는 계산 때문이었다.

사위는 안개가 지피고 있었다. 푸르스름한 여명 속에서 한 무리의 청년들이 그물을 둘러메고 첨버덩거리며 늪지를 건너는 모습도 눈에 들어왔다. 늪지를 지나자 새벽의 여명 아래 넉넉한 품을 드러낸 호수가 그들을 맞이했다. 마침내 호수의 목전에 이르자 유탕이 기뻐 소리쳤다.

시선 이백이 찬을 짓다 245

"여기서 아침 공양을 해야겠어요!"

"그러자꾸나."

해는 아직도 떠오르기 전이었다. 유탕은 흥에 겨워 공양 준비를 서둘렀다. 콧노래까지 흥얼거리며 유탕이 바리때를 들고 일어났다.

"스님 정말 깨끗한 샘이 있어요!"

"다행이로구나."

느티나무 뒤로 샘을 찾아 나섰던 유탕이 소리치자 교각도 덩달아 들뜬 목소리로 대답했다. 유탕은 바리때 가득 샘물을 담아왔다.

"물맛도 그만인 걸요."

유탕은 주섬주섬 걸망을 뒤져 보드라운 세릉細綾 주머니를 꺼내 바리때 위에 털었다. 볶은 쌀과 콩을 갈아 만든 미숫가루였다. 하지만 오늘은 쌀과 콩뿐이 아니었다. 모처럼 다른 잡곡과 약재도 섞인 미숫가루이기에 공양을 준비하는 유탕의 표정은 더욱 밝았다. 교각은 물이 시작되는 갈대 언덕에 선 채 안개가 걷히고 있는 수면을 보고 있었다. 두 달여 동안의 여행 도중 이렇게 큰 호수를 만나기는 처음이었다.

"스님, 공양 준비가 다 되었어요!"

유탕의 목소리가 호수에 담긴 물만큼이나 맑게 울렸다. 교각은 웃음 띤 얼굴로 자리를 잡았다.

"이 녀석, 또 시주를 받았구나!"

"스님께 드리라구 하두 성화길래…."

"사문에 들어 법을 구하는 중놈이 먹을 것을 탐해서야 쓰겠느냐! 먹자꾸나."

유탕은 찔끔 목을 움츠렸지만 한편으로는 교각의 눈치를 보며 슬몃 웃었다. 한바탕 불호령이 떨어질 줄 알았던 유탕이었다. 전에도 몇 번 있었던 일이었다. 몇 가지 잡곡과 드물게는 약초까지 섞인 이런 공양은 어쩌다 생기는 일이었다. 하지만 그것도 교각 몰래 시주를 받을 때만이 가능한 일이었고 공양 때마다 호통을 감수해야 하는 건 유탕의 몫이었다. 그래도 유탕의 하루하루는 즐겁기 짝이 없었다. 그것은 교각의 돌연한 변화에서 시작되었다. 그토록 말을 삼가고 항상 수심에 잠겨 있던 교각이 여행이 지속되면서 아주 밝은 모습을 보이기 시작한 것이었다. 말수도 늘어나 이제는 온종일의 발길도 지겹지가 않을 정도였다. 참으로 희한한 일이었다. 교각의 불타듯 이글거리던 눈빛과 과묵하던 성품은 어디에도 없었다. 도리어 어린아이같이 천진난만해져 걸림이 없이 행하는 것이 교각의 모습이었다. 간혹은 교각의 눈빛에서 예전의 모습을 떠올리기도 했지만, 어찌 되었거나 그것은 유탕에게는 신나는 일임에 틀림없었다. 유탕은 자신도 그런 교각의 성품을 서서히 닮아 가고 있음을 알 수 있었다.

"스님!"

"왜 그러느냐?"

"……."

"싱거운 녀석."

교각은 일껏 불러놓고 두 눈만 껌벅거리는 유탕을 보며 덩달아 눈을 껌벅였다.

"우리가 가는 곳을 알면 안 되나요?"

"녀석, 나도 모르는데 어찌 네놈이 알겠느냐!"

"그래두 강남으로 내려가자고 한 건 스님이시잖아요? 그런데 스님두 어디로 가는지 모르신단 말이에요?"

유탕은 낙심해서 말했다.

이제껏 교각의 뒤만 따라왔지만 분명 목적지가 있겠거니 짐작했던 것이었다. 유탕은 갑자기 다리 힘이 쭉 빠져서 교각을 올려다보았다. 강남행을 처음으로 고집한 것도 교각이었다. 아무리 생각해봐도 교각의 의중은 모를 일이었다. 유탕의 표정을 읽고 있던 교각이 빙긋 웃었다

"이 녀석, 네놈이 머리통을 굴리고 있는 모양이다만, 내가 모르는 길을 네놈이 어찌 알겠느냐! 쯔쯧."

"스님!"

"미욱한 녀석 같으니라구. 마음이 한곳에 머물러 있으면 됐지, 썩어질 육신이야 어디 있은들 무엇이 걱정이더냐!"

"……."

호수의 수면 위에는 햇살이 들고 있었다. 햇살과 함께 때를 맞춰 일어난 바람은 수면 위로 볕을 몰고 다녔다. 수만 개의 수정을 깔아놓은 듯 순식간에 반짝이기 시작한 수면은 똑바로 바라볼 수조차 없었다. 새벽의 고요하던 수면은 갑자기 수런거리기 시작했다. 첨벙! 갈대 늪 안쪽의 수면 위로 월척 한 마리가 솟구쳐 올랐다가는 둔중한 소리를 내며 떨어지고 있었다.

'강남으로 길을 잡은 까닭을 정녕 모르겠느냐?'

"모르옵니다."

"너도 장안성에 있었으니 세상을 보는 눈은 있을 터 아니더냐?"

"어찌 제가…."

"지장보살의 불법을 펼 것이니라."

"짐작은 하고 있었사옵니다. 하오나 그것하고 무슨?"

"삼계의 불법이 금지된 것을 보지 않았더냐?"

"저의 소견으로는 아직 알아듣질 못하겠습니다."

유탕은 정색을 하며 물었다. 어렴풋이 짐작은 할 수 있었지만 교각의 말을 끝까지 듣고 싶었다.

"들어보아라. 지금의 천하는 황실과 문벌 귀족들에 의해서 다스려지는 나라가 아니더냐. 우리의 불도가 이나마라도 장려되어지는 것도 모두가 국가의 근본을 세우기 위한 정책에서 비롯된 것이니라. 지금의 천하는 황제가 문벌 귀족을 다 잡지 않는 한 안정이 없을 것이되, 또한 황제와 문벌 귀족이 백성의 위에 군림하지 못하는 날에도 안정은 없을 것이니라. 그것이 유학이 내세우는 치국술의 근본이 아니더냐. 황제에게는 다만 치국에 필요한 불법만이 요구되는 까닭이 그것이니라. 지금까지 우리 불법이 용인되어 왔던 까닭도 여기에 있음이야. 너도 익히 불도들의 행각을 보아왔던 터가 아니더냐."

"……."

교각의 눈빛은 근래 들어 보이지 않던 불꽃이 튀고 있었다. 유탕은 숨을 죽이고 다음 말을 기다렸다.

"천하의 불법은 황제의 비위를 거스르는 한 살아남을 수가 없는 까닭이 여기 있느니라."

"하오면 스님께서는 황제의 법을 거스르겠다는 말씀이옵니까?"

"불법이 어찌 문벌 귀족과 황제만의 것이겠느냐!"

"……"

"강남으로 내려온 것도 황제의 법과 멀리 있기 위함이니라. 성중에서 지장보살의 불법을 전한다고 해보아라. 저들 문벌 귀족과 황제가 가만있겠느냐. 황실에 기대어 기승을 부리는 선도는 말할 것도 없으려니와 귀족의 불법으로 전락한 불자들인들 우리를 용납하겠느냐. 양경(장안과 낙양)에서 멀리 떨어질수록 좋을 것이야. 향리의 민초들 옆에서 불법을 펼 것이니라. 보잘 것 없는 풀씨 한 톨이 풀밭을 만드는 것이 자연의 섭리가 아니더냐."

"하오나, 스님!"

"썩어질 육신이야 두려울 게 없지만 불법에서 버려진 저들 민초들은 누가 거두겠느냐!"

"……"

유탕도 이제는 교각의 뜻을 확연히 알 수 있었다. 기다려 온 답이기는 했지만 두렵지 않을 수 없었다. 유탕은 두려움이 깃든 눈으로 교각을 쳐다보았다. 교각의 눈빛은 어느새 맑게 개어 좀 전까지도 타오르던 불꽃은 보이지 않았다. 교각의 고요해진 눈빛에 머리를 떨군 유탕은 자신도 모르게 입 속에 고인 말을 내뱉고 있었다.

"스님은 누구시옵니까?"

"허허허 그놈 참, 누더기 가사를 걸친 몸뚱아리가 예 있거늘 속세의 일을 무엇 하러 들추느냐? 허허허."

교각은 유탕에게 웃음만을 남긴 채 벌써 나루턱으로 올라서고 있었다. 교각의 웃음소리는 망망하게 펼쳐진 수면 위로 조용히 번지고 있었다. 유탕도 교각을 따라 나루턱으로 달음질을 했다. 나루턱에는 여전히 상고배 한 척만 덩그러니 떠 있었다. 상고배가 들어온 것은 여러 날 전이었다. 그동안 조운선이 한 차례 들어오기도 했지만 명색이 관병이 버티고 있는 조운선까지 공짜로 승선할 처지는 아니었다. 상고배는 이틀 뒤에나 떠나기로 되어 있었다.

해가 중천에 오르자 합비성으로 나가 있던 상고들이 떼를 지어 돌아오고 있었다. 모두들 짐바리가 가득한 마차 몇 대씩을 거느린 것으로 보아 장삿길에 재미라도 본 너름새였다. 양주揚州에서 온 상고들이었다. 상고배의 너름새로 보아서는 기껏해야 금릉 언저리에서나 맴도는 조무래기 상고인 듯했다. 언뜻 보아도 장강을 제집처럼 드나드는 상고배하고는 격이 달랐다. 이들 조무래기 상고들이 하는 장삿길이란 제 지방의 특산물을 가져다 팔고 돌아갈 때에는 이쪽 지방의 물건을 사가는 이른바 물물교역이었다. 물건도 값나가는 것보다는 생활에 꼭 필요한 필수품들이 대부분이라 민초들에게는 항용 기다려지는 상고배이기도 했다.

이들에 비해 장강과 황하를 오르내리는 대형 상고배는 멀고 가까움과 나라를 마다하지 않는 장삿배였다. 운하의 개설과 더불어 생겨난 이들 상고들은 한 지역의 물품을 매점매석하는 일도 비일비재할 정도로 재력을 갖추고 있었다. 그들이 상대하는 지역도 장안성과 낙양성의 시전을 비롯해 양주, 익주, 광주, 형주, 상주, 유주, 변주, 송주 등 뱃길이 닿는 대부분의 성시盛市에 미치지 않는 곳이 없었다. 해로를 따라 신라나 왜는 물론이고 서역의 아라비아, 페르시아에 이르기까지 그야말로 해상군단에 버금하는 선단이었다. 그들은 상고배가 정박하는 곳곳에 저邸라는 창고를 갖추고 상고들을 상주시키기도 했다. 이들 성시 가운데에서도 삼협三峽은 온갖 상고배들이 들끓었는데, 특히 삼협의 한 곳인 구당협瞿塘峽의 상고들이 가장 상술에 능했다. 그리하여 구당고瞿塘賈라는 말은 상술에 이력이 난 상고를 통칭하는 말이 되어 있었다.

그렇지만 하급의 상고배 또한 그 나름대로 영역을 갖고 그들과 상권을 나누고 있었다. 특히 향리의 특산물과 생필품을 필요로 하는 곳곳에 물품을 대어주는 일은 대형 상고배들이 감당할 수 없는 부분이기도 했다. 이러한 상고배들의 활동은 예전부터 행해져온 것이기는 했지만 특히 남북을 관통하는 대운하의 건설이 촉매가 되었다. 현종 치세에 들어서자 수로를 닦는 그동안의 대역사가 마무리되어 거의 모든 강과 호수가 황하와 장강으로 연결되어 뱃길에 불편함이 없을 정도였다. 이를 일러 사람들은, 천하의 모든 나루터는 온갖 배들로 들어차, 옆으로는 파한에 통하고 앞으로는 민월로 뻗었으며 7택 10수七澤十藪, 3강 5호三江五湖, 황하와 낙수를 끌어당기고 회수와 바다를 포용했다고 말할 정도였다. 이렇듯 급격히 늘어난 물물교역은 화폐의 부족을 가져오기도 했다. 당나라 초까지 쓰였던 수대의 오주전五鑄錢은 현종 치세에 들어와 개원통보開元通寶로 바뀌었는데, 이즈음에는 매년 2백만 근의 동鋼으로 32만 관의 화폐를 주조하고 있었다.

상고들이 가져갈 짐을 올리는 동안 이틀은 금방 지나갔다. 유탕도 배삯 품으로 이틀을 갑판에서 어슬렁거렸다. 아무리 나라로부터 세금을 면제받는 중이라지만 공짜 배편까지 요구할 작심은 애초부터 없었다. 게다가 상고꾼들의 셈속이란 것이 은근히 뱃삯을 염두에 둔 말투라 유탕이 선수로 노역을 자청한 것이었다. 상고배에 탈 선객은 그들 말고도 너덧 패나 더 있었다. 그중 눈에 띄는 패는 유탕과 같이 노역을 거두는 축들이었다. 다른 패들은 뱃삯을 듬뿍 얹었는지 코빼기도 비치지 않았고 이 건장한 젊은 축만이 빨빨거리고 있었다. 유탕이 그들에게 더욱 관심을 가지게 된 것은 그 축들이 나누는 말을 듣고부터였다. 그들이 주고받는 귀엣말을 더듬어 보면 분명 동패가 더 있고, 그는 다친 몸임을 알 수 있었다.

마침내 배는 출항을 서두르고 있었다. 뱃일에도 익숙한 상고들은 저마다 갑판 위를 뛰어다니며 나루턱에서 배를 떼어 내느라 야단법석이었다. 기우뚱거리던 선체는 이물마루가 방향을 잡자 이내 용골을 우뚝 세웠다. 주돛은 어느새 바람을 먹어 활처럼 휘어지고 있었다. 이물대와 고물대에는 쌍돛이 올랐다.

짐바리나 실어 나르는 상고배라지만 그럭저럭 틀은 갖춘 배였다. 비록 멍석짝 만해 편히 누울 공간은 안 되었지만 선실의 한 칸을 선객들에게 내주기도 했다. 뱃전에도 그런대로 이슬막이는 해놓아서 볕을 피할 수 있었다. 그러나 사람이 앉아 편하게 기댈 수 있는 처소는 없어 선객들은 대부분 갑판 위를 서성이고 있었다. 늦가을 볕이어서인지 선실이나 이슬막이 아래로 들어가는 사람들은 없었다. 배는 스르르 물살을 가르기 시작했다.

"스님, 이렇게 큰 배는 처음인 걸요."

배가 바람을 받기 시작하자 유탕은 나이답지 않게 연신 싱글거렸다. 교각은 그런 유탕을 흐뭇하게 바라보았다.

"이 배도 장강에 나서면 편주에 불과합죠."

마침 지나가던 상고가 말을 받았다. 그러자 상고의 서글서글한 말투에 안심이 된 선객들이 하나 둘 궁금증을 쏟아놓기 시작했다. 상고는 그들의 만에 선선히 대답을 주었다. 선편을 보아주마던 상고였다. 선객들 대부분이 눈인사라도 하는 양을 보아서는 아마도 선객을 담당하는 상고인 듯도 했다.

"상고님, 금릉까지는 얼마나 걸리우?"

"임자들도 금릉까지 간다고 했던가? 지금 같은 바람이면 사흘이면 넉넉하겠네. 배가 작으니 바람만 받으면 살같이 갈걸세. 이래봬두 양주까지 이레면 들어가는 배일세."

상고가 으쓱하여 답했다. 그때 고물 쪽에 자리를 잡았던 젊은 축이 나서며 물었다.

"이 배에선 어떤 물건들을 다룹니까요?"

"임자들이 말해준들 알아듣겠는가?"

"장안성 서시에서 눈닦음은 했습죠."

254

"그랬었나? 어쩐지, 짐바리 다루는 솜씨가 설지 않더라 했더니. 까닭이 있었구먼."

상고는 잠시 젊은 축을 살피더니 입을 열었다.

"물건이야 많지만서도 우리 양주의 상고배들이야 모두가 금포錦袍와 동경銅鏡을 최상품으로 취급하지. 양주의 백련경百煉鏡이 진상품이란 것은 서시에 있었다니 임자들도 잘 알 것 아닌가."

"지금 배에 실린 물건들은 포목이 대부분인 것 같던데요?"

"임자는 눈썰미도 괜찮구먼. 혹간 능견綾絹도 있기는 하지만 화마火麻나 저포苧布가 많지. 합비의 물건들은 양주에서도 쓸 만하다는 평판이거든."

"그런데…."

"왜 그러는가?"

"혹, 금릉에 가면 상고일 좀 배울 자리가 있을까요?"

뜻밖의 물음에 상고는 주춤했다. 젊은 축 중에서도 힘깨나 쓸 만한 허우대를 가진 청년이었다.

"임자들이 상고판을 알기나 하나?"

"포목류라면 저희들도 눈짐작은 하는 팁니다요. 상고님의 요량으로 저희 동패들 좀 거둘 수는 없을런지요?"

"이제 보니 임자가 셈속이 있어서 나를 붙잡았었구먼. 내 한 번 요량은 해봄세."

"저기 스님도 계시지만 그게 다 자비를 베푸는 일 아닙니까. 상고님께서 꼭 좀 힘써주십시오."

"이거 내가 오늘 말빚을 단단히 졌군! 허허허."

상고는 말로는 그렇게 했지만 썩 내켜하는 표정은 아니었다. 그러자 젊은 축은 다시 오금을 박듯이 채근했다.

"옆집 개가 굶고 있어도 마음이 쓰이는 게 인정이 아니겠습니까. 건성으로 듣지 마시고 요량 좀 베푸시지요."

"임자가 이젠 협박까지 할 참인가 보이."

"그럴 리가 있겠습니까."

"그나저나 거 다쳤다는 동패는 어디에 있나?"

"선실에 있습니다."

동패의 이야기가 나오자 축들은 금방 풀이 죽었다. 그 사이 이제까지 말을 주고받던 상고는 선실로 내려가고 있었다.

배는 호수 한가운데로 들어서 있었다. 해는 벌써 머리를 넘어서 기울기 시작했다. 나루턱을 빠져나와 뭍을 따라 돌던 배가 뭍을 멀리한 지도 두어 시진은 지난 듯했다. 보이는 것은 오직 새파란 수면뿐, 뭍이 있던 쪽도 쪽빛 하늘과 맞닿아 있었다. 바다나 다름없었다. 바람은 더욱 세차졌고 주돛도 반쯤은 내린 상태였다. 그래도 짐바리가 양껏 실린 배는 살같이 물살을 헤쳤다. 그럴수록 배의 요동은 점차 심해지고 있었다. 말똥하니 갑판을 지키고 있던 선객들도 아까서부터 시작된 배 멀미로 눈빛이 흐려진 상태였다.

"스님!"

"힘드냐?"

"도강이나 하는 거룻배하고는 영 딴판인데요. 전 아주 지옥이 왔다 갔다 합니다요."

"농을 다 하구. 네놈이 아직 살 만한가 보구나. 조금만 더

가면 극락도 보일 게다."

　유탕도 꽤나 참기가 힘든지 혈색이 싹 가서 있었다. 교각은 싱긋 웃으며 농으로 받았다. 그러나 상황은 그다지 만만치가 않았다. 이물 쪽의 뱃바닥을 별별 기던 선객이 느닷없이 토악질을 해댄 것이었다. 한 번 시작된 토악질은 또 다른 선객들에게 이어져 갑판은 삽시간에 수라장이 되고 있었다. 유탕이라고 다를 바 없었다.

　"지금 보이는 건 지옥이더냐, 극락이더냐?"

　교각의 농은 그치지 않았다. 교각은 걸망 속에서 쌈지 하나를 꺼내더니 유탕을 불렀다.

　"이리 누워라."

　침이었다. 교각은 손끝과 목 어름 대여섯 군데에 침을 놓고는 유탕을 일으켰다.

　"육신을 잊으면 지옥과 극락이 어디 있겠느냐!"

　한마디 던지고는 교각은 다른 선객들에게로 다가갔다. 선체에 매달려 있던 젊은 축이나 나뒹굴고 엎어져 있던 선객들은 두말 않고 교각의 치료를 받았다. 처방을 믿어서가 아니었다. 달리 의지할 방책도 없으려니와 밑져야 본전이란 셈속은 그 와중에서도 갖고 있었던 것이었다.

　"지금부터는 지장보살만 생각해도 멀미가 멎을 것이네."

　교각은 처방이 끝날 때마다 같은 말을 반복하고 있었다. 선객들은 반신반의하면서도 멀미가 심하지 않은 축들까지도 빠짐없이 침을 맞고 있었다. 개중에는 듣느니 처음이라는 듯 묻는 축들까지 있었다.

"지장보살은 물을 다스리는 분이랍니까?"

"물속뿐이겠나. 지장보살의 원력이 미치지 않는 곳이 시방 세계 어디에 있겠는가."

"그러면 뭐합니까요. 우리네 중생들이야 마른하늘에 번개 보기지요. 안 그렇습니까요?"

"이녁 좀 보게나. 지장보살만 생각해도 가피를 본다니까. 이참으로는 지장보살만 생각하게나. 알아들었지?"

교각은 사내의 심드렁한 대꾸에도 여전히 싱글거리며 말을 받았다. 이죽거리던 사내도 더는 말을 못하고 물러났다. 잠시 뒤였다. 정말 지장보살의 가피를 받았는지 침의 효능은 신기하리만치 빨리 나타나고 있었다. 침을 놓은 지 반시진도 못되어서였다. 선객들의 얼굴에 혈색이 돌기 시작하고 뱃전은 금방 어수선함에서 벗어났다.

"스님!"

"아직도 멎지가 않았는가?"

"아닙니다. 아까 스님께서 말씀하신 지장보살이란 분 말입니다. 들어본 적이 없는 분이라서."

"모를 테지. 그분을 알고 싶단 말이지? 지장보살이란 분이 어떤 분인고 하니."

교각과 말을 주고받았던 젊은 사내였다. 교각은 희색이 가득해 입을 열었다. 그러나 교각의 말은 이어지지 못했다. 이물 쪽의 젊은 축들이 늘어진 선객 하나를 들쳐 업고 나온 것이었다. 선실에 있다던 동패 환자였다. 미처 선실의 동패에게까지 마음을 쓰지 못했던 축들이 멀미가 머츰해서야 업고 나온 것이었다.

"임자는 멀미보다 다른 병이 더 심한 듯하이?"

교각은 침을 끝내고도 한동안 기신도 겨워하는 사내를 살피고 있었다. 얼른 보아도 심상한 병은 아닌 듯했다.

"몸을 좀 다친 것뿐, 별것이 아닙니다."

교각의 눈치를 살피던 동패들이 얼른 말막음을 나섰다. 하지만 교각의 눈은 속일 수가 없었다. 등 어름을 더듬으며 사내의 병세를 살피던 교각의 안색이 조금씩 변하고 있었다.

"사람들을 물리게."

교각의 눈빛이 예사롭지 않자 축들은 사뭇 근심스런 표정을 지었다. 교각의 눈은 줄곧 사내의 목줄기 어름에 머물고 있었다. 선객들이 멀어지자 교각이 물었다.

"임자들이 장안에서 왔다고 했는가?"

"그렇습니다요."

"어쩌다 이 지경을 당했는가. 보아하니 병장기에 상한 듯하이."

"……"

"경계할 것 없네."

"……"

축들은 아무 말도 못하고 교각의 눈치만 살폈다. 그때 누워 있던 사내가 처음으로 입을 열었다.

"고맙습니다요."

"당장이야 약재가 없으니 인사 받을 요량도 아니네."

교각의 시선은 아직도 사내의 귀뿌리에서 떨어질 줄을 몰랐다. 사내도 처음에는 무심코 넘겼지만 교각의 시선을 마냥 받지만은 않았다. 몇 번이나 부딪히던 시선이었다. 그래도 교각은 눈길을 거두지 않았다. 참다못한 사내가 입을 열었다.

"왜 그러시는지요?"

"혹 임자의 향리를 말해줄 수 있겠나?"

"……?"

"경계하지 않아도 된다 하질 않았는가. 찾는 사람이 있어서 그런다네."

"그가 누군지 말씀해 보시지요."

"매불동이라는 향리를 떠난 사람일세"

교각은 사내의 눈에 시선을 고정시켰다. 사내의 안면이 순간 꿈틀했다. 아주 짧은 동안이었다.

"그 사람은 어찌 아십니까?"

"오래 전에 나를 무척이나 따르던 아이였지. 몇 년 전에도 매불동을 들렀지만 보지를 못했다네. 지금쯤은 임자만큼 장성한 청년이 되었으련만. 귀 뒤에는 반점이 있었고."

"……."

사내는 잠자코 입을 다물었다.

짧은 가을해는 금방 기울었다. 바람은 한 번도 바뀜 없이 순풍이었다. 수면은 시간이 지날수록 검푸르게 변했다. 가끔은 높은 파도가 부서지며 하얗게 이빨을 드러내기도 했다. 선객들은 을씨년스러워지는 바람을 피해 선실로 들어갔고 갑판 위에는 상고꾼들만 가끔 모습을 보였다. 첨벙 해가 빨려 들어간 호수는 삽시간에 어둠에 휩싸이고 있었다.

"바로 보셨습니다. 제가 그 승유입니다."

금릉까지는 상고의 예상대로 사흘 뱃길이었다. 교각의 일행은 금릉에서 하선했다. 그 사이 승유는 제자 되기를 맹세하여 교각의 문하에 들어서 있었다. 동패 둘을 상고배에 남겨둔 채였다.

금릉金陵은 장강의 하류를 끼고 있는 강안 성시城市였다. 춘추전국시대에는 월越나라 구천句踐에게 패한 부차夫差가 오吳의 중심지로 삼아 오월동주吳越同舟란 고사성어까지 유래시켰던 교통 요지로, 삼국시대에는 손권孫權이 유비劉備의 촉나라와 조조의 아들 조비曹丕가 세운 위魏나라에 대항하여 연호年號를 반포함으로써 천하를 솥발형세로 삼등분하였던 오吳나라의 도읍지이기도 했다. 당조庸朝에 들어서는 장강 위쪽의 삼협과 더불어 강하江下의 금릉이란 말을 들을 만큼 상고의 중심지로 성시를 이루고 있었다.

금릉에서 상고배를 내린 교각 일행은 곧 시전의 객점에 들었다. 승유의 치료가 급하다고는 했지만 그것은 유탕에게는 퍽 괴이쩍게 여겨지는 일이었다. 창상創傷을 입은 승유를 내놓고 치료할 수도 없는 데다 사람의 왕래가 많은 시전 골목에는 애초부터 발 디디기도 꺼려하던 교각이었기 때문이다. 그 의문은 며칠이 지나지 않아 풀렸다.

"중생을 구제하겠다는 중놈이 사람이 모이는 곳을 피한다면 누굴 구제한단 말이냐!"

사흘 만에 승유가 몸을 털고 일어나자 교각이 한 말이었다. 교각의 눈은 고요하게 젖어 있었지만 유탕은 그의 눈에 흐르는 강렬한 기운을 볼 수 있었다.

"이곳에서 불법을 펴시려 하옵니까?"

"……."

"아니 되옵니다."

"무슨 까닭이라도 있더냐?"

"이곳은 교통의 요지이옵니다. 장안성이 멀다하지만 스님의 불법을 천하가 받아주지 않는 터에 화가 미칠까 두렵습니다."

"어찌 받아줄 때만을 기다리겠느냐. 또한 잠시 머무는 것이니 염려할 바가 아니니라."

"작정하신 곳이 따로 있다는 말씀이옵니까?"

"때가 되면 알 것이니라."

다음날부터 교각의 하루는 쉴 틈이 없었다. 교각의 의술 때문이었다. 며칠 사이 승유의 쾌차는 입을 건너 알려졌고 하나 둘 환자들이 모이기 시작했다. 온갖 잡인이 들끓는 객점에서 유숙을 하는 터니 보는 눈이 많을 수밖에 없었다. 굳이 사람을 찾아다니며 불법을 전할 필요도 없었다. 교각에게는 환자들에게 내리는 처방이 곧 치료이자 불법이었다.

"너희들은 지장보살의 명호를 염하여라!"

교각은 제자들의 염불소리를 들으며 맥을 짚었다. 그리고는 진맥과 함께 특이한 처방으로 불법을 전하고 있었다.

"사람의 몸은 한 나라와 같으니 건강을 다스린다 함은 흡사 천자가 민초를 돌보듯 하는 것이네. 그러나 어리석은 중생은 환부가 곪아 터져서야 몸을 돌보니 제왕이 때를 놓쳐 백성의 원성을 사는 것과 무엇이 다르겠나. 사람의 병은 모두가 마음에서 비롯된 것이니 나타난 병을 고치는 의원을 하의下醫라 하고, 생기려는 병을 예방하는 의원을 중의中醫라 하며, 미리 마음을 다스려 그 근원을 없애주는 의원을 상의上醫라 하질 않는가. 그 상의 중의 상의가 바로 부처님이 아니시던가. 그런데 오늘날과 같은 말법의 오탁악세에서 중생의 마음병을 고쳐 지옥에서 구제해 주시는 분이 누구신 줄 아는가? 바로 지장보살일세. 알아듣겠는가?"

"지장보살이라 하셨습니까?"

"그러하네. 그럼 나같이 발병한 병이나 처방하는 하의는 그만 작별해도 되겠구먼. 임자는 백작약과 숙지황, 황기, 당귀, 천궁, 계피, 감초를 각각 닷 냥쭝만 넣고 새앙과 대추 두 홉을 넣어 삼 일간만 달여 먹으면 가뿐해질 걸세."

교각의 처방은 매양 이런 식이었다. 그리고 돌아가는 환자를 보고 꼭 한마디를 덧붙였다.

"그래도 쾌차가 없거든 지장보살의 명호를 염하게."

이러한 교각의 처방은 신기하리만치 맞아떨어졌다. 환우를 가지고 두 번을 찾아오는 사람은 없었다. 다시 찾을 때는 지장보살을 물어왔고 세 번 찾을 때는 이미 지장을 마음에 품고 있었다.

교각 일행이 금릉에 내린 지 보름여, 지장보살의 명호가 성시 금릉을 잔잔히 울리기 시작했다. 이러한 새로운 조짐은 유탕에게도 그랬지만 승유에게는 더욱 기이해 신비스럽게까지 여겨졌다.

그러던 어느 날이었다.

"스님!"

"말해 보아라."

"지장보살이란 분이 대체 누구입니까?"

"네놈 눈에도 이젠 지장보살이 보이느냐? 헛것일 테지. 도적놈의 눈에 무엇이 보이겠느냐?"

승유는 머리가 푹 꺾여 묵묵히 돌아섰다. 교각은 힘없이 돌아서는 승유의 뒷덜미를 따뜻하게 바라보았다. 아직은 계를 받지도 않은 승유였다. 시전에서 굴러먹은 가락은 있어 여전히 배포가 크고 급한 성질을 누르지 못했다. 애초부터 중이 될 생각은 해본 적도 없는 왈패였다.

"화적질까지 저지른 도적놈이 가긴 어딜 간다는 게냐! 더구나 내상까지 심하게 입은 몸이 아니더냐. 언제까지 관군의 눈을 피해 다닐 것이냐. 어리석은 놈."

그의 늙은 모친만 만나지 않았어도 그냥 지나칠 일이었는지도 몰랐다. 매불동에서의 인연이 모질게도 교각의 마음을 잡고 있었던 것이다. 게다가 강짜를 부리다시피 붙잡아 놓은 승유였다. 그렇게 맺어진 인연이라지만 교각은 요 며칠 사이 승유의 변화되어 가는 모습을 볼 수 있었다. 찰나의 인연이었지만 교각은 유탕에게서 보았던 근기根機와는 또 다른 근기를 승유에게서 보고 있었던 것이다.

"우리 같은 축생들은 본 척도 않는 부처 따위에는 관심도 없소. 있다면 한 번 가져와 보슈, 젠장."

불법을 듣던 승유의 첫마디였다.

"가져다준다면 어쩔 테냐!"

"까짓 것 단숨에 삼켜 버리겠소. 언제는 한 번이라도 사람 취급이나 받아본 몸뚱이요?"

승유를 돌려보낸 교각은 절로 흥겨웠다.

"허허허… 삼키려면 단숨에 삼켜야지. 머뭇거리면 목에 걸리는 법이지. 허허허"

하지만 그날 이후 승유를 대하는 교각의 태도는 한결 더 차가워졌다. 이제 겨우 초발심에 들어선 승유였다. 자칫 방만해지기 시작하면 제풀에 지쳐 떨어질지도 몰랐다. 그렇다고 경전 구절이나 암송하게 하지도 않았다. 경론은 방편과 진실을 설하여 불법의 본의는 밝히지만 그에 얽매이면 오히려 진리를 못 보는 탓이었다. 경의 가르침에 의해서 마음을 비추고 그 마음으로써 가르침을 觀(관)하여 걸림이 없어야 깨달음을 얻을 터. 하지만 어리석은 불자들은 그 깨달음의 본체를 곡해하고 있었다. 그것은 불법의 실천이었다. 만법을 통하고 선기가 우주를 깨뜨린들 실천이 없는 깨달음이 무슨 소용이랴. 싯다르타 태자가 초발심을 일으켰던 그 마음으로 돌아가야 하리라. 그리하여 말법 중생들, 저 헐벗고 굶주리고 억압받는 민초들에 이르기까지 불법의 참모습을 보여주는 것, 그것이야말로 오탁악세에 필요한 깨달음일 터였다 『화엄경』을 끌어안고 몸부림치는 유탕을 보며 교각은 승유에게만은 처음부터 허상에 매달리게 하지 않을 작정이었다.

"시전 구경이나 할까."

햇볕이 너무나 투명하여 사람들의 마음까지 맑게 갠 아침이었다. 시전의 상고들은 하루의 장삿거리를 점검하느라 웃통을 벗어젖힌 채 짐바리를 나르고, 강안의 선착장에서는 막 들어온 고깃배가 사람들을 불러 모으고 있었다. 어부가 번쩍 들어 올린 은빛 비늘을 반짝이는 놈은 얼른 보아도 숭어가 분명했다. 수레를 끌고 나가는 물소의 울음소리, 창고 문이 열리는 소리, 배를 뭍으로 올리는 상고꾼들의 두레소리, 상고배에서 올라오는 짐바리를 세는 소리와 그 밖의 모든 소리들로 시끌벅적 요란한 아침이었다.

교각은 금릉에 유숙한 뒤로는 처음으로 시전의 골목을 벗어나 밖으로 나왔다. 승유가 그 뒤를 따르고 있었다. 아기를 부르는 아낙의 수더분한 얼굴과 상고들의 지친 표정, 어부들의 만족한 눈빛, 대상들의 거드름과 이제 겨우 기루 문을 여는 창기들의 조악한 얼굴이 두 승려를 스쳐갔다. 교각은 연민이 가득한 눈으로 그들을 지나쳤다.

"저기를 보아라."

승유는 교각의 손끝을 따라 시선을 옮겼다. 교각이 가리키는 곳은 선착장 옆이었다.

"녀석들이 하는 짓을 보았느냐?"

"……."

너무 낡아 삼베적삼이 너덜해진 아이들이었다. 한 녀석은 벌써부터 칡뿌리를 문 입 언저리가 벌겋게 물든 채 우두커니 서 있었고, 또 한 녀석 역시 칡뿌리로 가득한 양볼을 씰룩거리며 주저앉아 있었다. 그러나 자세히 보면 덧없이 침물이나 빨고 있는 것만은 아니었다. 승유는 냉큼 아이들에게로 다가섰다.

"무엇을 하고 있니?"

"갯것을 살려주는 거예요."

"갯것?"

"예, 봐요. 등짝이 다 말라 버렸잖아요."

아이가 게 한 마리를 번쩍 쳐들었다. 갈대늪에나 사는 먹지도 못하는 방게였다. 연갈색 등짝을 가진 참게와는 달리 흑색에 가까운 짙은 갈색을 띤 이놈은 털까지 숭숭해 보기에도 징그러운 놈이었다.

"이상하죠? 개펄이 저렇게 먼데 여기까지 나왔어요."

"바보야, 여기서 그물을 터니까 그렇지."

아이들은 연신 방게란 놈을 물목으로 집어 던지며 짓까불고 있었다. 승유도 아이들을 따라 방게 한 마리를 집어 들었다.

"아얏!"

"거 봐요, 요렇게 잡어야 된다니까요."

"먹지도 못하고 이렇게 깨물기까지 하는 놈을 뭣 하러 살려 주고 있니!"

아이는 승유의 눈을 빤히 쳐다보았다. 맑은 눈동자를 떼굴떼굴 굴리던 아이가 말했다.

"그래도 불쌍하잖아요!"

"……"

바람이 시원하게 불고 있었다. 물목을 따라 들어오는 상고배가 펼쳐진 개펄을 가르고 있었다. 장강의 강안에서부터 금릉의 시전까지 이어진 운하를 따라오는 상고배였다. 그것은 마치 미명의 어둠을 가르는 한 줄기 빛처럼 승유의 가슴속으로 들어오는 듯했다. 승유는 꽉 막혀 있던 가슴속을 시원하게 뚫고나가는 불덩이를 볼 수 있었다. 승유의 얼굴이 환하게 밝아졌다. 승유의 표정을 보는 교각의 눈에 미소가 걸리고 있었다.

"이제야 보이느냐!"

"……."

"옛날, 주암산에 성자께서 여러 비구들과 계셨느니라."

교각은 아침 햇살보다 더 부드러운 음성으로 나직이 이야기를 시작했다.

어느 한 날, 어떤 장자長者가 일족을 거느리고 공양할 음식을 싣고 주암산에 왔다. 산에 도착한 장자는 온갖 진귀한 음식을 차려 성자를 모셨다.

한 가난한 거지가 이를 보고 생각하였다.

"저 사람은 전생에 선행을 쌓아 저런 복을 받는 것이 아닌가. 나도 지금 적선을 하여 공덕을 쌓지 않으면 내세에는 더욱 가난해지겠구나."

하지만 거지는 가진 것이 없었다. 거지는 흐르는 눈물을 주체할 수 없었다. 그러다 문득 오물간에서 주운 동전 두 닢이 생각났다. 거지는 기뻐 동전을 꺼냈다. 보물처럼 소중하게 간직하던 동전이었다. 아직도 동전에서는 고약한 오물 냄새가 코를 찌르고 있었다.

"제게도 보시를 허락해 주세요."

거지는 성자가 공양이 끝나기를 기다려 동전 두 닢을 바쳤다. 보시를 받은 성자는 승단僧團의 관례를 깨고 몸소 주원문呪願文을 설해 주었다. 그러자 공양을 올린 장자는 물론 승속들까지도 원성을 늘어놓았다.

"저 많은 장자의 시주에도 잠자코 계시더니, 한낱 비천한 계집 거지의 두 닢 동전에 그토록 정성을 쏟습니까?"

얼마 후, 나라의 왕비가 죽어 왕은 새 왕후를 맞이하게 되었다. 왕은 덕망 있는 여인을 찾기 위해 사자를 곳곳에 보내 물색하였다. 하지만 왕의 마음에 드는 여인은 쉽게 나타나지 않았다.

"저 노란 구름 아래에는 반드시 현인이 있을 것이오."

어느 날, 점술사가 사자에게 일러주었다. 사자가 가 보니, 의복은 남루했지만 얼굴이 복스럽고 기품 있는 여인이 있었다. 사자는 여인에게 옷을 갈아입혀 궁으로 돌아왔다. 왕은 단번에 그 여인이 마음에 들어 왕비로 맞아들였다. 며칠 전까지만 해도 거지였던 여인이었다.

"내가 이렇게 뜻밖의 복을 받은 것은 다 동전 두 닢 때문이구나."

왕비는 성자의 은혜를 잊을 수 없었다. 왕비는 수레에 보물과 음식을 가득 싣고 주암산의 성자를 찾아갔다. 그러나 이번에는 왕비를 보고도 성자는 자리에서 일어나지도, 주원

시선 이백이 찬을 짓다 269

문을 외워주지도 않았다.

왕비는 이상하여 물었다.

"지난날에는 두 닢 동전의 보시에도 성자께서 손수 주원문을 외워주셨는데, 오늘은 이렇게 많은 보물과 음식을 사주하는데도 성자께서는 어찌하여 아는 척도 않으십니까?"

성자가 웃으며 대답했다.

"지난날에는 동전 두 닢으로도 신심이 가득했으나, 오늘의 부인은 뽐내는 마음이 도사리고 있으니 이를 경계한 것이오."

이백이 멀리 장강 하류의 강남땅에서 두함竇涵을 만난 것은 뜻밖의 일이었다.

합비의 향리에서 승유 무리를 호통 친 다음날, 이백은 곧장 금릉으로 건너왔다. 금릉에서 다시 배를 빌려 타고 장강을 거슬러 오르기를 이레, 이백은 동릉銅陵에 이르러서야 배에서 내렸다. 아직은 아침나절이었다. 동릉에서 당도현當塗縣까지는 넉넉한 이틀 거리였고 도우인 오균이 은거하고 있는 횡망산橫望山까지는 당도에서도 한나절 길로는 버거운 70리 거리였다. 사흘 길은 남은 셈이었다.

이백은 배에서 내리기가 무섭게 행장을 꾸렸다. 한시라도 빨리 보고픈 오균이었다. 그러나 당도에 도착했을 때에는 이틀 길의 여독도 만만치가 않았다. 오랜 동안 배편에 시달린 몸이었다. 이백은 내일 아침 일찌감치 길을 떠나 단걸음에 가리라 마음먹고 객점으로 나귀를 몰았다. 객점의 문턱을 막

넘어설 때였다 이백은 등 뒤에서 들려오는 반가운 목소리에 고개를 돌렸다.

"한림공이 아니십니까?"

"……."

"두공과 강동 땅을 주유하셨다는 풍문은 들어서 알고 있습니다만, 이 강남의 벽지에서 공을 만나 뵐 줄이야 꿈엔들 생각했겠습니까?"

"자네야말로 강남땅에는 웬일인가?"

장안성을 떠난 지 3년만이었다. 두함을 보는 이백도 반갑기는 매한가지였다.

"강남에 내려온 지가 벌써 달포나 되었지요. 아침녘에야 공께서 이곳으로 떠났다는 풍문을 듣고 말을 달려 온 것입니다."

두함은 맺혀 있는 땀방울을 연신 훔치고 있었다. 흙먼지도 털지 못한 것으로 보아서는 이제 막 말을 달려 왔음이 역력한 너름새였다.

"강남땅에도 이백의 이름이 있던가!"

"취중팔선의 이름이 어찌 허명이겠습니까? 더구나 그 첫머리에 있는 공의 명성이 아무리 천하가 넓은들 남북을 가리겠습니까."

"그러한가! 허허허."

이백의 호탕한 웃음소리가 객점을 그득 메웠다.

이백과 두함은 파탈擺脫한 채 술잔을 기울였다. 낮부터 시작한 술자리는 밤이 깊도록 계속되었다. 객점에서는 걸러 놓은 청주가 떨어져 급히 술을 거르느라 난리법석을 떨고 있었다.

"횡망산이라 하셨습니까?"

"그렇다네."

"횡망산이라면 양梁 무제 때 세상을 등진 도공[도홍경]이 말년을 보냈다는 은거산隱居山이 아니옵니까?"

"맞으이."

"공께서도 탈속을 하려 하십니까?"

두함의 말은 농에 가까웠다. 그의 얼굴에는 빙긋 웃음까지 걸려 있었다. 하지만 이백은 그를 탓하지 않았다. 오히려 한결 진지한 표정으로 두함을 바라보았다.

"천하의 풍속이 방탕해졌는데 탈속인들 미련이 남겠는가."

"은태문을 드나들며 황제를 보필할 때의 당당함은 다 어찌하셨습니까? 취중팔선의 기개도 뵈지 않습니다 그려."

두함은 슬몃 이백의 표정을 살폈다. 이백은 담담히 두함의 말을 들었다. 하지만 그 말은 이백의 가슴을 도려내듯 파고들었다. 이백은 빈 술잔을 들었다.

"잔이나 치게."

두함을 처음 만났을 때, 이백은 갓 서른을 넘긴 나이였다. 장안성의 종남산에 머물 때였다. 장안성의 명문 가문인 허씨와의 결혼은 이백에게 커다란 힘이 되었다. 변방 출신의 신분임에도 불구하고 장안의 명망가들과 교분을 나눌 수 있었던 것이다. 취중팔선醉中八仙으로 하지장, 왕이진, 이적지, 최종지, 소진, 장욱, 초수 등과 더불어 이백의 명성이 알려진 것도 이때부터였다. 이백 자신의 번뜩이는 문재文才와 허씨 가문의 권세로 그의 재능을 쉽게 천하에 알릴 수 있었다. 이때 두함은 현종의 누이인 옥진공주와 긴밀한 사이였다. 지금까지 이백이 옥진공주와 가까이 지낼 수 있었던 것도 두함이 있었기에 가능한 일이었다. 평소 이백을 흠모하여 따르던 두함은 옥진공주와의 인연을 주선했고, 이러한 인연은 전날 현종의 초빙을 받을 때에도 취중팔선의 한 사람으로 승상의 자리에 있던 좌상左相 이적지, 도사 오균과 함께 큰 도움이 되었던 것이다.

"법사께서는 여전하신가?"

"여전하시다 뿐이겠습니까. 요즘도 공의 말씀을 자주 하시지요."

옥진공주의 소식을 묻는 것이었다. 옥진공주는 근래 들어 선도를 버리고 불법을 받들었는데 지영법사持盈法師란 칭호를 받을 정도로 신심이 깊었다.

"그러고 보면 장안의 사정도 참 많이 변한 듯하이."

"말세라 함이 옳겠지요. 이림보의 손에 이공께서 참변을 당했고 좌상께서는 자진을 하시지 않았사옵니까. 환관놈이 표기대장군이 다 되는 세상이옵니다. 망조가 든 것이 아니고 무엇이겠습니까."

두함의 표정도 어두워지고 있었다.

이공이라면 이옹李邕을 말하는 것이었다. 이백은 물론 두보까지도 스승처럼 받들던 인물이었다. 더구나 좌상 이적지라면 이백과는 둘도 없는 친분을 나눈 취중팔선의 한 사람이 아니던가. 그들 모두가 간사하기 이를 데 없는 현종의 근친인 이림보의 손에 죽임을 당한 것이었다.

"지금의 조정은 이림보와 고력사란 놈의 손에 농락을 당하고 있음이지요. 그 환관 놈이야 공께서 더 잘 알고 계시질 않습니까. 그놈이 계집년과 한패가 되어 황제를 기망하고 있음입니다. 어찌 보면 공께서 이렇듯 천하를 주유하시는 것도 간신배들을 피하는 정도를 걷는 것이겠지요."

"……."

이백은 묵묵히 두함의 말만 들었다. 이백이라고 조정의 사정을 모를 리 없었다. 권력욕에 사로잡힌 종실 재상 이림보의 발호는 어제 오늘의 일이 아니었다. 그러나 이제는 그 도가 지나쳐 변방에서는 전쟁을 일으키기에 머뭇거림이 없으며, 조정에서는 자신의 뜻을 거스르는 재상들마저 죽이기를 서슴지 않았다. 그런데도 이미 귀를 닫은 현종은 이림보에게 나라를 맡긴 채 향락만을 일삼고 있었다. 양귀비의 치마폭을 조정으로 삼고 선도의 신선술과 부록으로 해가는 줄을 몰랐다.

"환관 놈에게 대장군의 칭호를 내린 것도 모자랐는지 이제는 환관 놈이 천하의 어른이 되었습니다요. 고력사란 환관 놈을 글쎄, 황태자더러 형兄이라 부르게 했다지 뭡니까. 제왕과 공주들에게도 옹翁으로 섬기라 했다니 말세가 아니고 무엇이겠습니까?"

"무어야,"

"농이 아닙니다요."

"임자나 나도 하초를 잘라야 되겠구먼. 허허허."

"이게 어디 웃을 일이옵니까?"

"그럼, 하초를 붙들고 통곡이라도 할까? 허허허."

"공께서는 고력사란 놈을 잊으셨습니까?"

"잊을 리야 있겠나. 그렇다고 이제 와서 또 무슨 미련을 가지겠는가. 모두가 속절없는 일일세."

"공을 모함한 놈이 아니옵니까?"

"내게도 지나침이 있었기에 적을 만든 것이 아니겠나."

사금환산을 두고 하는 말이었다. 이백이 현종으로부터 사금환산의 명을 받고 조정을 물러나온 까닭이 환관 고력사와 양귀비의 참언에서 비롯되었음은 이미 알려진 사실이었다. 그러나 여기에는 이백 자신의 실수도 적지 않았다. 자신의 재능과 도량에 도취되어 있던 이백은 조정 대신으로서의 행실에 있어서도 걸림이 없었다. 당연히 그를 시기하는 무리들이 생겨났고 그 대표적인 무리가 바로 양귀비와 고력사, 그리고 현종의 처남인 장게였다. 그들에 의해 이백은 자신이 지은 시구詩句에 꼬투리를 잡혀 황제에게 내침을 당한 것이었다. 이백의 사금환산에 결정적인 역할을 한 것은 특히 고력사의 부추김이었다. 환관 고력사가 이백에게 이토록 가혹하게 대한 것은 전날의 원한 때문이었다.

이백이 한림학사로 궁중을 드나들던 어느 날이었다. 현종이 이백을 편전으로 불렀다. 이백은 마치 안개 속을 나오는 신선과도 같은 낭랑하고 고고한 기상으로 현종을 알현했다. 그런 이백의 자태는 현종에게는 마치 이 사람은 신선이 아닌가 하는 착각마저 들게 하였다.

"공은 선발을 벗고 오르시오!"

현종은 천자의 신분도 잊은 채 하명했다. 궁전에 들어섬에 있어서 신발을 벗어도 된다는 하명은 이미 군신의 속박에서 벗어나자는 뜻이었다. 파격 중의 파격이었다. 이백이라고 파격임을 모를 리 없었다. 하지만 파격인들 마다할 이백도 아니었다.

"벗기시게."

이백은 주저 없이 옆에 있던 고력사에게 발을 내밀었다. 고력사는 환관의 우두머리였다. 그런 구관에게는 아무리 환관이라 해도 발을 받기지 않는 것이 관례였다. 더구나 현종의 총애까지 지극한 터였다. 고력사는 어쩔 수 없이 이백의 발아래 무릎을 꿇었다. 신발을 벗기는 고력사의 손끝은 수치심으로 떨고 있었지만 이백은 그의 손을 무심히 보아 넘기고 말았다.

그 일이 뒤에 사금환산이란 앙갚음으로 돌아온 것이었다.

"그러길래 적을 만들어서는 안 되는가 보이. 하지만 어찌하겠나. 이미 타고난 기질을. 허허허."

이백은 처연하게 웃으며 술잔을 들었다. 술자리는 한층 울분에 싸인 채 밤을 밝혔다.

다음날, 이백은 아침 일찍 행장을 꾸렸다. 지난밤의 숙취 정도로는 절경을 탐하는 풍류객들의 설레는 마음을 가로막을 수 없었다. 두함과 함께 청양현靑陽縣으로 길을 나선 것은 해가 중천에 오르기도 전이었다.

"강남의 명산이 어찌 황산黃山뿐이겠습니까. 물속에 잠긴

선경을 놓칠 수가 있겠습니까?"

"강남제일산江南第一山이라는 말은 들었어도 강상제일산江上第一山이라는 말은 자네한테 처음일세."

"허언이 아님은 가보시면 알 일 아닙니까."

숨겨진 명산이 있다는 두함의 말은 이백의 호기심을 한껏 부추기고 있었다. 그렇지 않아도 두함과의 작별이 아쉬운 처지였다. 횡망산의 여정은 뒤로 미뤄질 수밖에 없었다.

이백이 청양현의 구자산九子山을 보기 위해 떠났다는 소문은 나는 듯이 앞질러갔다. 청양현감 위중감韋仲堪은 본래 풍류를 즐기는 인물이었다. 천하의 시인 이백이 향리에 온다는데 가만있을 리 없었다. 위중감은 청주를 거르랴, 산채를 준비하랴, 정신없이 하루를 보내고 향리의 초입까지 나와 이백을 맞았다. 위중감이 이백을 안내한 곳은 두함이 말했던 구강九江이었다.

"구자의 풍광은 모두가 구강에 있음이지요."

벌써부터 강상江上에는 선유선仙遊船이 물살을 가르며 철새를 벗하고, 청옥 같은 수면 아래로는 아흔아홉 개 구자의 봉우리가 잠겨 있었다. 가히 절승의 경계가 아닐 수 없었다. 산산이 하늘을 치받듯이 깎아지른 벼랑이었다. 솟았다가는 주저앉는가 하면 휘돌다가는 우뚝 멈춰 다시 한 갈래로 뻗친 연봉들. 인간의 상상인들 이렇듯 신묘할 수 있을까. 허리에 감긴 흰 구름은 연신 깊은 계곡을 타고 오르고 구름에 얹힌 기암괴석의 봉우리들은 선계仙界인 듯 아득했다. 천태봉의 바위들은 금방이라도 떨어져 내릴 듯 눈을 압박해오고 벽운

봉의 계곡에서는 낙숫물이 하얗게 부서지고 있었다.
"실로 선경이구려!"
"공께서 와 계시니 선경이 더욱 빛이 납니다 그려. 허허허."
"허허허."
"이 배에 실린 주륙은 아마 공이라도 다 비우지는 못할 것이오. 박주산채薄酒山菜일망정 사양치 마시오."
"선계에 들어와서 이백이 술을 사양하리까."
구자의 풍광에 취한 이백은 구강을 떠날 수 없었다. 두함이 옆에 있기도 하거니와 위중감의 풍류도 이만저만이 아니었다. 이백은 삼일주야를 술로 보냈다. 마침내 이백이 작별하여 길을 나서자 위중감은 섭섭함을 달랠 수 없었다. 위중감은 올 때처럼 향리의 경계까지 이백을 마중하였다. 이백이 나귀에 올라 작별을 나눌 때였다.
"공께서는 어찌 시심의 편린마저 보이지 않는 것이오이까?"
"……."
위중감의 말에는 서운함이 가득 담겨 있었다.
삼일주야를 함께 있었지만 이백은 단 한 구절의 시심도 내놓지 않았던 것이다. 그것은 천하의 시인 이백의 풍류가 아니었다.
"아쉬워서 드렸던 말씀이니, 마음에 담지는 마시지요."
"마음에 담다니요. 선계에 정신이 팔려 미처 시심을 정리치 못한 것이니 공께서는 과히 허물치 마시지요."

나귀에서 내린 이백은 성큼 필낭을 풀었다. 그리고는 단숨에 적바림했다.

어제 구강에 서서
먼 구화의 봉우리에 취해 노닐러니
은하수는 푸른 물기둥을 세워
아홉 송이 연꽃을 걸어 놓았네
昔存九江上　遙望九華峰　天河柱綠水　秀出九芙蓉

과연 이백이었다.
위중감은 넋이 나간 채 화선지를 받아들었다. 이백은 구자산 아홉 연봉을 구화九華로 바꾸어 놓은 것이었다.
"이제부턴 구자산이 아니라 구화산이라 해야겠소이다. 허허허."
위중감을 작별한 이백은 행장을 서둘렀다. 산수에 취해 있는 동안 횡망산을 까맣게 잊고 있었던 것이다. 그러나 이백의 길은 당도에 못 미쳐 난관에 부딪히고 말았다.
두함이 급병이 난 것이었다. 도무지 병명조차 알 수가 없었다. 탕약을 달여 먹이고 뜸을 떠 보았지만 별무소용이었다. 난감한 일이 아닐 수 없었다. 현縣이라고는 했지만 벽지의 향리에 불과한 고을이니 시뜻한 의원이 있을 리도 없었다. 생각다 못한 이백은 두함을 끌고 서둘러 동릉으로 나왔다. 그러나 동릉이라고 다를 바가 없었다. 오래 전부터 동광銅鑛이 번성하여 성시盛市가 들어선 향리이기는 해도 두함의 병을 고칠 만한 의원은 나타나지 않았다. 그 사이 두함의 병세는 점점 심해져 의식까지 불분명해지는 것이었다. 남은 희망은 이제 금릉뿐이었다.

이백은 곧바로 편주片舟를 띄웠다. 이 며칠 사이 금릉에서 새로운 일이 벌어지고 있음을 이백으로서는 전혀 알지 못한 채였다.

해가 머리 위를 지나 성루의 누각을 비키고 있었다. 물목은 나오고 들어가는 배로 부산했고 시전은 바야흐로 사람들로 붐비기 시작했다. 포목 짐바리가 가득 실린 수레가 쉴 새 없이 길을 달리고 있었다. 정박한 상고배에서는 소금부대가 연신 내려왔다. 상고들은 눈을 부릅뜨고 배와 창고를 오가기에 바빴고 기루의 창기들은 이제나 저제나 상고들의 하역이 끝나기만 고대하고 있었다.

물목의 초입이 갑자기 갈라지고 있었다. 처음에는 밤하늘을 가르는 별똥별처럼 형체가 없던 그것은 차츰 눈에 익으면서 제 모습을 드러냈다. 거친 강물을 돌아 물목으로 살 같이 들어오는 그것은 단선의 편주였다. 물목에 들어서서도 돛을 내리지 않는, 무모하리만치 급한 나루질이었다.

사람들의 시선은 일제히 단선의 편주로 쏠렸다. 동릉에서 밤낮을 달려 이틀 해 안에 금릉까지 온 이백이었다. 다행히 이백은 배에서 내리자마자 반가운 소리를 들을 수 있었다.

"금릉 땅에 명의가 나타났어요!"

금릉 땅을 주유하면서 안면이 익었던 얼굴들은 다시금 이백을 보자 자기 일처럼 나섰다. 돌연한 단선 편주의 출현은 모처럼 한가한 하루를 보내던 교각의 일행을 더욱 분주하게 만들었다.

"쯔쯧, 경각에 달렸구려."

이백은 교각의 일거수일투족에 눈을 떼지 못했다. 두함의 생사가 달린 일이었다. 두함은 이틀의 뱃길에서 의식마저 더욱 가물거리고 있었다. 경각에 달린 목숨이었다. 그러나 초조한 이백의 심정과는 달리 교각의 손길은 더디기만 했다. 두함의 병세를 초진한 교각은 오랫동안 두함의 가슴에 손을 얹고 있었다. 교각의 진맥은 거의 반 시진에 이르렀다. 마침내 교각은 세침을 꺼내 사관四關을 틀고 오관五官을 문질렀다.

두함의 눈꺼풀이 스르르 열렸다.

"병을 다스리려면 무엇보다도 먼저 그 마음을 다스려 심기를 바르게 함으로써 진리에 합당하게 하여야 하는 터! 그대는 먼저 마음속의 모든 의심이나 걱정 또는 가슴에 담고 있는 망상과 일체의 불평을 쫓아내야 할 것이오. 오탁악세의 만만사가 결국 알고 보면 허무한 것으로 평생 이루어 놓았다는 것도 다시 보면 환각일 뿐이고, 울고 웃고 하는 길흉화복도 본시 없는 것이니 죽고 삶이 한낱 꿈이 아니던가. 한번 깨닫고 나면 만사가 후련히 통하고 마음이 절로 깨끗하니 병도 잊는 것을. 진인眞人의 도道가 어찌 편작扁鵲에게만 있을 것인가. 스스로 마음을 본다면 이미 그것이 병을 치료하는 대법大法일 것이오."

교각의 한마디 말은 청량수가 흐르듯 두함의 가슴을 적셨다. 두함은 인자하게 웃고 있는 교각의 얼굴을 쳐다보았다. 다시 교각의 일성이 터져 나왔다.

"지나치게 성을 내면 간肝이 상하고, 기쁨이 지나치면 심장心臟이 약해지고, 생각이 너무 많으면 비장脾臟이 약해지고, 걱정이 많아도 폐肺가 약해지며, 겁을 내면 신장腎臟이 약해진다고 이르질 않소. 그대가 이미 마음을 보았다면 일어날 일이지 아직도 누워 있을 까닭이 무엇이오!"

두함은 벌떡 일어났다. 두함의 들끓던 가슴은 벌써 식어 있었다. 두함의 얼굴에 비로소 혈색이 돌았다.

"제 마음의 근심을 이제야 거둘 수 있겠습니다."

"돌아가시게."

두함은 삼배로 교각에게 감사를 표했다. 그렇지 않아도 세상사의 원망과 불평으로 시작한 여행이었다. 눌러 두었던 의협심은 우연한 이백과의 만남으로 한꺼번에 분출하였고 며칠을 계속한 폭음이 결국 곽란과 토사로 곪아터진 것이었다. 마음이 이미 곪을 대로 곪은 두함의 병세는 약재의 처방만으로는 돌이킬 수 없는 사지의 병이었다.

교각은 병세의 근원을 본 것이었다. 문 밖, 구경꾼들의 입에서는 누가 먼저랄 것도 없이 탄성이 터져 나왔고 지장보살의 명호가 나직이 울리기 시작했다.

교각과 이백과의 첫 인연은 이렇게 시작되었다. 교각을 따르는 승유를 보며 이백은 인연이란 것의 새삼스러움까지 느낄 수 있었다.

뒷날, 두함은 사지에 이르렀던 자신의 생명을 구해준 교각의 덕을 현종의 누이인 옥진공주에게 이야기했다. 옥진공주는 또 이백에게 청해 그 덕을 널리 알리라 하였으니, 이백은 찬讚을 지어 그를 칭송하기를 마다하지 않았다.

석존釋尊이 입멸入滅하니 일월日月이 부서져 내리는데
오직 부처의 지혜가 생사生死의 빛을 밝히고
보살의 대자대비한 능력, 끝없는 고통 구하였도다.
홀로 억 겁을 뚫고 소통하여 구제하니
모든 것이 지장보살의 어젊이어라.
제자 부풍 사람 두함이
젊어서부터 영특하고 뛰어나 왕후와 교분을 맺고
청풍淸風처럼 호방함을 못 이겨 병을 얻으니
지혜의 칼과 도道의 본체를 깨달아
마음을 허공에 가라앉히고 성자聖者의 모습을 원하였구나.
복을 우러름이여!
그윽한 힘에 의지하여 그 고통을 여의니
이에 나에게 명하여 그 덕을 찬讚하라 하도다.
본래, 마음은 허공虛空과 같이 청정하여 한 물건도 없으니
음淫, 노怒, 치癡를 불사르고 마음을 평정하여 부처를 보면
거룩한 본체本體를 깨달을지니
망령된 전傳함이 아니로다.
눈을 쓸 듯 만병이 나으니 청량한 하늘이여!
바다처럼 넓은 공덕을 찬하노니
길이 광대曠代에 널리 전하리.

민초들의 불법佛法

1

대지에는 며칠째 바람 한 점 없었다.

장강의 안개는 시나브로 대지를 감싸며 아침볕을 가려 사람들의 간사한 마음마저 무르녹고 있었다. 그 자욱한 안개로 하루 종일 해조차 빛을 잃던 늦봄의 어느 날이었다. 교각은 승유와 유탕 두 제자를 불렀다.

"때가 왔느니라."

두 제자는 교각의 뜻을 직감하고 있었다. 하지만 유탕은 다시 한 번 교각의 뜻을 확인하고 싶었다.

"구화로 드신다 하여도 무호를 버려서는 아니 되옵니다."

교각은 담담한 표정으로 유탕을 바라보았다. 유탕은 뜨끔했지만 말을 멈추지는 않았다. 그것이 교각의 뜻을 거스르는 일이라 하더라도 그대로 보고만 있을 수는 없는 유탕이었다.

"이제껏 닦아 놓은 터전이옵니다. 구화에서 불법을 펴신다 해도 이들의 도움이 없다면 장래를 기약할 수 없을 것이옵니다. 사찰만은 남기어 구화와 양각지세兩角之勢를 이룬다면 이 또한 불법을 두루 펴는 일이 아니겠습니까?"

"무호의 땅은 불법이 흩어지기만 할 뿐 모이는 곳이 아니라질 않았더냐!"

"두루 넓어야 깊음도 있음일 것이옵니다. 바라건대 큰스님께서는 이곳의 일은 제게 맡겨주옵소서."

유탕의 주장이 맹목적인 고집만은 아니었다. 금릉을 떠나 무호蕪湖에 자리 잡은 지 벌써 2년 여, 그동안 교각의 일행은 비록 초간모옥이라 해도 절집까지 마련한 터였다. 금릉만은 못해도 그나마 성시 축에는 드는 무호였다. 시절이 어수선할수록 나날이 기승을 더해가는 선도와, 한쪽은 교리의 탐구로 또 한쪽은 선정으로만 치닫는 불교의 세 다툼에서 어렵게 이루어진 불사였다. 어느덧 지장불법은 갖은 모략과 질시에도 불구하고 민초들은 물론 향리의 유지들까지도 감화시키고 있었다. 그러나 교각의 마음은 애초부터 무호에 있지 않았다.

교각의 가슴속에는 오래 전부터 하나의 산이 들어와 있었다. 신라의 바다를 건너 강남의 땅을 처음 밟았을 무렵, 그리고 법운의 남겨진 육신을 불사를 때부터 손짓하던 세존의 품이 있었다. 교각은 촌각도 그 품을 잊은 적이 없었다. 굳이 강남의 무호까지 내려온 것이나 또 무호에서 이역 산간의 오지로 들어가려는 것 모두가 그 품으로 돌아가기 위함이었다.

구화산九華山. 이백이 들러 간 뒤로부터 구자산九子山이라는 옛 이름 대신 새로운 이름을 얻은 산이었다.

'네 품에 돌아와 불법을 펴리라.'

그 산을 처음 만났을 때 교각은 원願을 세웠다. 돌이켜보면 이제까지의 탁발 정진도 구화의 품으로 돌아오기 위한 선근을 닦는 여정이었다.

지장불법의 구화 본산本山, 그것은 교각의 주장만은 아니었다. 두 제자 특히 유탕으로서는 교각보다도 더 간절한 바이기도 했다. 장안성에서 멀리 있는 강남의 조그만 성시라지만 무호 또한 장강과 나란히 있어 수륙의 교통이 용이한 곳이었다. 상인의 왕래가 빈번한 이곳에서 허락되지 않은 불법을 편다는 것은 자칫 화를 부를 수도 있는 일이었다.

"이곳이 바로 지장의 본산이니라!"

구화의 산행에서 교각이 말했을 때 가장 기뻐한 것도 유탕이었다. 그러나 구화로 들어가는 방법에 있어서는 교각의 명을 따를 수가 없었다. 무호의 절집을 완전히 폐쇄하고 모두가 산속으로 들어간다는 것은 무모한 일이 아닐 수 없었다. 교각의 뜻이야 모르는 바가 아니지만, 구화를 지장불법의 도량으로 하고 무호의 절집을 대처 포교의 전초로 삼는다면 모자람이 없을 터였다. 지장불법의 전법을 위해서라면 그 자신 깨달음의 원을 늦춘다 해도 좋았다. 오탁악세의 번뇌와 망심을 외면하여 마음을 다스릴 것이 아니라 부딪혀 깨뜨리라던 것이 교각의 가르침이 아니었던가. 유탕도 조금씩 눈을 뜨고 있었다. 민초들의 삶을 외면치 말고 그들 속에서 그들과 함께 그들의 불법이 되어 깨우치라는 교각의 가르침이 이제야 보이는 것이었다.

"큰스님께서는 무호를 버리지 마옵소서."

"유탕의 소견을 나무라실 일만은 아니옵니다. 절집을 지킴으로써 후일을 기약할 수도 있음입니다."

유탕은 간절하게 소원하고 있었다. 승유도 유탕의 뜻을 거들고 있었다. 교각도 더는 고집할 수 없었다. 어쩔 수 없이 허락을 내린 교각은 유탕을 경계하는 말을 남긴 채 돌아서고 말았다.
"너의 총명함이 화를 부를 수도 있느니라."
안개가 걷히고 이른 새벽부터 온갖 새들이 날아오르던 아침이었다. 끝이 없이 펼쳐진 유채꽃 들녘을 헤치며 교각은 구화산으로 길을 나섰다. 교각의 뒤에는 승유와 그의 오랜 법우인 삽살개 한 마리가 따를 뿐이었다.
그날, 홀로 남은 유탕은 절집의 기둥에 광제사廣濟寺라 편액을 걸었다.

구화의 자태가 드러나고 있었다. 노오란 유채꽃이 만개한 들녘을 지나 꽃잎마다 이슬방울이 영롱한 구릉을 넘어서면 또 다시 시작되는 유채꽃 들녘. 교각은 이레 밤낮을 천상계를 노닐 듯 유채꽃 들녘을 걸어왔다.
새벽이었다. 유채꽃 들녘 멀리 드문드문 구릉이 높아지고 숲이 보이더니 드디어 산자락이 늘어지기 시작했다. 대지는 숨을 죽인 채 짧은 내에 침잠하고 유채꽃 들녘은 계곡으로 빨려 들어가고 있었다. 유채꽃에 묻혀 버린 황토 들녘을 지나 점점이 이어지는 구릉과 구릉을 끌어안은 산자락, 구화는 그 지칠 줄 모르고 뻗어 오른 산자락 뒤로 우뚝 솟아 있었다.
이렇게 닮을 수가 있을까. 교각은 푸근한 황토 들녘과 그 들녘의 거대한 주름이 만들어낸 구화의 능선을 보며 까마득히 잊혀 진 기억을 되살리고 있었다. 그것은 서라벌의 상징인 토함산이었다. 교각의 눈매에는 잔잔한 떨림이 일었다. 구화의 능선이 새벽안개 너머로 희미하게 새겨졌다.

"보이느냐?"

"······?"

"내 눈에는 꼭 젖을 보채는 어린애 같기만 하구나. 또 그 앞에 선 영봉은 어떠하냐. 두 팔을 벌리고 아가를 기다리는 엄마의 품이 아니더냐. 부처가 다시 난다해도 분명 저럴 것이야!"

수만 갈래의 산자락을 품에 안고 있는 구화의 능선은 온갖 형상을 만들고 있었다. 숨듯 움츠렸다가는 비상할 듯 펼쳐지고 성난 사자처럼 몰아치다가도 어느덧 포근하게 누워 버린 산세였다. 그 가운데서도 유독 눈에 들어오는 두 봉우리가 있었다. 교각의 눈은 그 봉우리에 박혔다. 엄마의 품으로 고개를 쳐든 채 기어오는 듯한 영봉과 그 앞에 껴안을 듯 두 팔을 벌린 채 마주선 또 한 봉우리였다. 참으로 자애로운 형상이 아닐 수 없었다.

"우리도 저와 같이 포근해야 할 것이니라."

교각은 구화와 하나가 되고 있었다. 바라만 보았던 구화는 그 일부가 되었을 때 더 이상 산이 아니었다. 그것은 교각의 미소보다도 더욱 포근하게 다가와 숨 쉬고 있었다. 굽이를 돌면 하늘을 찌르는 대나무 숲, 산등성이를 넘으면 해를 가리는 후박나무가 그들을 맞았다.

드디어 계곡이 시작되자 수십 길 벼랑에서 쏟아져 내리는 폭포수가 깊은 소沼를 만들고 그 옆 바위너설에서는 원숭이들이 졸고 있었다. 교각은 쉬지 않고 계곡을 헤쳤다. 급작스럽게 가팔라지던 계곡은 우뚝, 까마득히 곧추 선 벼랑에서 멈추었다. 병풍처럼 둘러친 벼랑은 구화의 몸체가 아기를 안을 듯 한 팔을 구부린 줄기였다. 벼랑은 능선의 손끝쯤에서 한 영봉을 이루며 구화의 품에 안겨 있었다. 벼랑 뒤쪽으로는 다시 한없이 깊어지는 계곡이었고, 그 계곡에서부터 구화의 주봉인 천태봉이 시작되고 있었다. 노호동老虎洞이라 불리는 산정이었다. 교각은 며칠 동안 이 산정을 떠나지 않았다.

그러던 어느 날이었다

"여기가 마땅하구나!"

천태봉을 마주 본 남쪽 벼랑을 스무 걸음쯤 내려간 지점이었다. 깎아져 내리던 벼랑은 여기에 이르러 동굴 하나를 만들더니 다시 아득한 절벽으로 계곡에 닿았고, 햇볕이 몇 걸음 들어선 동굴 앞에는 뒷뜨락 만한 공터가 놓여 있었다.

"물이 없사옵니다."

"마음이 금강같이 굳으면 목 축일 물을 걱정하겠느냐! 때가 이를 때까지는 나를 부르지 말아라."

교각이 동굴에 든 지 며칠 지나지 않은 어느 날이었다.

산정山頂은 안개로 뒤덮여 한 치 앞도 보이지 않았다. 뭉턱뭉턱 피어오르는 안개는 빗방울로 떨어져 온몸을 흠뻑 적셨고 가파른 절벽은 너무 미끄러웠다. 한 올 실을 끊을 힘마저 남지 않은 승유는 차라리 손을 놓고 절벽 아래로 떨어지고만 싶었다. 갈라진 절벽 틈에 박아 놓은 손등은 붉게 물들고 발은 자꾸만 허공을 딛고 있었다. 몇 걸음만 더 옮기면 동굴 앞 공터이건만 길은 끊겨 있었다. 마비된 손가락은 펼 수조차 없었다. 얼마의 시간이 흘렀을까. 활처럼 휘어졌던 승유의 몸은 두어 걸음 건너의 절벽으로 날았다. 흡사 한 마리의 수리가 먹이를 낚아채듯 승유는 공터 끝 절벽을 부여잡았다.

"휴우."

공터에 겨우 엉치를 얹었을 때 승유의 입에서는 긴 한숨소리가 새어 나왔다. 그러나 그것도 잠시뿐, 승유의 얼굴은 사색이 되었다. 손등에는 독사 한 마리가 이빨을 박은 채 매달려 있었다.

"아악!"

승유는 벌떡 몸을 일으켰다. 자신의 입에서 터져 나오는 외마디 비명에 놀라 선잠을 캔 것이었다. 악몽이었다. 등줄기에서는 식은땀이 주르르 흘러내렸다.

"쯔쯔쯧."

언제 나왔는지 교각이 내려다보고 있었다. 승유는 심한 부끄러움에 고개를 들지 못했다.

"저의 선근이 깊지 못함을 한할 뿐이옵니다."

"무엇을 보았더냐?"

승유는 사실대로 고했다. 승유는 더욱 부끄러웠다. 그러나 교각은 빙그레 웃을 뿐 승유를 나무라지 않았다. 오히려 한결 부드러운 목소리로 승유에게 말했다.

"나 또한 네가 본 꿈을 보았느니라."

"네에?"

"이제 저 돌을 들춰 보아라."

교각은 승유가 기대어 잠들었던 조그만 바위를 가리켰다.

승유는 감히 교각의 명에 까닭을 묻지 못했다. 승유는 의

구심이 가득한 얼굴로 바위를 들추었다. 순간, 바위 아래에 서는 한 줄기 차가운 샘물이 솟구치기 시작했다.

"용녀龍女의 시험을 당했음이구나."

"무슨 말씀이신지요?"

"독사가 나의 발을 물었단다. 내가 수행을 멈추지 않으니 한 미부인이 와서 이르더구나. '소아가 무지하게 놀아 죄송하옵니다. 샘물을 솟아오르게 하여 죄를 씻겠나이다.' 하더니 이 바위를 들추었단다. 지금 샘물이 솟음을 보니 부처님의 시험이 아니었겠느냐."

말을 마친 교각의 표정은 너무도 천진하기만 했다. 승유는 그의 얼굴에서 눈을 떼지 못했다. 교각의 눈빛은 이미 승속을 넘어선 깨달은 이의 그것이었다. 그러나 교각의 모습은 이제까지 들어왔던 선사들 혹은 선지식들과는 너무도 달랐다. 교각에게서는 깨달은 이가 지니고 있다던 어떠한 선풍도 볼 수 없었고 번뜩이는 혜안慧眼도 찾을 수가 없었다. 아주 보잘 것 없는 꿈을 얘기하는 교각의 너그러운 미소. 하지만 승유는 그 미소에서 깨달은 이만이 가질 수 있는 그 어떤 힘을 느끼고 있었다.

"깨달으신 이여!"

승유의 입에서는 나지막한 외침이 흘러나왔다. 교각은 동굴로 들어가 더 이상 말이 없었다.

동굴 밖으로 교각이 모습을 나타낸 것은 대나무 수림이 세 번이나 새순을 틔우고 천태봉을 뒤덮었던 빙설도 세 번째 녹아내리던 봄날이었다.

"법행일치法行一致!"

오랜 면벽수행을 박차고 나온 교각은 일갈을 터뜨렸다.

백랍같이 하얗게 변한 교각의 얼굴에서는 이제 천하를 떠돌던 걸승의 모습은 볼 수 없었다.

계절이 세 번 바뀌는 동안 많은 일들이 있었다. 교각에게는 모두가 하찮은 것인지도 몰랐다. 유탕이 홀로 남은 무호의 광제사는 연일 사람들을 불러 모았고 지장의 불법은 민간에 전파되고 있었다. 교각의 수행을 보필하는 승유도 스스로 불법의 깊은 진리를 깨달아가고 있었다. 오직 변함없이 그대로인 것은 구화의 자태였고, 구화의 품에 안긴 사람들의 마음이었다. 그들은 이 깊은 구화의 산중에 사람이 지내고 있으리라고는 생각도 하지 못했다. 더구나 이미 깨달음을 얻은 고행승이 구화를 밝히고 있음을 알 리가 없었다.

원앙새가 봄을 노래하기에도 지친 봄날이었다. 동굴을 나온 교각은 계곡 아래의 구화마을로 내려왔다. 교각의 일행이 처음으로 만난 사람은 구화마을의 리정里正인 민양화였다.

"법석法席을 마련하오."

교각의 첫마디였다.

민양화는 물끄러미 교각을 쳐다보았다. 교각의 얼굴에는 이제까지 그가 보지 못했던 자애로운 미소가 가득 피어오르고 있었다. 민양화는 감히 한마디도 묻지 못하고 두 손을 모았다.

"어떻게 마련하오리까?"

교각은 대답 대신 마을 뒤쪽의 대숲으로 걸음을 옮겼다.

오래 전 단호가 초막을 지었던 대숲이었다. 법석은 이내 만들어졌다. 교각은 빙그레 웃으며 법좌로 올라섰다. 그리고는 구화에서의 첫 법문을 내렸다. 그것은 만고의 진리를 민초들에게 깨우쳐주는 깨달은 이의 자비로운 육성이었으며, 산산이 찢어져 제 욕심만 채우는 교계에 대한 포고문이었고, 사술邪術로 혹세무민하는 제종교에 대한 격문檄文이었다.

"들어라! 천하의 사람들은 부처님께서 마음법을 전한다는 말을 듣고는 마음 밖에서 그 법을 구하는 구나! 그리하여 마음을 가지고 법을 찾으면서, 마음이 곧 법이고 법이 곧 마음인 것을 알지 못하니, 어찌 애석한 일이 아니겠느냐. 일체의 법이 있다 할 것도 얻었다 할 것도 없으며, 의지할 것도 머무를 것도 없고 마음의 안팎에 경계도 없으니 이것이 곧 깨달음이니라. 그럼에도 깨달음을 얻은 선지식까지도 마음법을 그르치고 있으니 진실로 한심한 일이로다.

들어라! 신령스런 깨달음의 성품은 비롯 없는 옛날로부터 허공과 수명이 같으니 한 번도 생기거나 없어진 적이 없으며, 있은 적도 사라진 적도 없느니라. 더럽거나 깨끗한 적도, 시끄럽거나 고요한 적도 없고, 젊지도 늙지도 않으며, 방위와 처소도 없고 안팎의 구분도 없느니라. 그러한 터이니 찾을래야 찾을 수 없고, 지혜로써 알 수도 없으며, 말로도 표현할 수 없으며, 경계인 사물을 통해서도 알 수 없으며, 힘써 공부한다고 해도 다다를 수 없는 것이니라.

그러면 무엇으로 깨달음을 구할 것인가! 모든 불·보살과 일체의 꿈틀거리는 벌레에게까지도 불성佛性이 있으니 그것이 곧 대열반의 성품이니라. 이 성품이 곧 마음이요, 마음이 곧 부처이며, 부처가 곧 법이니, 마음으로써 다시 마음을 구하지 말고 부처를 가지고 다시 부처를 구하지 말 것이며, 법을 가지고 다시 법을 구하지 말 것이다.

들어라! 불자는 불佛의 허상을 부처라 하며, 선도仙道를 따르는 자는 대자연의 섭리[道]는 보지 않고 사술로 현혹하는구나. 이 어찌 마음을 닦아 깨달음을 증득하려는 자의 행함이겠는가.

그러면 무엇으로 부처님께서 말씀하신 마음법을 따라 깨달음을 얻을 것인가! 내가 이제 말법시대 불법의 진체를 말하노니 그대들은 잊지 말 것이다. 지으려는 마음 없이 마음을 지으며, 따르려는 마음 없이 마음을 따라 보살도를 행하는 것이니, 이러한 보살도의 실천이 곧 말법시대의 깨달은 자의 모습이니라. 문수는 지혜로 중생의 귀를 열고 관음은 자비로 중생의 눈을 틔웠으니 나는 오늘, 지장보살의 서원誓願으로 그대들의 마음을 깨우칠 것이니라."

교각은 잠시 말을 멈추었다.

법석에서는 숨소리 하나 들리지 않았다. 사람들은 부드럽기 만한 교각의 입에서 그토록 엄청난 법음이 나오리라고는 상상도 하지 못했었다. 그 자리에는 단호를 쫓아내기에 앞장섰던 선도해도 있었지만 그 역시 교각의 위풍에 기가 질려 있었다.

"지장보살이 누구이옵니까?"

첫 질문을 한 사람은 민양화였다.

"불가의 인연이 어찌 한순간에 이루어졌겠느냐. 들어라! 부처님께서도 전생에 선혜善慧행자의 몸으로 '나는 장차 부처가 되어 고통바다에 헤매는 저 무수한 중생들을 법의 배에 태워 마지막 한 생명까지 기어이 건지리라.'고 큰 서원을 세워 인간에 오시지 않았더냐. 지장보살 또한 마찬가지이니라. 이미 여러 전생의 무한한 겁에 서원을 세우셨으니, 내 이제 한 이야기로 지장보살의 인연을 보이리라. 들어라."

봄바람이 부드럽게 법석을 쓸며 지나갔다. 마을을 온통 둘러싼 대나무 밭이 수런거리기 시작했다. 교각의 눈이 스르르 감겼다. 그의 입가에는 한없이 자애로운 미소가 번지고 있었다. 다시 뜬 교각의 눈이 법석을 한 번 휘둘러보았다. 그 눈빛은 청법자들의 마음을 따뜻하게 녹이고 있었다.

"한량없는 오랜 영겁의 세월을 건넌 어느 한때였느니라."

교각의 부드러운 음성이 다시 법석을 압도하기 시작했다. 법석은 다시금 법음에 빠져들고 있었다.

한량없는 시방의 세계에서 이루 말할 수 없는 모든 부처와 큰 보살마하살들이 모인 자리였다. 세존께서 문수보살에게 물었다.

"그대는, 지금 이렇게 이 도리천궁에 와서 모인 자들의 수를 알겠는가?"

문수보살이 세존을 우러르며 대답했다.

"세존이시여, 저로서는 설사 천 겁을 헤아린다 하더라도 알지 못하겠나이다."

세존은 빙그레 웃으며 도리천궁을 가득 메워 이루 셀 수 없는 그 많은 눈과 귀들을 둘러보았다. 봄볕이 천도의 실가지를 쓰다듬고 한걸음 비켜선 그 자리에는 이 세계와 다른 세계, 이 국토와 다른 국토에서 그의 설법을 듣기 위해 모여든 자들로 가득했다.

"이들은 모두 다 지장보살이 구원한 겁 이래로 이미 제도했고 지금도 제도하고 있으며 앞으로도 제도할 이들이며, 이미 성취시켰고 지금 성취시키며 앞으로도 성취시킬 자들이니라."

세존의 나지막한 음성이 끝나기도 전, 가없는 무리들 사이에서는 신음이 터져 나와 삽시간에 도리천궁을 메워버렸다. 그것은 놀라움과 부러움, 부끄러움이 어우러진 향음이었다. 그러나 그것도 잠시, 봄바람마저 멈춰버린 도리천궁은 물소리조차 숨을 죽이고 있었다. 오로지 세존의 은은한 미소만이 한 부처, 한 보살, 한 무리들의 가슴을 열고 있었다. 이윽고 그 많은 무리를 대표하여 문수보살이 부처님께 여쭈었다.

"세존이시여, 그분은 과거에 어떠한 행行을 하였고 어떠한 원願을 세웠기에 능히 이러한 불가사의한 일을 성취하였나이까?"

"비유하건대, 저 삼천대천세계에 가득한 갖가지 물건을 하나하나 세어서 그 수만큼의 항하수[恒河水, 갠지스 강]가 있고, 그 항하의 모든 모래만큼의 세계가 있으며, 그 숱한 세계 안의 한 먼지를 한 겁으로 치고, 그 모든 겁 동안 쌓인 먼지 수를 다시 겁으로 치더라도 지장보살이 증득한 이래 제도한 중생은 위에 든 비유보다도 천 배는 많으리라."

세존은 무리들의 한 끝자락에 서 있는 지장보살에게 다른 누구도 받아보지 못한 예를 표하며 그를 찬미하였다. 이러한 세존의 은근한 자태는 무리들에게 한층 더 놀라움을 주었다. 그때, 지장보살이 애절하게 눈물을 흘리면서 부처님께 사뢰었다.

"세존이시여, 백천만억 세계에 두루 이 몸을 나투어서 일체의 업보중생을 구원함도 모두 여래의 크옵신 자비가 있음으로 해서이옵니다. 이제 또 부처님의 부촉하심을 받으며 육도의 중생을 해탈시키도록 힘을 다하겠사오니 원컨대 세존이시여, 후세의 악업중생 때문에 염려하지 마옵소서."

"일체 중생들이 악습으로 업을 짓는 것이, 마치 그물에 걸린 물고기인 양 벗어났다가는 또다시 걸리곤 하여 내가 걱정하였더니, 그대가 이미 과거 여러 겁에 거듭하여 서원을 세워서 널리 죄 많은 무리들을 제도하겠다고 하니 내가 다시 무엇을 염려하랴. 착하고 착하도다. 그대는 능히 구원久遠한 겁부터 세워 온 큰 서원을 성취하여서 장차 널리 제도함을 마치고 곧 보리를 증득하리라."

세존은 지장보살의 이마를 어루만졌다. 그때였다. 무리들 중에서 문수보살이 일어나 세존께 여쭈었다.

"세존이시여, 지장보살께서는 어떤 서원을 세웠기에 그토록 불가사의한 일을 성취하겠나이까?"

"착하구나. 내 이제 그대들을 위하여 지장보살의 서원을 말하리라."

세존께서는 만면에 가득 미소를 담고 이야기를 시작하였다.

한 바라문의 딸이 있었다. 예로부터 지은 복이 깊고 두터워서 많은 사람들에게서 성녀聖女로 존경과 흠모를 받았으며, 모든 하늘이 성녀를 보호하였다. 그러나 성녀의 어미는 삿된 것을 믿고 항상 삼보를 가볍게 여겼다. 성녀가 널리 방편을 펼치고 권하여 바른 견해를 갖게 하였으나 그 어미는 듣지 않았다. 어미는 오래지 않아 숨을 거두었는데 무간지옥에 떨어졌다. 성녀는 어미가 세상에 있을 때 인과법을 믿지 않았으므로 마땅히 업에 따라 악도에 태어날 것을 알았다. 성녀는 어미를 구하리라 다짐하고 부처님 앞에 나아가 공양하기를 멈추지 않았다. 성녀가 슬피 울면서 부처님을 우러르던 어느 날이었다.

"성녀여! 너무 슬퍼하지 말아라. 내가 지금 네 어머니가 가신 곳을 보여주리라."

홀연히 공중에서 소리가 들려왔다.

"어느 신神께서 덕을 베풀기에 저의 근심 걱정을 헤아리십니까? 어머니가 돌아가신 뒤부터 밤낮으로 생각하였지만 가신 곳을 물을 길이 없었사옵니다."

"나는 네가 우러러보고 있는 각화정자재왕여래이니라. 네가 어머니를 사모함이 지극하므로 알려주는 것이니라."

"원컨대 부처님이시여! 자애롭고 가엾게 여기시어 속히 어머니가 나신 곳을 알려주시옵소서."

"성녀여! 공양을 마치고 집으로 돌아가 나의 이름만 생각하여도 너의 어머니가 나신 곳을 알게 되리라."

성녀는 곧 집으로 돌아왔다. 그리고는 들은 대로 어미를 생각하는 단정한 마음으로 각화정자재왕여래의 명호를 염하였다.

그러기를 하루 밤낮, 성녀의 몸은 홀연히 한 바닷가에 이르렀다. 물은 용솟음쳐 오르고 온갖 악수惡獸들이 쇠 몸[鐵身]이 되어 바다 위를 날아다녔다. 모든 죄 있는 남자와 여자들이 바다 가운데에 있었고 악수들은 이들을 잡아먹기도 했다. 또 여러 형상의 야차가 있었는데 혹은 손이 여럿이고 눈, 머리, 다리도 여럿이며 어금니가 밖으로 나온 것이 마치 칼과 같았다. 야차들은 죄인들을 몰아 악수에게 던져주고, 스스로도 거칠게 움켜잡았으며, 머리와 발을 옭아매는 모양이 백천만 가지여서 차마 눈을 뜨고 볼 수 없었다.

"착하신 보살이여! 어떤 인연으로 이곳에 오셨습니까?"
그때 무독無毒이라는 귀왕이 물었다.
"이곳은 어떤 곳인가요?"
"이곳은 대철위산 서쪽에 있는 제일 중해重海입니다."
"철위산 안에 지옥이 있다던데 그것이 사실인가요?"
"그렇습니다."
"저는 어떻게 하여 이곳 지옥에 온 것인가요?"
"부처님의 위신력과 그대의 선업 때문입니다."
"저 물은 어떤 인연으로 끓어오르며, 저 많은 죄인과 저 각양각색의 악수들은 어찌해서 있는 것인가요?"
"살아 있을 때에 착한 인연[善因]을 짓지 않으면 지은 업에 따라 지옥으로 가게 되는데 이 바다를 먼저 건너는 것입니다.

이 바다 동쪽으로 십만유순 밖에 또 하나의 바다가 있어 그 고통은 이곳보다 배가 되며, 그 바다 동쪽에는 다시 바다가 있어 고통은 또 배가 됩니다. 이 모든 고통은 삼업三業의 악한 인연으로 받는 것인데, 바로 이곳 업해業海가 그것입니다."

"지옥은 어디에 있나요?"

"세 곳 바다 안이 모두 대지옥입니다. 지옥의 수는 백천 가지나 되나 각각 차별이 있어 큰 것은 열여덟 곳이며, 다음으로는 오백 고통이 무량하며, 또 다시 천백이 있어 그 고통은 끝이 없습니다."

성녀는 무독귀왕의 대답에 너무 놀라고 참담하여 말할 수 없는 슬픔에 잠겼다.

"제 어머니는 어디에 있을까요?"

"어머니가 살아있을 때에 어떤 행업을 닦았습니까?"

"제 어머니는 삿된 생각으로 삼보를 헐뜯고 비방했으며, 간혹 믿다가도 돌아서서는 공경치 않았지요."

"어머니의 성은 무엇입니까?"

"저희 부모는 모두 바라문으로 아버지는 시라선견이고 어머니는 열재리悅宰利입니다."

무독귀왕은 성녀의 말에 깜짝 놀라 합장하고 말하였다.

"성녀여! 조금도 걱정하거나 슬퍼하지 마십시오. 열재리는 비록 죄를 지었지만 천상에 태어난 지 벌써 삼일이 되었습니다. 효순한 자식이 어머니를 위하여 공양을 올리고 각화정자재왕여래의 탑에 보시한 공덕으로 성녀의 어머니뿐만 아니라 모든 무간지옥의 죄인이 함께 천상에 태어나 낙을 누리게 되었습니다."

성녀는 무독귀왕의 말에 꿈같이 돌아와서 이 사실을 깨달을 수 있었다. 성녀는 곧 각화정자재왕여래의 탑 앞에 나아가서 큰 서원을 세워 맹세하였다.

"저는 미래의 겁이 다하도록 마땅히 악업 고통에 허덕이는 중생을 위해 널리 방편을 베풀어 해탈케 하기를 원하옵니다."

세존께서 문수사리에게 이르셨다.

"이때 바라문의 딸이 지금의 지장보살이니라."

대숲은 어느 사이 바람소리조차도 멈춰 있었다. 좌중에서는 긴 신음 소리가 흘렀다. 그들은 서로의 얼굴을 보며 놀라움과 기쁨에 젖어 있었다.

"지장보살에 대해서는 처음 들었습니다. 선사께서는 미혹한 저희들을 위하여 말씀에 담긴 신묘한 뜻을 알려주십시오."

민양화가 다시 청했다.

"들어라! 내 이제 그 담긴 뜻을 말하리라.

깨끗한 원願을 세워 발심하여 믿고, 이해하며, 그것에 의지하고 행하여서 깨달음을 얻는 것이 불자의 실천할 바이니라. 그리하면 믿음이란 무엇인가! 그것은 첫째가 곧은 마음[直心]이요, 둘째가 깊은 마음[深心]이며, 셋째가 크게 가엾이 여기는 마음[大悲心]이니, 한 사람의 중생도 버림이 없이 고통에서 구제하는 것이 곧 불자의 참모습이며 이 말씀의 요체이니라. 매의경罵意經에 이르시기를, 백 개의 절을 짓는 것이 한 사람을 살리는 것만 못하다 하셨으며, 또한 열반경涅槃經에서는 어버이가 병약한 자식에게 온갖 힘을 쓰는 것은 결코 그 아이에 대한 편애의 뜻이 있어서가 아니라, 그 아이의 몸이 더 약함을 가엾게 여겨서라고 하셨느니라. 너희는 이제 이 뜻을 알겠느냐?

들어라! 모름지기 불자의 참모습은 대자비심의 실천에 있으며, 그것을 미래의 겁이 다하도록 몸소 행하시는 분이 지장보살임을 너희는 잊지 말 것이니라."

어느덧 해가 기울고 있었다.

교각의 첫 법문은 끝이 났다. 그는 빙그레 미소를 머금으며 법석에서 일어났다. 그의 얼굴은 석양을 받으며 붉게 물들고 있었다. 긴 그림자를 늘어뜨리며 교각은 노호동 동굴로 향했다. 법문의 향음에 취해 있던 사람들은 아무도 교각이 떠남을 알지 못했다.

그날 이후, 교각의 설법은 끝이 없었다. 구화마을은 물론 인근의 청양靑陽과 무림茂林, 귀지현貴池縣까지 멀고 가까움을 가리지 않았다. 매일같이 노호동을 오르내리는가 하면 며칠씩 마을을 돌며 설법하기를 마다하지 않았다. 교각의 뒤에는 언제나 승유와 삽살개가 따랐으므로 이제는 흰 삽살개만 나타나도 그가 온 것을 알 수 있었다. 하지만 사람들은 들을 때는 마음을 움직이다가도 교각이 가고 나면 다시 선도의 미명에 빠졌다 그럴수록 선도의 도사들과 그에 빠진 부자들은 교각을 경원하기에 그침이 없었다.

여름이 지나가고 가을의 문턱에 이른 어느 날이었다.

민양화의 외동아들 도명道明도 이제는 열두어 살의 버젓한 소년이 되어 있었다. 도명의 장난은 어릴 때나 이제나 달라진 것이 없었다. 그러나 본래 생각이 깊고 남달리 번쩍이는 지혜를 갖춘 도명은 여전히 민양화의 사랑을 독차지하고 있었다.

이날도 도명은 아침 일찍부터 산에 올랐다.

"산에 좀 갔다 오겠습니다."

"또 사냥이더냐?"

"……."

"너는 산짐승이 두렵지도 않느냐?"

"노호동 스님께서는 몇 년을 지내신 산속인데 두려울 것이 뭐 있나요."

도명은 예의 그 반짝이는 눈을 더욱 빛내며 말했다. 도명은 민양화의 허락이 떨어지기를 기다려 부리나케 집을 나섰다. 도명의 생각은 사실 사냥에 있었던 것이 아니었다. 노호동의 교각을 보러 갈 작정이었다. 몇 번 먼발치로 본 것뿐이었지만 도명은 며칠 새 스님이 궁금해져 견딜 수가 없었던 것이었다.

도명이 컸다고는 해도 노호동으로 올라가는 계곡은 험하기 짝이 없었다. 하늘을 빼곡히 메운 수많은 달래와 머루덩굴, 발끝을 막아서는 울창한 수림은 열두 살배기 도명한테는 너무도 벅찬 계곡이었다. 계곡이 점점 더 깊어지자 대낮인데도 어두컴컴해지기 시작했다. 지금까지 밟아오던 인적은 온데간데없고 올라온 길마저도 보이지 않았다. 도명은 은근히 무섭고 두려워지기 시작했다. 한참을 오르락내리락 해보았지만 헛일이었다.

한아름은 실해 보이는 전나무 뒤쪽에서 심상치 않은 기척이 들린 것은 다시 길을 더듬을 때였다. 도명은 흠칫 놀라 소리가 난 곳으로 눈을 돌렸다.

"아아!"

그것은 호랑이였다. 날카로운 송곳니를 한껏 드러낸 호랑이는 입맛을 쩍쩍 다시며 발을 내딛고 있었다. 도명은 너무 놀라 말조차 나오지 않았다. 굳어진 몸은 움직일 수도 없었다. 문득, 멈춰 선 호랑이가 앞발을 툭툭 치더니 기어코 힘찬 포효와 함께 번쩍 발톱을 세웠다. 그때였다.

"탁!"

호랑이가 뒤에서 날아온 나무토막에 맞고 주춤했다. 흰 삽살개 한 마리가 도명의 앞을 막아 선 것도 동시에 일어난 일이었다.

"몹쓸 놈 같으니! 전생의 죄업이 많아 호피를 썼거늘 또 다시 악업을 쌓으려 하느냐!"

교각의 일갈이었다. 그 일갈에 기세가 꺾인 호랑이는 꼬리를 사추리에 감추었다.

"이 길로 구화를 떠나 네 죄를 뉘우치렷다!"

호랑이는 뒤도 돌아보지 않고 계곡으로 사라졌다. 교각은 그때서야 떨어진 석장을 집어 들었다. 그리고는 힘껏 석장을 내리치며 일성을 터뜨렸다.

"흠!"

천지를 뒤흔드는 일성이었다.

교각이 도명을 구했다는 소문은 지체 없이 마을로 알려졌다. 사람들은 놀라지 않을 수 없었다. 그중에서도 외동아들을 잃을 뻔했던 민양화의 놀람과 기쁨은 이루 말할 수 없었다. 그는 설법을 나간 교각을 사흘 밤낮이나 기다렸다. 드디어 교각이 승유와 더불어 마을을 지날 때에는 온 마을사람들이 나와 있었다.

"선사께서 도명을 구해주셨으니 아비로서 평생의 은혜를 받았습니다. 원컨대 선사께서는 은혜 갚을 방도를 일러주시지요."

"저희 마을의 우환이 없어진 것이옵니다. 저희 모두가 선사의 은혜를 입은 것이지요."

마을사람들까지도 민양화를 거들고 나섰다.

"모두가 인연일지니 괘념할 바가 아니요."

"아니옵니다. 어찌 모른 척한다는 말씀입니까."

"……."

교각은 빙그레 웃을 뿐 말이 없었다. 민양화는 이 기회에 숨겨두었던 말을 하리라 다짐하고 있었다. 민양화는 슬쩍 교각의 표정을 살폈다. 한없이 맑고 부드러운 눈빛이었다.

"선사께서 거처하실 암자라도 지어드리고 싶사옵니다."

"허허허. 그렇다면 내게는 이 가사자락으로 덮을 만한 땅덩어리만 있어도 족할 것이오. 공께서는 가능하오?"

"그만한 청이야 못 들어드리겠습니까. 이 넓은 구화산이 모두 제 것이 아니옵니까. 선사께서 마음껏 고르시지요."

민양화는 교각이 자신의 뜻을 받아들이는 것만으로도 흡

민초들의 불법 305

족해서 기꺼이 대답했다. 그러나 교각은 한동안 말이 없었다. 늘 떠나지 않던 교각의 미소가 문득 멈추었다. 순간, 교각의 가사자락이 휙 펼쳐졌다.

"허허허허."

교각의 웃음소리가 구화를 가득 메웠다.

"어리석기 짝이 없는 중생이구나! 그대의 땅이 어디에 있으며, 그대의 육신은 또 어디에 있단 말인가. 그대가 무엇을 가질 수 있으며, 또 무엇을 줄 수 있단 말인가. 구화는 어디에 있으며, 구화가 아닌 것은 또 어디에 있는가!"

"……."

민양화는 소스라치듯 놀랐다. 교각의 가사자락은 이미 그의 눈을 가리고 있었다. 갑자기 일어난 돌개바람이었다. 민양화는 아득했다. 구화의 아흔아홉 봉우리는 가사에 덮여 한 곳도 볼 수 없었다. 홀연 그는 크게 깨달았다. 민양화는 넙죽 길바닥에 엎드렸다.

"선사의 법력을 미처 몰랐습니다. 구화산을 바치겠나이다."

"마음에 이미 불성이 있거늘 스스로 경계를 지어 보질 못하니 어찌 어리석다 하질 않겠는가!"

교각은 이미 산길을 접어들고 있었다. 마을에는 이제 교각이 남긴 말만이 조용히 메아리치고 있었다.

그날 밤, 도명은 굳은 결심을 했다.

"선사를 따르겠어요."

"아니 된다. 너는 이 아비의 일점혈육인 것을 잊었느냐! 불법이 꼭 출가한 중이 되어서만이 구할 수 있는 것이더냐?"

민양화는 깜짝 놀라 아들의 입을 막았다. 그러나 이미 도명의 마음은 돌이킬 수 없었다.
"네 나이 겨우 열둘이 아니더냐."
"불법을 구하는 일에 나이를 따지다니요?"
도명은 더 이상 어린 소년이 아니었다. 민양화는 결국 도명의 출가를 허락하지 않을 수 없었다. 하지만 단 며칠이라도 자식과의 정리를 나누고 싶었다.
"나흘만이라도 말미를 두자꾸나. 늙은 아비의 청이니라."
청량한 바람이 계곡을 타고 올라왔다. 구화의 허리에 감긴 흰 구름이 큰 물결을 이루며 계곡과 계곡을 휩쓸고 다녔다. 천태봉은 금방 사라졌다가는 어느 결에 또 자태를 드러내고 있었다. 어느덧 물들기 시작한 단풍은 산정에서부터 내려오고 있었다. 바람결에 그 싱그럽고도 빨간 내음이 실려 왔다.
교각은 며칠째 노호동 동굴을 떠나지 않았다. 승유는 모처럼의 한가한 시간을 더욱 바쁘게 움직였다. 산속의 밤은 벌써부터 추웠다. 먹을 양식이야 걱정이 없었지만 땔감은 미리 준비해야 하는 탓이었다. 가끔은 무호의 광제사에서 유탕이 오기도 했지만 노호동에서의 생활은 어디까지나 승유의 몫이었다.
"게 있거라!"
오늘도 승유가 땔감을 구하러 나갈 즈음이었다. 교각은 승유를 불러 세웠다.
"귀한 손님이 올 것이니라."
"이 산중에 손님이 오다니요. 약속이라도 있으셨습니까?"

"두고 보면 알 것을."

교각은 빙그레 웃을 뿐이었다.

손님은 해질녘쯤이 되어서야 산을 올라온 도명이었다. 승유는 도명을 보자 어렴풋이 교각의 뜻을 짐작할 수 있었다.

도명은 교각의 뜻도 묻지 아니하고 곧바로 동굴로 들어갔다. 입구는 여남은 자[尺] 정도였으나 높이는 한 길은 충분해 걸어서도 들어갈 수 있었다. 어둑한 동굴 안으로 대여섯 걸음을 들어가자 곧 교각의 모습이 보였다. 도명은 넙죽 엎드렸다

"가르침을 청하고자 왔습니다."

"줄 것이 없는데 무엇을 가르친단 말이더냐?"

"불법의 진체이옵니다."

"어린 녀석이 요망한 말을 하는구나! 돌아가거라."

교각은 짐짓 호통을 쳤다. 그러나 도명은 눈빛 하나 흔들리지 않았다. 오히려 지혜로 충만한 눈을 들어 교각에게 되묻고 있었다.

"선사께서는 어찌하여 나이로 불법을 따지시옵니까? 제가 온 곳은 어디에 있으며, 갈 곳 또한 어디에 있사옵니까? 일러주신다면 따르겠습니다."

교각은 하마터면 억 소리를 뱉을 뻔했다.

무생심無生心을 묻는 것이었다. 도명은 벌써 어제의 어린 소년이 아니었다. 교각은 그 짤막한 대답에서 도명의 법기法器를 볼 수 있었다. 교각의 입은 저절로 벌어지고 있었다. 그러나 교각은 냉담하게 돌아앉았다.

"승유를 따라가 나무나 해 오너라."

단풍이 드는가 싶던 구화는 어느새 찬바람이 일고 있었다. 교각은 도명이 입산한 이후에도 하루도 쉬지 않고 산 아래를 오르내렸다. 교각의 법석에는 점점 사람들이 모이기 시작했다. 구화 인근에서는 이제 교각의 불법을 모르는 사람은 없었다. 그럴수록 수백 년을 구화에서 뿌리내린 선도의 도관에서는 비방이 거세지기만 했다.

"그렇지 않아도 어지러운 세상에 민초들을 현혹하는 중놈일세."

"무조건 자비를 베풀라니 말이 되는 소린가."

선도의 도사들이 비방하고 다닌다는 말은 대부분 이런 것들이었다. 그들의 말은 아직도 향리의 부자들에게는 솔깃한 지적이었다. 비록 문벌 귀족은 아니더라도 그런대로 많은 땅을 가지고 소작농을 거느린 유지들이었다. 자기들 것을 나누어 보잘것없는 민초들에게 돌려주라는 교각의 말이 고깝지 않을 수 없었다. 더구나 자기들이 신봉해 마지않는 선도의 『도덕경道德經』까지도 혹평을 하는 데는 참을 수가 없었다.

"예전에도 단호란 중놈을 쫓아냈는데 늙은 중 하나를 못 내몰겠나. 민공이 땅을 내놓았다니 절집이 들어서기 전에 쫓아내야 하네."

"맞네. 이러다간 도관이 쫓겨날 판이야."

구화 인근의 마을 유지들을 선동한 것은 선도해였다. 선도해는 무리들을 이끌고 곧장 교각을 찾았다. 마침 교각은 민공의 집에 머물고 있었다. 민공이 법석을 차려 놓고 교각을 청한 것이었다. 민공의 저택 넓은 마당은 사람들로 꽉 차 있었다. 대부분이 소작농인 민초들이기는 해도 그들은 교각의 법석을 한 번도 빠지지 않는 불자들이었다. 오늘도 그들은 교각이 내려온다는 말을 듣고 저녁도 먹는 둥 마는 둥 달려온 길이었다.

"들어라!"

교각이 법좌에 오르고 법문의 초두가 길게 밤하늘을 갈랐다. 교각의 입가에는 자비로운 미소가 한껏 걸려 있었다.

"먼저 한마디 묻겠소이다!"

선도해의 무리가 들어선 것은 바로 그때였다. 선도해는 좌중은 본 척도 않고 교각이 앉아 있는 법석으로 성큼 다가섰다.

"어인 일로 왔는가?"

교각은 여전히 맑고 꾸밈없는 미소를 거두지 않았다. 그러자 막상 법석 앞까지 성큼 다가섰던 선도해는 갑자기 말문이 막혔다. 당장이라도 칠 것 같던 선도해의 위세가 한풀 꺾이는 순간이었다. 교각의 미소 띤 눈은 그의 무례함에도 흔들림이 없었다.

"어찌 대답이 없는고?"

"내 오늘 선사께 따지러 왔소이다."

선도해의 뒤에는 많은 응원군이 있었다. 선도해는 그들을 흘낏 돌아보더니 기운을 추스리고 겨우 한마디 내뱉었다. 말투는 제법 싸움을 걸어오고 있었지만 기어드는 목소리였다.

"무엇을 따지려는가?"

"우리 선도는 물론이고 불법까지도 비방하며 오로지 지장보살인가 뭔가 하는 보살만이 옳다 하니 그것을 물으려는 것이오."

"허허허."

순간, 교각의 웃음소리가 법석을 가득 메웠다. 그러다가는 한순간에 교각의 웃음소리가 뚝 멈추었다. 술렁거리던 좌중의 소란스러움도 일시에 멎었다. 교각은 형형한 눈길을 들어 좌중을 쭈욱 훑어보았다. 좌중에서는 숨소리 하나 들리지 않았다.

"들어라! 어미가 자식을 위해 맛있는 반찬을 집어주는 것이 푸성귀를 비방하는 것이더냐? 병약한 아이에게는 병을 고칠 수 있는 반찬을 먹이는 것이 어미의 도리가 아니더냐. 그렇다하여 손길이 더딘 푸성귀라 해서 몸에 해가 되는 것이 있더냐?

들어라! 온갖 부처님의 말씀은 그것이 곧 법이요 진리이니, 어찌 인간의 뜻으로 옳고 그름을 분별한단 말이냐. 또한 선도의 도리라 한들 성인이 말씀하신 바에야 악함이 있을 것이냐. 다만 그 행함이 따르지 않으니 내 오늘 그것을 말하리라."

"선사의 말은 그르오."

"무엇이 그르단 말인가?"

"우리 선도에 행함이 없다니 그른 것이 아니겠소? 예로부터 우리 선도가 행함을 중시한 도道임을 모른단 말이오. 선도의 도사들은 깨달음의 경지인 도의 오의奧義를 구함을 첫째로 하며, 어지러운 세상의 일을 훌훌 털어버리고 천상계를 노닐 수 있는 천선天仙의 비기秘記를 구함을 두 번째로 하여 온갖 선행을 쌓기에 힘써 왔음을 듣지도 못했소?"

"그 선행이라 함은 무엇이던가?"

선도해는 차츰 기운이 되살아나고 있었다.

"내 선사를 위해 말하리다. 우리 선도는 자고로 도를 닦으려는 자가 행할 바를 적어 후세에 모범을 삼고 있으니, 그것이 바로 선도십계仙道十戒이며 노군이십칠계老君二十七戒인 것이오. 뿐만 아니라 오계십선五戒十善을 따로이 정하여 민간에 이를 권장하고 있으니, 그 내용은 다음과 같소. 살생하지 말 것이며, 술을 마시지 말 것이며, 언행이 다르지 말 것이며, 도둑질을 하지 말 것이며, 음탕한 짓을 하지 말 것이니 이것이 오계이며, 부모에게 효순하고, 임금과 스승을 충성으로 모시며, 모든 사물을 자비로 대하며, 남의 잘못을 용서하며, 싸우지 않아 악을 없애며, 스스로 희생하여 남을 구하며, 생명 있는 동물을 방생하고 초목은 소중히 다루며, 길에는 다리를 놓고 나무를 심으며 우물을 파고, 남의 이익을 꾀하여 해를 제거함으로써 사람들을 교화하며, 삼보三寶의 경經과 율律을 공경하여 항상 향과 꽃 등의 공양물을 올리는 것이 곧 십선인 것이오. 한 터럭만 봐도 이러한데 어찌 행함이 없다는 것이오."

"좋아, 좋아, 참으로 좋구나! 그런데 그 오계십선이란 것이 무엇을 위한 행함이던고?"

"도의 오의를 구하며 천선의 비기를 구함이라 아니했소? 천선이 되기 위해서 천이백 가지의 선행을 모두 쌓았다 해도, 한 가지의 악행만으로도 이전의 선행이 모두 무효가 되는 것이 우리 선도의 행함이오. 이렇듯 덕행을 권장하는 우리 선도를 이제는 알겠소?"

선도해는 제법 어깨까지 으쓱했다. 법석은 다시 소란스러워 지고 있었다. 선도해와 함께 온 무리들은 득의만면해 이제는 끝이 났다는 표정이었다. 법석을 찾은 사람들은 또 그들대로 단번에 물리칠 줄 알았던 교각이 시종 선도해의 말을 듣기만 하는 것이 이해할 수 없는 일이었다.

좌중의 눈이 모두 교각에게로 향했다.

"흠! 정말 좋은 말이로다. 들어라! 너희들은 이제 도사가 말한 오계십선을 들었을 것이다. 이는 마땅히 인간의 행할 근본이 아니더냐. 너희들도 그 행함에 게을러서는 아니 되리라."

교각의 입에서는 전혀 뜻밖의 말이 나오고 있었다.

"아니, 스님!"

"들어라! 내 이제 너희를 깨우치리라."

"……"

놀란 좌중을 예의 그 부드러운 미소로 가라앉힌 교각의 눈길이 선도해를 향했다.

"그대는 어찌해서 천선이 되기 위한 덕행만 이르고 그 방편을 알려주지 않는 것인가?"

"……"

"덕행을 쌓은 연후에도 방편을 취해야만 구할 수 있는 것이 천선의 길이 아니더냐. 그리하여 그대들은 우보법禹步法으로 걸어 귀신을 물리치며, 복기服氣의 호흡으로 기氣를 모으고, 심지어는 음양의 기운을 조화시킨다고 방중술을 설파하는가 하면 금단이라는 환약까지 복용하고 있지를 않더냐. 이러한 선도의 방편들은 누구를 위한 것이더냐!"

"그것은⋯."

"들어라! 권세와 가산이 풍족하여 이승에서도 부족함이 없는 사람들이 아니고서야 어느 중생이 행할 수 있는 방편이며, 할일 없이 유유자적하는 한량이 아니고서야 어느 민초들이 따를 수 있겠느냐. 그대들이 공경하여 마지않는 원시천존[老子]께서도 오로지 인애仁愛와 청정淸淨으로 몸을 닦으라 하질 않았더냐."

"덕행으로 인애를 행하며, 방편으로 청정을 구하는 것이 아니오."

선도해가 볼멘소리로 겨우 대답했다.

"아직도 깨우치질 못하느냐. 두루 중생에게 펼 수 없는 법이면 그것이 아무리 상법上法인들 무슨 소용이 될 것이냐. 또한 중생을 두루 위하는 상법이라 할지라도 이를 전하는 선지식이 한곳에 치우친다면 어찌 중생의 법이라 할 것이더냐!"

"⋯⋯."

선도해는 더는 말이 없었다.

교각은 선도해의 얼굴을 지그시 내려다보았다. 빙그레 웃음이 걸린 교각의 입은 더 이상 그를 꾸짖지 않았다. 선도해는 겨우 머리를 들어 교각을 바라보았다.

"들어라! 행업을 쌓는 일에는 불법과 선도의 가르침이 따로 없느니라. 너희들은 이제 오계를 지킬 것이되 계인 줄을 모르고 지킬 것이며, 십선을 행할 것이되 선인 줄을 모르고 행하여라. 진리에는 경계가 없으며 만법은 하나라 하질 않더냐. 선근을 닦고 행업을 쌓는 일에 어찌 나와 남을 가리겠느냐. 들어라! 이것이 바로 지장보살을 보는 길이니라."

교각은 오랜 실랑이를 마치며 한마디로 법문을 줄였다. 교각은 조용히 법좌를 내려왔다. 그때였다. 이제까지 교각과 담판을 짓자던 선도해가 힘겹게 물었다.

"어떻게 지장보살을 본다는 말씀입니까?"

순간, 교각의 벽력같은 일성이 터져 나왔다.

"이놈! 네 마음속에 이미 지장이 들었거늘, 또 내게 묻는 까닭이 무엇이냐!"

교각의 발아래 꿇어앉은 선도해는 미동도 없었다.

"선사의 문하에 들겠습니다."

2

알맞은 볕과 바람은 온 가을 내내 세상을 보듬었지만 들녘은 야위어가기만 했다. 해가 갈수록 들녘은 황폐해졌고 사람들의 인심은 점점 흉흉해지고 있었다. 북쪽의 심상치 않은 기운은 장강의 먼 강남땅까지도 소문으로 떠돌았다. 정사를 어지럽히던 간상 이림보가 죽은 뒤에도 천하는 바로잡히지 않았다. 이림보의 뒤를 이어 우상右相이 된 양국충은 오히려 이림보보다 더 간사한 재상이었다. 나라의 권력은 온통 양국충의 수중에 있었고 현종은 허수아비에 불과한 황제였다.

그러한 조짐은 이림보가 재상으로 있으면서 시작된 것이었다. 현종이 양귀비의 치마폭을 떠나지 못하고 선도의 신선술에 빠져 있는 사이 이림보는 자신의 권력욕을 충족시키는 데 전력을 기울였다. 이림보가 가장 힘을 기울인 것은 주변국의 통합과 조정에서의 권력을 확보하는 것이었다. 황제의 근족이었던 그로서는 그다지 어려운 일이 아니었다. 이를 위해 이림보는 무엇보다 먼저 군사의 거병을 반대해오던 문벌 귀족 출신의 대신들을 조정에서 몰아냈다. 이들 문벌 귀족들은 대부분이 한족漢族 출신들이었다. 그러나 한족 출신의 대신들을 다 쫓아낼 수는 없는 터, 이림보는 군사의 통솔권을 쥠으로써 이를 해결하려 했다. 그것은 주변국의 공략을 반대하는 문벌 귀족의 세력을 억누름과 동시에 자신의 권력 기반을 다지는 일이었다. 이림보는 문벌 귀족 출신의 장군들보다는 이민족 출신의 장군들을 지방 절도사로 임명하여 군수권을 통괄케 하고 서북의 나라들을 공략하였다. 가서한, 고선지, 안시순, 안록산 등이 이때 등용된 장군들이었다. 이들 이민족 출신의 장수들은 가장 정예로운 군사들을 거느리고 있었다.

이들 세력은 주변국들의 공략에 성공하면서부터 급격히 커지고 있었다. 그중에서도 가장 큰 세력을 가진 장군이 양귀비의 양자로까지 입적되어 현종의 총애를 받았던 안록산이었다.

그러나 현종의 총애는 오히려 조정의 알력만 조장했다. 안록산의 급격한 세력 확장은 여타의 장군이나 대신들의 시기심만 키우는 것이었다. 하동절도사였던 안록산은 그 대륙의 반대쪽에 있는 같은 이민족 장군인 하서절도사 가서한과 불원하는 사이가 되었고 특히 재상 양국충과는 불화가 거듭되고 있었다. 안록산과 양국충의 불화는 대개 두 사람의 정권욕에서 비롯하였지만 이에는 양국충의 개인적인 치부도 크게 작용하였다. 양국충은 혼자서 나라의 40여 관직을 독점하면서 온갖 만행을 저지르고 있었다. 민간에는 그가 받은 뇌물이 피륙만도 3천만 필이나 된다는 소문이 끊이지 않을 정도였다. 그러한 뇌물의 대부분은 군역을 면하고자 하는 민간에서부터 관직을 사려는 문벌에 이르기까지 공공연히 이루어지는 일이었다.

　부패가 만연하다보니 변방에까지 군역을 떠나는 장정들은 대부분 헐벗은 민초들의 몫이었고 탐관오리가 비운 국고는 민초들에게서 거둬들인 조세로 충당되었다. 게다가 기간이 정해진 군역이란 것도 한 번 징발되어 나가면 돌아올 날이 요원했다. 죽은 자의 수자리는 물론 뇌물을 주고 빠진 자의 기간까지 채우다 보니 십년은 보통이고 길면 이삼십 년이었다.

　조세도 다를 바가 없어 오로지 힘없고 뒷배 없는 민초들에게만 곱배기로 징수되는 것이 예사였다. 민초들의 생활은 더욱 궁핍해졌고 그럴수록 민초들 역시 군역과 조세를 피하기에 급급했다. 그러나 이들 민초들이 나라의 법을 피할 수 있는 방도란 단 하나뿐이었다. 군역과 조세의 근거가 되는 호구조사를 피해 그들의 터전을 떠나 산으로 도망하는 길이었다.

더구나 주변국들의 정벌을 핑계로 한 전투는 점점 어려워지고만 있었다. 검남절도사 선우중통은 남조南詔의 정벌에서 패했고, 서역을 평정했던 고선지는 대식大食과의 싸움에 패했으며, 안록산은 거란의 토벌에서 대패하여 변방까지 어수선했다. 그런 중에도 안록산은 군사들을 끊임없이 모으고 있었다. 군사들의 조련도 해를 갈수록 더해 그의 군사들은 일당백의 무공을 자랑하고 있었다. 이에 비해 황제의 직속군으로 장안성을 지키는 중앙의 금위군은 시정잡배들이나 끌어모은 오합지졸에 다름 아니었다.

"안록산이 반란을 일으키려 한다!"

소문은 꼬리를 물고 이어져 천하의 사람들은 누구도 그 풍문을 거짓이라 여기지 않을 정도였다. 오직 양귀비의 품에 안겨 환관 고력사가 들려주는 말이나 철석같이 믿고 있는 현종만이 그 소리를 듣지 못할 뿐이었다.

이러한 터니 군역을 지고 수자리에 나가는 일은 곧 죽으러 가는 길이나 다름없었다. 자연히 도망하여 화전을 일구거나 화적떼가 되는 민초들이 나날이 늘 수밖에 없었다. 몇 년 사이 향리의 마을들은 도망하는 민초들로 빈 집만 늘어가고 있었다.

산이 울고 있었다. 밤새 울던 산은 아침이면 어제처럼 태양을 맞았다. 처음에는 날짜를 세던 사람들도 만성이 되어 버렸는지 더 이상은 손을 꼽지 않았다. 날이 갈수록 산 울음은 사람들의 마음을 까닭 없이 들뜨게 했다. 산 울음이 구화를 흔들어 놓을 정도로 거센 날 아침이면 사람들은 저마다

한 생각을 마음에 품고는 천태봉 위로 떠오르는 태양을 바라보았다. 그런 날의 태양은 더욱 강렬했고 그것은 사람들의 마음을 한층 들뜨게 했다. 그날도 구화의 산이 밤새 울음을 그치지 않은 아침이었다.

"승유는 밖에 있느냐."

"절에 내려갔는데요. 불러올까요?"

"아니다. 우리가 내려가자."

석굴에서 나온 교각은 성큼 절벽 틈으로 난 길로 들어섰다. 어제도 석굴에서 밤을 새운 교각이었다. 도명은 얼른 교각의 뒤를 따랐다. 가파른 절벽 아래로 까마득한 서너 군데 절집에서는 아직도 연기가 솟고 있었다.

그 몇 년 사이 구화산은 몰라보게 달라져 있었다. 교각이 몰고 온 지장보살의 바람은 이주 느리기는 했지만 멈추지 않고 불고 있었다. 교각이 구화로 들어온 지 어느덧 십여 년, 그동안 구화에는 하나 둘 절집이 들어서고 있었다. 그것은 구화산 일대 선도의 율사였던 선도해가 교각의 제자가 되면서부터였다. 선도해의 입문은 교각의 포교에 적잖은 도움이 되었다. 선도해를 굴복시켰다는 풍문은 금세 구화 일대로 퍼져 나갔고 이 일은 교각을 쫓아내려 했던 선도의 신자들과 그들의 눈총이 두려워 불법을 멀리하던 사람들까지도 교각을 찾게 만들었다. 그 뒤 교각의 불법은 구름이 일듯 인근에 퍼져 나갔다. 이제는 불문에 귀의하려는 행자승은 물론 학승들까지도 심심찮게 찾아오고는 했다. 불자들의 내방이 날이 갈수록 늘게 되자 까마득한 벼랑 위에 있는 노호동의 석굴만으로는 그들을 맞을 수가 없었다.

"이젠 때가 되었구나."

그토록 민공의 구화산 시주를 거부하던 교각은 마침내 절집을 짓기로 했다.

"이름은 무엇으로 할까요?"

"뒤에 붙이자구나."

"그래도 편액은 걸어야 하질 않습니까?"

"아직은 때가 아니다."

교각은 끝내 이름도 걸지 않았다. 움막만을 겨우 면한 절집 몇 동을 허락한 것이었다. 노호동 석굴 서쪽의 절벽 아래였다. 구화마을에서 반나절은 올라와 펼쳐진 넓은 분지였다. 장엄한 구화의 계곡 중에서 유독 알을 품은 형상의 지세가 형성된 곳이었다. 깊은 산속이라고는 하나 대처의 민간이 멀지 않아 승려들의 수행과 민간에의 포교가 두루 용이한 위치였다.

절집이 들어서자 구화를 찾는 사람들은 하루가 다르게 늘어났고 이 계곡은 언제부터인지 구화동九華洞으로 불리고 있었다. 그러나 이제는 그 절집마저 비좁았다. 뒤늦게 들어온 승려들은 대부분 바람이나 겨우 피할 수 있는 토굴이나 대나무집에서 기거하고 있었다. 하지만 이를 두고 불평하는 승려들은 없었다. 이미 구화에 들어온 지 십여 년에 이르는 교각이 아직도 노호동의 석굴에서 지내고 있는 까닭이었다.

"절집을 몇 동 더 지어야겠습니다."

"때가 되면 대 가람伽藍이 설 것이니라."

교각의 대답은 오직 때를 기다리라는 것이었다. 절집이 늘어나고 승려들이 많아질수록 가장 애가 타는 사람은 승유였다. 구화동의 살림을 책임지고 있는 승유로서는 촌각도 쉴 틈이 없었다. 가을이 되면서부터는 식량 사정이 그나마 나아졌다지만 곤궁하기는 매한가지였다. 오늘 아침도 승유는 민가로 내려갈 참이었다.

"큰스님께서 부르세요."

"이렇게 이른 시각에, 무슨 일이라도 있는가?"

"큰스님의 깊은 의중을 제가 어떻게 알겠어요."

도명은 진중하게 고개를 흔들었다. 도명의 전갈을 받은 승유는 한달음에 달려갔다. 교각은 부엌에 있었다. 승유는 깜짝 놀라 뒤주를 막아섰다.

"부르셨습니까?"

"가릴 것 없느니라."

"죄송하옵니다. 민가로 내려가려던 참이었습니다. 염려하지 마시지요."

승유는 머리를 떨구었다. 쌀은 물론 낱곡조차 바닥이 드러난 뒤주를 보인 것이었다. 지금까지는 아무리 곤궁하다 해도 뒤주를 열어본 적이 없는 교각이었다. 얼마나 마음이 쓰였으면 뒤주를 열어보았을까. 승유의 가슴은 찢어지는 듯했다.

승유와 도명을 불러 앉힌 교각은 뜻밖의 질문을 했다.

"요즈음 민간의 사정을 어찌 보느냐?"

"생활을 여쭙는 것인지요?"

"어찌 생활뿐이겠느냐."

"……."

"천하가 불안하질 않더냐. 민초들은 유랑이 그치지를 않고 이 강남의 넓은 들녘도 폐허로 변하고 있음이 아니더냐."

교각의 눈은 깊은 시름에 잠기고 있었다. 승유는 그런 교각의 얼굴에서 눈을 떼지 못했다.

"큰스님!"

"말해 보아라."

"지금이야말로 스님의 불법을 천하에 펼칠 때가 온 것일 수도 있음이옵니다."

"무슨 뜻이더냐?"

"이 나라의 불법은 아직도 산중에 틀어박혀 있거나, 권세가들의 비위를 맞추는 데 급급하여 민초들을 돌아보지 못하고 있음이 아니오니까. 오직 큰스님의 불법만이 저들 민초들을 위해 있을 뿐이옵니다. 우리 구화가 날로 번창하는 까닭이 무엇이겠습니까. 이제는 불사를 크게 일으켜 지장불법의 본산本山을 세울 때에 이른 것이 아니겠습니까. 지금까지는 국법國法을 염려하여 망설이신 줄 아옵니다만 강남땅의 민초들이 큰스님의 불법을 따르는 터이옵니다. 황제의 법도 민초들의 바램을 저버릴 수만은 없을 것이옵니다. 더구나 천하가 어수선한 시절이니 민초들의 원성을 사는 일에 나라가 앞장설 까닭이 있겠사옵니까."

"그것이 너의 분별이더냐?"

"……."

"유탕인 게로구나."

"……"

"도명아, 너의 생각은 어떠하냐? 말해 보아라."

"불사는 저절로 이루어지는 것이지 억지로 꾸밀 바는 아닐 터이지요. 때가 이르렀다면 굳이 큰스님께서 나서실 까닭이 무엇이겠습니까?"

"……"

교각은 빙그레 웃고 있었다. 승유도 깜짝 놀라 도명을 쳐다보았다. 불법이 무르익으면 중이 나서지 않아도 스스로 사찰이 선다. 승유는 새삼 도명의 근기에 놀라지 않을 수 없다.

"나의 뜻도 또한 같으니라."

"하오나, 큰스님!"

"말하여라."

"지금의 양곡 사정으로는 겨울을 보내기도 두렵사옵니다. 불사를 일으켜 널리 시주를 받는 것도 한 방편이 아닐런지요."

"아니 된다."

"큰스님의 뜻이야 어찌 모르겠습니까만."

"알면서도 그러느냐. 절집으로 들어오는 시주는 다 어디서 오는 것이더냐. 그것 또한 민초들의 피와 살일 것이니라. 불법을 구한다는 중들이 가사라도 벗어줄망정 그들 것을 뺏는단 말이더냐!"

"……"

"내 오늘 너희를 부른 것도 또한 이를 해결하려 함이다."

민초들의 불법

밖에서는 댓잎 부딪는 소리만이 사위를 울리고 있었다. 문틈으로 청량한 바람이 밀려들어 가사자락을 흔들었다.

"중은 불법을 먹어야 살지만 중생들은 밥을 먹고 사는 것이 아니더냐. 오늘로 도명은 무호로 가 유탕을 보고 승유는 매불동을 다녀 오거라."

"……?"

"대경大經(화엄경)의 법사法師가 지금 남릉에 와 있다고 들었느니라. 유탕의 화엄도 이제는 만개한 터이니 도명은 유탕과 함께 그를 찾아 대경의 묘법妙法을 격파하여라."

교각은 오랜 동안 마음에 품고 있던 생각을 실행에 옮기고 있었다. 경론에 밝은 유탕과 도명을 깨우쳐 광대무변한 화엄의 세계를 구화로 가져오고 싶었다. 그러기 위해서는 무엇보다도 승속이 쉽게 화엄의 세계에 이를 수 있는『화엄경』의 주석집이 필요했다. 마침『화엄경』의 대법사가 남릉南凌에 와 있었다. 더구나 그는 화엄종의 3대 조사인 법장法藏의 문하로서 조사가 주석한『화엄경탐현기華嚴經探玄記』를 강론하는 것으로 명망이 높았다.『화엄경탐현기』가 어떤 주석서이던가. 법장 조사가 대경의 주석을 끝내고 자신의 사형인 바다 건너 신라의 의상義湘에게까지 그 뜻을 물었을 정도로 심혈을 기울인 화엄의 법해法悔였다.

법장과 의상의 교분은 불가에 회자될 정도로 돈독했다. 그것은 의상이 화엄의 2대 조사인 지엄을 찾아 종남산終南山 지상사至相寺에 머물면서 시작된 교분이었다. 지엄이 하루는 꿈을 꾸었는데 큰 나무 하나가 해동에서 솟아 그 가지가 중국에까지 뻗쳐 있었다. 가지 위에 봉황의 둥지가 있어 올라가 보니 여의주 하나가 그 광명을 멀리까지 비추었다.

다음날 아침, 의상이 지엄을 찾아오니 그가 곧 지엄의 법을 전해 받았다. 그 후 의상이 신라로 돌아오니 법장은 화엄의 제3조가 되었다. 법장은 자주 인편으로나마 의상과 교류하였는데 『화엄경탐현기』는 이때 완성한 강론서였다. 법장은 강론서를 의상에게 보내며 그의 뜻을 물었다.

「서경 숭복사崇福寺 중 법장은 해동 신라의 화엄법사의 시자에게 글을 올립니다. 한 번 작별한 지 20여 년이 되니 사모하는 정성이 어찌 마음속을 떠나겠습니까. 게다가 연기와 구름이 일만 리나 되고 바다와 육지가 일천 겹이나 쌓였으니 이 몸이 다시 뵙지 못하는 것이 한스러울 뿐입니다. 회포의 그리움을 어찌 다 말하오리까.

전생에 인연을 같이 했고 금세에 학업을 같이 닦은 과보가 있어 대경에 목욕하고, 선사先師의 특별한 은혜로 깊은 경전의 가르침을 얻게 된 것입니다.

우러러 듣건대 상인上人께서는 고향에 돌아가신 뒤로 화엄경을 강하시어 법계의 무애한 연기를 드날리시고, 불국을 새롭게 하여 중생에게 이익을 주심이 크다고 들었습니다. 이것으로 여래가 돌아가신 후에 법륜을 다시 굴려 불법을 오래 머물게 한 분은 오직 법사뿐임을 알겠습니다. 법장은 앞으로 나아감이 없고 이루는 것이 없으며 주선하는 것 또한 하나도 없으니, 우러러 이 경전을 생각할 때 선사先師께

부끄러울 뿐입니다. 오직 분수에 따라 받은 바를 잠시도 놓칠 수 없으니 이 업에 의지하여 내세의 인연이 맺기만을 기다릴 뿐입니다.

스님께서 주신 화엄의 주석은 뜻은 풍부하지만 글이 간결하여 후세 사람으로는 이해하기가 어려우리라 보입니다. 그리하여 제가 스님의 깊은 말씀과 미묘한 뜻을 기록하여 의기義記[대승경의 공통된 교리]를 이루었습니다. 이것을 승전勝詮이 가지고 갈 것입니다. 상인上人께서 그 잘잘못을 상세히 검토하시어 가르쳐 주셨으면 합니다. 바라건대 상인께서는 옛일을 잊지 마시고 제취諸趣 가운데에서 정도正道를 가르쳐 주옵소서.」

이렇듯 신라 땅 의상과의 교분 아래 완성된 『화엄경탐현기』였다.

교각은 법장 이래로 그 대경의 강론으로 명망 높은 법사가 남경에 와 있다는 말을 듣고는 눈이 번쩍하지 않을 수 없었다.

"대경의 묘법을 깨우치거든 유탕과 함께 구화로 오너라."

"알겠사옵니다."

"그리고 승유는."

"이미 큰스님의 뜻을 알고 있사옵니다."

"그럼 바로 떠나거라. 나는 베틀이나 돌려도 되겠구나! 허허허."

교각의 너털웃음이 한껏 메아리를 만들며 구화 계곡을 떠돌았다. 교각은 어느새 절벽 길을 오르고 있었다.

청명한 하늘이었다. 선선해진 바람이 구화 계곡을 천천히 쓸며 지나갔다. 그때마다 대나무 밭은 소란스럽게 흔들렸다. 까마득히 솟아 있는 천태봉 산정에는 흰 구름 한 덩이가 매달려 있었다.

승유는 구화를 내려와 도명과 작별하고 매불동으로 길을 잡았다. 가을걷이가 한창인 들녘이었다. 그러나 표정이 밝은 민초들은 볼 수 없었다. 하나 같이 누렇게 뜬 얼굴의 그들은 맥없이 낫을 휘둘렀고 힘없이 주저앉기가 일쑤였다. 밭에는 누런 벼이삭이 매달려 있어 보는 이를 즐겁게 했지만 막상 만져보면 빈 쭉정이뿐이었다. 콩이나 팥 밭도 예외는 아니었다. 이미 가을걷이가 끝난 들녘이건만 후작後作을 갈아놓은 밭은 없었다.

매불동도 예외는 아니었다. 예상했던 일이기는 하지만 막상 폐허나 다름없는 고향의 향리에 들어서는 승유의 마음은 착잡하기 그지없었다. 도명과 헤어져 사흘을 걸어 온 승유였다. 속가俗家의 집일망정 사흘 길에 둔 처지이면서도 아직 한 번도 들르지 못한 승유였다. 하지만 승유는 자신의 집보다는 오용지吳用之의 저택을 먼저 찾았다.

"선사께서는 어찌 지내시는지요?"

"요즘은 베틀을 돌리시지요."

"베틀이라니요?"

"손수 베를 짜시지 않습니까. 날이 하도 굵어 가사 한 벌이 수십 근은 될 것입니다."

"아직도 고행을 멈추지 않는단 말씀입니까?"

민초들의 불법　327

"멈추다니요. 큰스님께서는 손수 짜신 베를 민간에까지 보내는 형편입니다. 저희들의 선근으로야 어디 발치엔들 미치겠습니까."

"참으로 지장보살이십니다. 그렇지 않고서야."

오용지는 스르르 눈을 감았다.

교각과는 벌써 몇 십 년의 인연을 가진 그였다. 교각의 불법이 구화에 이르기 훨씬 전, 걸승으로 떠돌 때부터 그를 보아온 오용지였다. 더구나 선도의 요람이었던 구화에서 불법을 일으킨 교각을 이제까지 보아온 그였다. 예전 같으면 승유에게 하대를 했을 오용지였지만 이렇듯 공손한 것도 교각이 있음에서였다. 오용지는 승유의 눈에서도 교각의 그것과 같은 자비로움을 읽을 수 있었다.

"씨앗을 가지러 왔습니다."

"씨앗이라니요?"

"전에 큰스님께서 이곳에 들르신 적이 있으시질 않습니까. 그때 저의 모친께 맡겨 놓으신 알곡이 있다 하시더군요. 구화동에다 씨앗을 뿌릴 뜻인 듯합니다. 말씀은 누차 계셨었지만 이제야 때가 되었다 생각하신 듯합니다."

"선사께서 농사까지 지으신다는 것입니까?"

"불법을 뿌리시는 것이겠지요. 올 여름에는 큰스님께서 손수 논을 가꾸셨지요. 아직은 아무도 모르는 일이오나 새로운 농법을 깨우치신 듯하였습니다."

"논이라는 것이 무엇입니까?"

"저로서도 보기만 한 터이니 상세이야 알겠습니까. 다만

물을 댄 밭에서 벼를 재배한다니 놀라울 뿐이지요."
"수전을 한단 말씀이구려!"
오용지는 깜짝 놀라 승유를 바라보았다.
벼농사를 수전水田으로 짓는다는 것은 놀라운 일이 아닐 수 없었다. 어쩌다 수전 재배란 말을 듣기는 했어도 이곳 구화 인근의 들녘에서는 아직 수전이 이루어지는 곳은 없었다. 수전의 소출이 어떤지를 알 수도 없거니와 수전법을 아는 사람은 더욱 없는 터였다. 그런 수전을 산사에서 시험해 보겠다는 것이었다.
"과연 선사께서는 법행法行이 하나이십니다 그려."
메마른 가을 들판에는 참새들만 들끓고 있었다. 군데군데 허물어진 밭둑 위로 잡초만 무성한 밭들이 보였다. 그런 밭일수록 그 흔하디흔한 유채조차 보이지 않았다. 들녘뿐이 아니었다. 매불동만 해도 자고 나면 늘어가는 빈집이 벌써 마을의 삼분의 일을 넘어서고 있었다.
"지난해 흉년 이후론 이곳도 말이 아닙니다. 그래도 이곳 형편은 나은 편이라 해야겠지요. 요즘 구화의 사정은 어떠한지요?"
"절집의 사정이야 말을 해서 무엇 합니까. 승속까지 늘어나는 형편이니 요즘 들어서는 더욱 궁색해졌지요. 큰스님께서 경작을 생각하신 것만 보아도…."
"그럴 테지요."
승유는 조용히 자리를 털었다. 아무리 오랜만에 속가를 찾았다 해도 머물지 않는 것이 산문山門에 든 출가인의 발길이

민초들의 불법 329

었다. 승유는 씨앗만을 받아든 채 그 어미를 작별했다.

 구화동 계곡은 시끌벅적한 울력꾼의 함성으로 가득했다. 승유가 매불동을 다녀온 후 계속되는 소리였다. 교각도 나이 든 몸을 이끌고 그들과 함께 있었다. 승속들은 팔을 걷어붙인 채 승유의 지시에 따라 나무를 베어내고 땅을 폈다. 승유의 주도 아래 구화동의 개간이 시작된 것이었다. 계곡에 둘러싸여 비스듬히 들어앉아 평지나 다름없던 구화동에 논과 차밭을 일구는 것이었다. 대나무 밭이 대부분이었지만 소나무와 전나무, 간혹은 고로쇠나무도 울창하게 들어선 구화동이었다. 말이 개간이지 산을 파고 메꾸는 험난한 작업이었다. 게다가 점심도 거르고 두 끼 멀건 죽으로 견디며 하는 산판일이었다. 작업은 예상보다 많이 늦어지고 있었다.
 교각은 아까서부터 한곳으로 시선을 둔 채 움직일 줄을 몰랐다. 거기에는 막 쓰러지는 전나무를 잡아당기는 승유의 뒷모습이 있었다. 개간을 시작한 지 한 달여 사이 몰라보게 수척해진 승유였다. 산판일이 시작된 뒤로 몸을 돌보지 않고 일에 매달려온 승유였다. 모자라는 곳간을 채우랴, 산판일을 잡도리하랴, 그야말로 몸이 열 개라도 모자랄 지경이었다. 하지만 그 고된 중에도 승유는 웃음을 잃지 않고 뛰어다니고 있었다.
 작업은 대개 너댓 명씩 짝을 이루어 하고 있었다. 둘이서 밑동을 톱질하는 사이 또 두어 명은 밧줄을 우듬지에 걸어 나무를 당겼다. 그것도 요령이 있어 톱질의 정도에 맞춰 밧

줄을 당겨야 만 톱이 잘 먹었다. 게다가 제대로 당겨야만 나무가 쓰러질 때 사람한테 가지 않는 법이었다. 그러나 허기진 배를 동여매고 힘을 쓰는 일이니 쉬울 리가 없었다. 모두가 해가 머리 위에서 기울기가 무섭게 비척거리며 주저앉기가 예사였다. 벌목이 끝난다 해도 일은 시작에 불과했다. 한 아름은 족히 되는 나무토막을 끌어내리는 것도 어려운 일이지만, 드세게 뿌리박은 등걸을 뽑아내는 작업은 또 얼마나 힘이 들 것인가. 그런 다음에야 겨우 경사진 산자락을 골라 논을 만들 수 있었다.

이 모든 일은 땅이 얼어붙기 전에 마무리되어야 했다. 저들이 이렇듯 기를 쓰는 것도 짧은 가을날 때문이었다. 수전을 미심쩍어하는 승속들을 다독거리는 일조차 쉬운 일이 아니었다. 가사를 걸쳤다는 승려들이나 인근의 마을에서 온 사람들이나 논이란 말은 처음 들어보는 그들이었다. 하지만 교각의 말에 의심을 갖는 사람들은 아무도 없었다. 시켜서 하는 일도 아니었다. 모두가 마음에서 우러나와 돕겠다고 산을 올라온 그들이었다. 그들인들 풍족할 리도 없었다. 거듭되는 흉년과 늘어만 가는 조세로 하루 두 끼니를 풀칠하기도 어려운 터였다. 그래도 곡기穀氣를 탐하지는 않았다. 오로지 신심 하나로 모여든 그들이었다. 그들을 바라보는 교각의 눈은 붉게 물들고 있었다.

"큰스님!"

"힘이 들어 그러느냐?"

"아니옵니다. 큰스님께서 수전은 어떻게 알고 계신지 궁금해서요. 그것뿐이 아니에요. 이곳에선 볼 수도 없는 씨앗을 갖고 계시기에 대중스님들도 다들 신기하게 여기거든요."

"원, 녀석들."

도명을 유탕에게로 떠나보낸 뒤부터 교각의 시중을 드는 나이 어린 행자였다. 아직은 귀여움이나 받을 나이 어린 행자를 바라보며 교각은 빙그레 웃었다.

"그렇게 궁금하더냐?"

"그럼요."

"네놈은 저 장강을 따라 내려가 바다를 건너면 어느 나라가 나오는지 알고는 있느냐?"

"바다 건너요?"

행자는 눈을 깜박거리면서 되물었다. 대처 구경도 못해본 행자로서는 바다란 말도 처음일 터였다.

"바다 건너라면 가까이는 유구流球가 있고 멀리는 왜倭와 계림鷄林이 있지를 않습니까?"

마침 옆에서 듣고 있던 선도해가 물었다.

"그러하니라. 그중 계림이라 불리는 신라국에서는 논을 일구어 수전을 한단다. 밭벼에 비긴다면 소출이 월등하지. 밭에다 볍씨를 뿌리는 것이 성문聲聞이나 연각緣覺의 경지라면, 수전은 아마도 보살의 행쯤은 될 것이니라."

"그렇듯 소출이 많다는 말씀이옵니까? 그럼 그 씨앗도."

"그러하니라. 신라국의 것이니라."

"하오면 큰스님께서는?"

교각은 빙그레 웃으며 돌아섰다. 고국 신라의 이야기를 해

보기는 처음이었다. 승유에게조차도 털어놓은 적이 없는 이야기였다. 교각의 가슴속에는 불현듯 서라벌에서의 모든 인연들이 떠올랐다. 늘그막에 들어설수록 그리워지는 사람들과 토함산. 속가의 인연을 떠나기란 이렇듯 어려운 것일까. 교각은 머리를 절레절레 흔들었다. 계곡은 다시 울력꾼의 함성소리로 가득차고 있었다.

오용지가 구화동에 온 것은 며칠이 지나서였다.

구화동을 개간한다는 말은 승유에게 들은 터이지만 풍문으로 들려오는 산판일은 오용지를 가만히 놓아두지 않았다. 고단한 일이야 어쩔 수 없다지만 끼니까지 잇지 못한다는 풍문이 인근에 허다하게 떠돌고 있었던 것이다. 구화의 승려들이 평소에도 낟곡을 아껴 죽으로 허기를 면한다는 것을 모르는 사람이 없었다. 오죽하면 그들을 가리켜 민간에서는 고고승[枯槁僧], 즉 '깡마른 중'이라고까지 부르고 있었다. 그러나 구화의 개간이 시작되고부터는 흙을 섞어 죽을 끓인다는 말까지 돌고 있는 것이었다.

풍문을 들은 오용지는 아픈 마음을 견딜 수 없어 그날로 일곱 수레에 가득 쌀 바리를 싣고 구화로 온 것이었다.

"이것이 정말 흙입니까?"

"일반의 흙과는 다른 것이지요."

승유는 뒤주 안에 소복하게 쌓여 있는 흙을 한 줌 꺼내들었다. 희읍스름한 빛깔을 띤 가루 흙이었다.

"관음토觀音土라는 것입니다. 곡기가 부족하다는 말씀을 들으신 큰스님께서 알려주셨지요. 푸성귀와 함께 죽을 끓이면 뱃골이 든든한 게 그런대로 힘이 되지요."

"허허허. 과연 관음톤가 보오."

"모두가 큰스님의 법력이겠지요."

"이 구화의 땅에서 낱곡을 소출할 때까지는 곡기를 염려하지 마십시오."

뒤에 오용지는 교각으로부터 한 통의 서찰을 받았다. 고마움을 표하는 교각의 마음이 고스란히 담겨 있는 서찰이었다. 그러나 서찰을 받아든 오용지를 깜짝 놀라게 한 것이 있었으니, 그것은 동봉해온 한 편의 시詩「수혜미酬惠米」였다.

교각은 계림 땅 신라국의 왕자였던 것이다.

비단 옷 버려 납의를 걸치고
몸을 닦는다 바다를 건너 구화에 이르렀네
나 본래 왕자의 우두머리로
구도의 길에서 오용지를 만났구려
가르침을 구하는 것만으로도 황송한 터에
어제는 쌀까지 보내왔으니
오늘은 기름이 흐르는 밥으로 배를 채우면서도
지난날의 굶주림을 잊을 수 없구려.

棄却金鑾納布衣　　修身浮海到華西
原自是酋王子　　　慕道相逢吳用之
未敢叩問求他語　　昨叨送米續晨炊
而今飧食黃精飯　　腹胞忘思前日飢

강남江南의 성자聖者

1

천보 14년(755) 11월, 장강 이북의 대륙은 걷잡을 수 없는 혼란에 빠져들고 있었다.

안록산이 범양范陽에서 난을 일으킨 것이었다. 간상 양국충을 처단하여 천하의 기강을 바로잡겠다는 것이 반역의 명분이었다. 안록산은 자신이 절도사로 있는 하동河東의 주군州郡을 일거에 수중에 넣고 곧바로 낙양성으로 진격해 들어갔다. 거병을 한 지 불과 한 달여 만이었다. 낙양성은 33일 만에 안록산의 수중에 떨어졌다. 양경兩京이라 일컬어지던 낙양성을 점령한 안록산은 쉬지 않고 군마軍馬를 몰아 장안성으로 진격했다. 낙양과 장안은 준마로 사흘 길이면 넉넉한 거리였다. 발등에 불이 떨어진 현종은 12월, 영왕榮王 이완李琬을 원수로 삼고 서평군왕西平郡王 하서절도사 가서한을 부원수로 임명하여 안록산을 막도록 하였다. 또한 영왕永王 이린李璘에게 산남절도사 직을 주어 아직 안록산의 군마에 짓밟히지 않은 장강의 중하류 지역을 지키게 하였다. 황실의 대응군이 신속하게 편성되자 안록산도 군마를 정돈키 위해 잠시 출병을 멈추게 되었다.

전란이 소강상태로 접어든 천보 15년(756) 정월, 안록산은 낙양성에서 나라를 세워 국호를 대연大燕이라 하고 그 스스로 황제가 되었다. 황제의 위位에 오른 안록산은 다시 장안성으로 군마를 몰았다. 장안성에는 천하의 정예군이 모두 집결되어 있었으나 허울뿐인 군사들이었다. 특히 장안성을 지키는 금위군이란 명색이 금위군이지 병기는 녹슬었고 잡기에나 능한 군사들이었다. 단련된 군마라고는 오직 가서한의 병마들뿐이었으나 그나마 중원의 지리에는 어둡기 짝이 없어 죽음의 막다른 골목에서 달려드는 안록산의 군사를 당해낼 리가 없었다. 가서한의 군사는 영보靈寶에서 6개월여를 버티다 대패했고, 가서한은 결국 장안성의 길목인 동관潼關에서 안록산에게 투항하고 말았다. 안록산은 거칠 것 없이 장안성으로 들어왔다.

현종은 장안성의 함락을 불과 10여 일 앞둔 6월 12일, 성을 빠져나갔다. 유비가 세운 촉의 도읍지였던 성도成都로 향한 피난길이었다. 하지만 현종의 피난길이 순탄할 수는 없었다. 이미 황제에게서 마음이 떠난 시위군들은 행군 도중에 없어지기 일쑤였고 성난 민초들의 돌팔매가 어가에까지 떨어질 지경이었다. 어가는 이틀을 못 가 마괴파에서 멈추고 말았다. 한밤중에 시위군에서 변란이 일어난 것이었다. 하나같이 이제까지 현종을 모시고 중신들 앞에서 굽신거리던 군사들이었지만, 더 이상은 황제의 명에 죽음을 불사하는 예전의 군사들이 아니었다.

"저들 민초들의 원성이 다 간상 양국충과 간교한 양귀비를 죽여야 한다는 것이옵니다. 그들을 죽이지 않는 한 어가의 앞을 비키지 못하겠다 하옵니다."

"그러하냐."

말은 그렇게 하고 있었지만 현종도 그들의 내심을 모를 리 없었다. 현종은 한마디 던져놓고는 가타부타 말이 없었다.

"죽여라!"

순식간의 일이었다. 이성을 잃은 군사들과 민초들은 한데 어울려 두 연놈을 작살을 내고 말았다. 사지가 갈기갈기 찢긴 채 진흙탕으로 끌려 다니는 두 시신을 보면서도 현종은 끝내 아무 말도 하지 않았다.

현종의 어가는 장안성을 떠난 지 50여 일만에 성도에 도착했다. 성도까지 현종을 따라온 군사와 중신들은 불과 천삼백 명에 불과했다. 비로소 안심이 된 현종은 천하를 수복하기 위해 대책을 세우기 시작했다. 그러나 현종이 할 수 있는 일은 하나도 없었다. 이미 성도에 들어오기 전인 7월 15일, 조서를 내려 천하의 병권을 황자皇子들에게 위임한 터였다. 이제는 그들이 하는 양을 두고 볼 수밖에 없었다.

「태자인 형亨은 천하병마원수가 되어 삭방, 하동, 평로절도사를 거느리고 남으로 장안, 낙양을 탈환하라. 영왕 린璘은 산남동도, 영남, 검중, 강남서도 절도사가 되어 장강 유역을 방어하라. 필요한 병마, 장비, 식량은 모두 해당 로路에서 자체 조달하라.」

피난길에서 현종이 내린 제치制置였다. 그러나 제치는 황자皇子들에게 도착하기도 전에 무용지물이 되어 버렸다. 오히려 황자들끼리의 내란의 빌미가 되어 태자 이형과 영왕 이린의 싸움을 부추기는 결과만 낳고 말았다. 제치가 도착하기 전에 숙종으로 즉위한 태자 이형은 천하의 병권을 자신의 휘하에 두려 했고, 제치를 받은 영왕 이린은 현종의 명에 따라 군사를 일으킨 것이었다.

 호수는 바람 한 점 없이 잔잔했다. 편주에서는 오늘도 이백 혼자만이 조출한 술상을 받고 있었다, 이곳 율양深陽의 태호太湖로 온 뒤 계속되는 뱃놀이였다. 소반 한쪽에는 그의 피리가 며칠째 놓여 있었지만 한 번도 소리를 낸 적은 없었다. 지필묵도 처음 그대로였다.
 배는 호수 안으로 들어가고 있었다. 끝이 보이지 않는 호수 저쪽에서는 기러기가 안개를 뚫고 지나갔다. 추연해진 이백의 심사는 술조차도 쉽게 넘기지 못했다. 술잔만 들었다 놓기를 몇 번, 이백의 눈은 희뿌옇게 젖어들고 있었다. 장강의 북쪽은 병마에 짓밟혀 신음하는 이때 뱃놀이나 해야 하는 이백이었다. 붓 하나로 천하를 주유하며 이름을 드날리기 벌써 이십여 년, 하지만 그의 재능을 아꼈을망정 조정은 그를 부르지 않았다. 당장이라도 말을 달려 반란의 무리들을 진압하고픈 생각은 가득했지만 몸은 벌써 전장터를 도망해 나온 비겁자였다.
 이백이 강남의 금릉 근처인 율양으로 온 지도 사흘째 접어들고 있었다.
 전에 오균을 찾아 횡망산에서 해를 보낸 이백은 그 후, 금릉에서 몇 해를 보냈다. 하지만 그의 타고난 방랑벽은 한곳에 오래 머물게 하지 않았다. 이백은 오십 노구를 이끌고 노魯 지방은 물론 유주幽州, 하북河北, 산서山西 등지를 오가며 천하를 풍자하고 다녔다. 이백이 안록산의 난을 만난 것은 장강의 절경지인 심양尋陽에서 막 낙양성 옆의 양원梁園으로 돌아왔을 무렵이었다. 양원은 안록산의 군마가 낙양성으로 진군하는 길목이었다. 이백은 반란군이 낙양성을 포위하는 틈을 타 부인 종씨와 함께 호복으로 변장한 채 다시 심양으로 도망쳐 나왔다. 그 후 배편으로 장강을 내려와 금릉으로 피난한 이백은 주로 금릉 주변의 군현인 선성宣城, 당도當塗 등을 오가며 지내고 있었다. 이곳 율양으로 들어온 것은 태호의 풍광을 생각해서였다.

아스라히 멀어진 나루터에서 편주 한 척이 돛을 올리고 있었다. 돛을 올린 배는 천천히 기수를 틀어 호수의 가운데로 머리를 돌렸다. 멀리서 보아도 힘을 다하여 노를 젓는 모습이 역력했다. 잦아든 바람은 두어 폭 돛조차도 버거운지 힘겹게 물살을 가르고 있었다. 나루터에서 멀어질수록 배는 이백의 편주로 향하고 있었다. 이백을 바라고 오는 배가 분명했다.

술잔을 든 채 멍하니 다가서는 배를 보고 있던 이백의 눈에 점차 힘이 주어지고 있었다.

"편주에 있는 분은 혹시 청련靑蓮이 아니신가! 나 백고 장욱일세!"

마침내 다가선 편주에서 한 목소리가 들려왔을 때, 이백은 들었던 술잔을 떨어뜨리고 말았다. 자신의 호를 저렇듯 마음 놓고 부를 수 있는 사람이 누구던가.

"무어야, 백고가 왔다고!"

이백은 화들짝 놀라 소반을 박찼다. 손을 흔드는 사람의 얼굴이 차츰 그 모습을 드러내고 있었다. 둥그스름한 그 얼굴은 완연한 백고伯高 장욱張旭이었다. 이백의 입에서는 느닷없는 웃음이 터져 나왔다.

"자네가 분명 백고란 말인가! 허허허."

장욱의 체모를 다시 보는 이백의 기쁨은 이루 말할 수 없었다. 이백과는 취중팔선이란 민간의 칭송을 받으며 천하를 주유하던 장욱이었다. 장욱은 당대 최고의 서예가로 전대의 필법을 거부한 초서의 달인이었다. 오죽하면 그의 현란한 운필運筆을 가리켜 민간에서는 광초狂草라고까지 부르는 지경이었다. 더구나 그의 필법은 안진경과 이백에게 전수되어 당대를 풍미하고 있었으니 장욱의 이름은 더욱 빛나고 있었다. 이백에게 있어 장욱은 친구이자 스승이었던 것이다.

"안색이 많이 상했네 그려."

"금릉에 당도하니 자네 소식을 들을 수 있더구먼. 부랴부랴 달려오는 길일세."

"강남에 내려온 지가 얼마 안 된 모양일세. 하긴 강남에 있었다면 내가 자네 소식을 못 들었을 리가 없겠지."

"이 전란 중에도 뱃놀이라니 과연 청련이란 호가 부끄럽지 않으이. 독작도 할 만하던가? 허허허."

"자네가 나를 핀잔하는 건가?"

"당치 않으이. 내 몸도 도망 온 꼴에 누구를 비방하겠나. 내게도 한 잔 주시게나."

그러나 이백과 장원은 한동안 술잔을 들지 못했다. 천하의 명망을 얻고 있는 그들이었다. 아무리 조정의 홀대를 받아왔다고는 하나 전란을 피해 도망했다는 자괴감을 버릴 수가 없었다. 금준미주金樽美酒에 옥반가효玉盤佳肴라 할지라도 넘어갈 리가 없었다. 망망한 수면에 눈을 둔 채 둘은 움직일 줄을 몰랐다. 편주 위로는 기러기들만 날고 있었다.

"자네는 낙양서 나왔으니 반군들의 행패를 보았음직도 한데?"

"보았다마다."

이백은 눈을 들어 장욱을 보았다.

"한 번 들어보겠나?"

술잔이 번쩍 들려졌다. 이백은 단숨에 술잔을 비우고는 허망한 눈길을 장욱에게 주었다. 그의 눈이 천천히 감겨지더니 처연한 목소리가 터져 나왔다.

낙양의 춘삼월에 몰아치는 오랑캐의 피바람
낙양성의 사람들은 원성으로 울부짖노니
낙수 흐르는 물은 붉은 피로 넘실대고
백골은 서로 얽혀 삼대처럼 어지럽구나
　洛陽三月飛胡沙　洛陽城中人怨嗟
　天津流水波赤血　白骨相撐如亂麻

어느새, 장욱은 지필묵을 풀었다. 장욱은 기러기가 내려앉듯 운필을 끝냈다. 묵향이 채 가시기도 전이었다. 하지만 화선지 위의 글자에서는 예전의 활달하고 생동하는 힘은 볼 수가 없었다. 장욱의 한숨소리가 길게 여운을 남겼다.

술추렴으로 태호에서 이레 밤낮을 보낸 이백은 무호로 나왔다. 전장터를 장강 건너에 둔 강남이라 했지만 어수선하기는 금릉이나 무호나 다를 바 없었다. 강남의 장정들은 남김없이 징발되었고 양곡은 주요 선착장마다 산처럼 쌓이고 있었다. 굶주려오던 민초들의 눈에는 신기하리만치 쏟아져 나오는 양곡이 혀를 내두를 지경이었다. 길목의 담벼락에는 포고령과 격문이 장정들을 위협하고 있었고 병마들은 촌각도 쉬지 않고 병선兵船으로 모여들고 있었다. 거리는 뽀얀 먼지가 가실 틈이 없었다.

이백과 장욱은 무호로 들어서자마자 선착장으로 나왔다.

민간의 모습은 눈에 띄지 않았다. 이백은 배를 통제하고 있는 한 군졸한테 다가갔다.

"배를 띄울 수 있는가?"

"수영水營의 허락이 없이는 한 척의 배도 장강으로 나설 수가 없습니다."

"편주도 불가하단 말인가?"

"그러합니다."

"수영의 장교는 어디에 있는가?"

"공의 존함을 여쭈어도 되겠습니까?"

장교를 찾는 이백의 언사에 군졸은 금세 공손해졌다. 하지만 굳이 장교를 찾아 나설 필요는 없었다.

"무슨 일로 그러시는지요?"

"고생이 심하시네. 나는 이백이라는 사람이고 이쪽은 백고 장욱이란 사람일세."

장교의 눈은 화등잔 만해 졌다.

"전장터에서 상인을 뵙게 될 줄이야 알았겠습니까. 몰라봐서 죄송합니다."

"아닐세. 그보다는 편주를 띄웠으면 하네만."

"어디로 가실 작정이신지요?"

"귀질세."

"귀지라면 상인께서도 구화를 염두하시옵니까?"

"배편은 가능하겠는가?"

"상인께서 큰스님을 찾아가신다면야 제가 직접 모시겠습니다요."

장교는 시뜻하게 말했다.

"큰스님이라니, 누굴 말하는 것인가?"

장욱으로서는 목적지만 들은 채 이백을 따라 나선 길이었다. 이제서야 장욱은 이백이 큰스님으로 불리는 중을 찾아가는 길임을 알게 된 것이었다. 강남땅에 오래 머문 적이 없는 장욱으로서는 알 리가 없는 승려였다. 더구나 이백이 구태여 찾는 승려라면 범속한 인물은 아닐 터였다.

"아직 모르시옵니까? 본래는 교각스님이오나 이곳 강남에서는 큰스님의 법명을 부르는 것조차 금기시 된 지 오래되었지요. 워낙 법력이 높아 인근의 민초들이 우러르는 까닭이옵니다."

"그런 스님이 있었던가?"

장욱은 놀라 물었다.

"요즘은 큰스님께서 산꼭대기인 구화동에 수전까지 개간하였습지요. 그곳 구화 일대에서는 처음으로 시작한 논농사인데 민초들은 벌써부터 큰스님의 수전법을 배운다 합니다. 그야말로 지장행을 보여주시는 분이옵지요."

장교는 지극히 흠모하는 표정으로 돌아섰다.

배편은 곧 마련되었다. 조그맣기는 하지만 날랜 병선이었다. 장교는 그의 말대로 배에 올라 선수船首를 잡고 있었다. 거센 물살을 거슬러 오르는 뱃길이었다. 배는 병선답게 재빠르게 물결을 헤치고 있었다. 장교가 자리로 온 것은 잠시 뒤였다. 장교가 자리에 앉자 이백이 운을 뗐다.

"요즘의 전황은 어떠하던가?"

"황제께서 성도로 피난하신 것은 들었사옵니까?"

"그것은 알고 있네."

"얼마 전에 조서를 내려 태자께서는 천하병마원수가 되시고 영왕께서는 강남땅의 절도사가 되시어 장강 유역을 방어하라는 임무가 내려졌지요."

"그렇다면 지금 영왕께서는 어디에 계신가?"

"자세히는 모르오나 양양襄陽에서 군마를 정비하시는 것으로 들었사옵니다."

"출병지는 어디라 하던가?"

"강하라 들었사옵니다."

"강하라. 으음."

이백의 신음이 길게 이어졌다. 강하江夏라면 귀지貴池에서도 장강을 거스르는 뱃길 600여 리의 거리였다. 이백의 가슴은 조금씩 꿈틀거리기 시작했다. 구화를 들렀다 심양으로 가 영왕을 기다리리라. 심양은 그 중간쯤에 위치하고 있었다. 심양에 있으면서 영왕의 동태를 볼 작정이었다. 아무리 제후라 한들 천하의 이백이 스스로 그의 막부幕府를 찾을 수는 없었다. 그가 부른다면 영왕의 진중에 몸을 담을 것이되, 그렇지 않으면 산수로 벗을 삼아 풍월이나 희롱하는 게 나을 터였다.

구화에 오르자 과연 장교의 말이 그르지 않음을 알 수 있었다. 그동안 당도와 선성을 오가면서 구화의 풍문은 들어왔지만 구화에 오기는 이번이 처음이었다. 교각과의 만남도 두함의 급병 뒤로는 한 번도 없었던 이백이었다. 하지만 그의 포교 활동에 대해서는 소상하리만치 알고 있었다. 그의 범상치 않은 법문과 자비로운 미소, 그의 보살행은 벌써부터 구화 일대를 진동시키고 있었다. 짧은 만남이기는 했지만 이백도 교각의 면면은 이미 보았던 터였다. 풍문을 들을 때마다 다시 한 번 만나보고 싶었던 교각이었다. 이백은 오랜만의 만남에 은근한 설렘까지 갖고 있었다. 그 설렘은 어찌 보면 보살로까지 민초들의 추앙을 받는 교각에 대한 호기심이었다.

한여름인데도 구화동의 바람은 청량하기만 했다.

"가히 민초들이 우러를 만하지 않소?"

"산 아래는 전란의 와중인데 산 위는 선계인 듯하오. 허허

강남의 성자 345

허."

구화동에 들어선 이백과 장욱의 마음은 절로 녹아들고 있었다. 온통 논배미로 빼곡한 계곡 안은 보기만 해도 시원한 벼 물결이 일었다. 경사가 완만하다 싶은 산자락은 모두가 논배미였다. 돌계단을 오르듯 차곡차곡 일궈놓은 논배미에서는 그 정성이 물씬 풍겨 나왔다. 벌써 통통하게 알이 든 튼실한 벼 포기는 삐죽이 이삭을 올리고 있었다. 바람이 일 때마다 하얗게 드러나는 벼꽃이 마치 여인네의 속살을 보는 듯했다. 한쪽에서는 승려들이 김을 매는 모습도 보였다. 가만히 보면 승려들만도 아니었다. 승속이 함께 논배미에 들어서 있는 것이었다. 실로 보기 드문 정겨운 광경이 아닐 수 없었다. 계곡의 광경에 취해 있던 두 사람은 서둘러 절집으로 발길을 옮겼다.

"큰스님을 뵈오러 왔소이다."
"어느 분이라 여쭐까요?"
"이백과 장욱이 찾았다 하시게."
"그렇게 전하면 아시옵니까?"

천하의 이백이라지만 어린 사미승이니 알 리가 없었다. 사미승은 두 눈을 깜박거리면서 되물었다. 이백과 장욱은 마주 보며 웃음을 터뜨렸다.

"아실 것일세."

그러나 일껏 물어온 사미승의 대답이 또한 걸작이었다.

"그러하시면 저쪽 논으로 올라가시지요. 큰스님께서는 논에 계시옵니다. 큰스님께서는 찾아오시는 분을 마다하신 적이 없사오니 그냥 올라가시지요. 궁금하여 그냥 여쭌 것이었습니다."

"……."

사미승은 대답도 듣지 않고 돌아섰다.

"허허허. 청련이 오늘은 벙어리가 됐네 그려."

"자네는 또 어떻고! 허허허."

산골짜기 논배미라지만 논두렁이 반듯하니 바둑판을 새긴 듯했다. 교각이 있는 논배미는 그중에서도 제일 꼭대기쯤이었다. 논두렁에는 가지런히 깎아놓은 잡풀들이 너댓 발자국마다 쌓여 있었다. 돌피 한 포기 섞이지 않은 논배미들은 정성스레 가꾸었음을 금방 알 수 있었다. 창끝처럼 올곧게 뻗친 벼 잎들은 사뭇 검은빛을 띨 정도였다. 거름이 부족해 노랗게 말라비틀어진 들녘의 것들과는 겉보기부터 달랐다.

수그린 뒷모습만을 얼핏 보아서는 교각을 찾을 수가 없었다. 그들이 오는 것을 보았으련만 승속들은 누구 하나 그들에게 눈길조차 주지 않았다. 그저 연신 어깨를 들썩이며 김매기에 열중할 뿐이었다. 논배미에서는 두레꾼의 선창을 따라 콧노래마저 나오고 있었다. 논두렁으로 다가선 이백은 부러 고함치듯 소리를 질렀다.

"큰스님께서는 저를 기억하시겠는지요?"

"……."

그제서야 콧노래가 뚝 멈춰지더니 사람들의 시선이 일제히 두 사람에게 쏠렸다. 그들의 얼굴은 의아스럽다는 표정을 가득 담고 있었다. 우락부락한 교각의 모습은 한 귀퉁이에 있었다. 오랜만이라지만 그 기이한 생김은 쉽게 이백의 기억을 되살릴 수 있었다. 그러나 논배미 안에서는 아무 대답도 나오지 않았다. 이백과 장욱은 머쓱해져 서로의 얼굴을 쳐다보았다. 이백은 헛기침을 한 번 하고는 다시 입을 열었다.

"이백이 큰스님을 뵈오러 왔습니다."
"청련거사라 하셨습니까?"
"그러하오이다."

묻고 있는 승려는 교각이 아닌 유탕이었다. 이즈음 유탕은 화엄경의 주석을 끝내고 구화로 돌아와 있었다. 두함의 일로 만난 적은 있었으나 벌써 십여 년 전의 일이었다. 서로의 얼굴이 기억에 있을 리가 없었다. 이백은 공손하게 대꾸했다. 이백이란 성명이 나오자 논배미 안에서는 술렁거림이 일었다. 교각은 여전히 아무 말도 없었다. 이백의 눈은 줄곧 교각에게 가 있었다.

"어찌 오셨는지요?"

하지만 다시 물어오는 유탕의 질문은 이백에게 썩 유쾌한 것은 아니었다. 이런 푸대접을 받아보기는 처음인 이백이었다. 이백은 억지로 불쾌함을 누르며 말을 던졌다.

"큰스님의 선업이 대처에 자자하니 이백인들 듣지 않으리까. 또 전일의 인연도 있고 하니 근방을 지나면서 찾지 않는 것도 도리가 아닐 터, 큰스님의 불법을 듣고자 왔소이다."

교각의 입이 떨어진 것은 그때였다.

"들어오시오"
"……."

"청련께는 어울리지 않겠지만 불법의 마당이란 게 다 이렇소이다."

이백은 성큼 바지를 걷어붙였다. 선도에 심취해 있는 이백이라지만 불법에도 나름의 일가견은 가진 그였다. 웬만한 선문답쯤이야 받아넘길 수 있는 이백이 교각의 의중을 모를 리 없었다. 게다가 민초들의 일이라지만 선눈으로 지나친 적이 없는 그였다. 비록 공명에의 욕망을 버리지는 못했을망정 민초들의 아픔을 함께 해온 이백이었다. 서툴기는 했지만 그런대로 흉내는 낼 수 있는 논일인지라 이백은 망설임 없이 들어선 것이었다.

그런 이백을 보는 논 안의 사람들은 눈이 휘둥그래졌다. 그것은 장욱도 마찬가지였다. 이백의 소탈한 성품을 알고는 있었지만 설마하니 김을 매겠다고 논으로 들어설 줄은 짐작도 못한 일이었다. 장욱은 멍하니 움직일 줄을 몰랐.

이백의 선선함을 보는 교각의 눈에는 비로소 부드러운 미소가 가득 담겼다.

"허허허. 청련의 이름이 과연 허명은 아니구려!"
"큰스님께서는 과장된 풍문으로 저를 책망하십니까?"
"허허허허."

교각의 웃음소리가 호탕하게 터졌다. 교각은 다시 말이 없었다.

한여름의 해거름은 길었다. 대나무 우두머리로 떨어진 석양은 한 시진은 더 천태봉에 걸려 있었다. 천태봉에서 햇발이 사라졌을 때는 이미 구화동에 어둠이 내리기 시작했다.

논일이 끝난 것은 이즈음이었다. 산 아래 민초들까지도 해거름까지 손을 같이 했다. 교각은 사람들이 논배미에서 다 나오고서야 몸을 일으켰다.

"이제 다 들었습니까?"

"……."

느닷없는 교각의 질문이었다. 이백은 물끄러미 교각을 바라보았다.

"허허허. 불법 말이외다. 지장의 불법은 이렇게 살아있는 것이지요. 소송은 더 드릴 말씀이 없어요. 허허허."

"……."

교각은 벌써 산길로 들어서고 있었다. 이백은 멍하나 멀어지는 교각의 뒷모습에서 시선을 떼지 못했다.

금방 베어낸 대나무의 은근한 내음이 좋았다. 이백은 어린애처럼 코끝을 벌름거리며 그 내음을 즐기고 있었다. 이틀이나 구화에 함께 머물던 장욱이 산을 내려간 지도 며칠이 되었지만 이백은 여전히 죽향(竹香)에 취해 있었다.

장욱이 내려가던 날 서둘러 지은 움막이었다. 더 묵겠다는 이백의 청이 있자 승속이 나서서 단번에 얽어놓은 이 움막은 벽이며 천정이며 온통 대나무였다. 움막은 절집에서는 많이 떨어진 계곡 옆에 세웠다. 노호동 계곡수가 흘러내리다 마당만한 소(沼)와 함께 고운 모래밭을 이루어 놓은 곳이었다. 움막 밖으로는 멀리 구화의 연봉들이 겹겹이 푸르름을 더하고 계곡에서는 승천하는 흰 구름이 꽃송이를 피우는 풍광. 마냥 보아도 이백의 눈은 지칠 줄을 몰랐다. 한낮은 계곡물에 발을 담근 채로 보내고, 밤이면 죽향과 뒹구는 신선 같은 나날이었다.

이백이 움막을 나서서 절집으로 내려온 것은 저녁 어스름이었다. 사미승의 전갈이 있었던 것이다. 법석은 청법승들로 꽉 들어차 있었다. 이백이 온 뒤로는 처음 열린 법석이었다. 교각이 법좌로 올라서자 좌중의 소란은 조용히 가라앉았다. 그러나 그 고요함은 일반의 법석과는 달리 풍요로움을 주고 있었다. 그것은 교각의 겉모습에서부터 시작된 것인지도 몰랐다. 논일에서의 진흙이 그대로 남아 있는 적삼자락이었다.

"들어라!"

교각의 맑은 눈길이 좌중을 한 번 쭈욱 스쳐가더니 법석에는 낭랑한 음성이 울리기 시작했다. 그동안 이백은 교각과 대좌하여 본 적이 없었다. 법문을 듣는 것도 이번이 처음이었다. 여느 사찰에서도 받아본 적이 없는 푸대접이었다. 움막이나마 지어주었다고는 하나 그것도 유탕의 배려였음을 이백은 잘 알고 있었다. 하지만 그것이 빈부와 귀천을 차별않는 교각의 소탈한 성품임을 알기는 어렵지 않았다. 이백이 구화에 정을 들일 수 있었던 것도 그러한 교각의 마음을 보았기 때문이었다.

이백은 자기도 모르게 법좌를 우러르고 있었다. 교각의 법음이 모두 冒頭를 끝내기도 전이었지만, 이백은 오늘의 법석이 자신을 두고 마련된 것임을 금방 알 수 있었다.

"지장보살께서는 왜 세상에 나투셨는가. 들어라! 본래 보살은 중생을 두루 이롭게 하기 위하여 스스로 원하여 악취惡

趣에 나투심으로 뜻대로 능히 간다고 하였다. 그렇다면 보살은 무엇 때문에 스스로 악취에 나투신단 말이더냐? 서원으로 맹세하고 이를 악도에서 수행하여 실천하심이니, 곧 자비로운 마음으로 중생을 구제하고자 함이니라. 보살의 행함은 서원에서 비롯되고 서원은 행함으로써 완성되나니, 이것이 곧 대승 불법의 본래 모습이니라. 세존께서도 원을 세워 행함으로써 깨달음을 얻으셨으니 모든 보살 또한 행으로써 성불의 수기授記를 받지 않았더냐.

 들어라! 그러나 성불의 수기를 미뤄둔 채 오로지 악도의 중생들을 구제하고자 나투신 분이 계시니, 그가 곧 지장보살이니라. 모든 보살이 이미 부처를 이루었거나 장차 부처가 되실 존재이나, 지장보살만은 영원히 중생의 곁에 남아있을 오직 한 분이시니 너희가 이제 그분을 따름이니라."

 교각은 잠시 말을 끊었다.

 이백은 부드러운 미소가 가시지 않는 교각의 얼굴을 놓치지 않고 있었다. 법문은 너무도 평이했다. 그토록 구화 일대를 뒤흔들고 있는 교각의 명성과는 전혀 어울리지 않는 법문이었다. 그런 교각의 법문을 듣는 좌중의 분위기도 평온하기 그지없었다. 여느 선사들의 법석과는 너무도 다른 모습이었다. 그러나 이백은 얼마 지나지 않아 자신의 판단이 얼마나 어리석은 것이었나를 깨달을 수 있었다. 그리고 불법의 요체가 너무도 평범한 말 속에 담겨 있음에 이백은 또 다시 놀라고 말았다.

 "들어라 화엄경에 이르기를, 일체의 모든 중생에게는 불성이 있으며 마음을 일으켜 보리심을 내면 이것이 곧 깨달음을 이룬 것[一切衆生悉有佛性 初發心時便成正]이라 했으니, 이는 무엇을 말함이더냐. 이제 너희에게 이르노니, 내 마음속의 불성은 항상 있어 변하지 않는 터, 마음 밖의 부처를 구하지 말고 마음 안의 부처를 볼 것이로다. 스스로 마음법에 귀의하여 행하면 그것이 곧 보살행이니 지장보살이 악도에 나투심을 너희는 알겠느냐?

들어라! 지장의 불법은 어디에 있더냐. 지장의 불법은 땅 위에서 이루어지나니, 내 마음의 불성을 좇아 지장이 오며 내 마음의 행함을 따라 지장의 불법이 이루어지는 것이 아니더냐. 행하여야 할진저. 실천하여 행하지 않고 어떻게 마음의 부처를 구할 것이며, 어떻게 지장의 불법을 보겠느냐.

들어라! 세존께서 지장보살께 이르시기를, 현재와 미래의 중생들을 너에게 맡기노니 선남자선여인이 한 터럭, 한 티끌이라도 선근善根을 심으면 그대의 방편으로 제도하여 다시는 악도에 떨어지지 않도록 하라고 부촉附囑하시지 않았더냐. 중생을 다 제도하기 전에는 결코 깨달음을 구해 성불하지 않겠노라 서원을 세운 지장보살이 아니더냐. 이보다 더 거룩한 서원이 어디에 있으며, 이보다 더 올바른 법행法行이 어디에 있더냐.

들어라! 법과 행은 하나이며 중생의 불성 또한 하나이니 보살행의 실천도 하나이니라. 그러한 터에 문벌과 민초가 어디에 있을 것이며 왕후장상이 따로 있겠는가. 이 마음을 본다면 내가 곧 지장보살이요, 이 마음을 따라 실천한다면 내

행함이 곧 지장의 불법이니라."

계곡물은 티 하나 없이 맑았다. 넙죽이 엎드린 암반 위로 쏟아져 내리는 물소리도 청량하기만 했다. 모래밭에서 반사된 투명한 볕은 수면 위에서 일렁거렸다. 가끔 바람이 불어오기도 했지만 계곡의 고요함을 깨뜨리지는 못했다.

이백은 아침부터 소沼에 나와 있었다. 모래밭에 자리를 잡은 이백은 오전 내내 움직임이 없었다. 그의 눈은 아직도 어젯밤의 충격에서 벗어나지 못하고 있었다. 교각의 법문은 이제껏 그가 추구해 온 세계와는 너무도 다른 것이었다. 도저히 생각지도 못했고 감당하지도 못할 법문을 들으면서 교각을 다시금 바라보지 않을 수 없었다. 이백은 참으로 오랜만에 이제까지의 삶을 되돌아보고 있었다. 부질없는 공명에 집착해 온 나날들이었다. 움막으로 돌아온 이백은 소탁에 펼쳐진 화선지를 집어 들었다.

'태백서당太白書堂'

온갖 기교를 다한 초서체의 당호堂號였다. 이제까지 묵었던 초막에 현판이라도 걸까 해서 써 놓았던 글이었다. 하지만 자신의 필적을 보는 이백의 얼굴에는 부끄러움이 가득 묻어 나오고 있었다. 초막에마저 자신의 자취를 남기려 했던 자만심, 이백은 미련 없이 화선지를 찢어버렸다.

행장을 꾸린 이백은 다시 모래밭으로 나왔다. 언제 다시 찾을지 기약 없는 발길이었다. 떠나기 전에 이백은 이 아담한 소沼와 고운 모래밭에 만큼은 이름을 주고 싶었다. 그러나 어울리는 이름이 선뜻 떠오르지 않았다. 이백은 자기도 모르게 교각이 있을 노호동의 산정을 쳐다보았다. 교각이라면 어떤 이름을 주었을까. 잠시 망설이던 이백은 언뜻 떠오르는 생각에 천천히 붓을 들었다.

'금사천金沙川'

불법의 땅에서 진리[金沙]가 흐르는 물이라. 교각도 만족할 것 같았다. 운필을 끝낸 이백은 아무에게도 알리지 않고 산을 내려왔다.

승속들이 이백의 필적을 본 것은 저녁 무렵이었다.

해서체의 단아한 필적이었다. 거기에는 아무런 기교도 소용돌이치는 힘도 없었지만 자연스러움이 한껏 드러나고 있었다. 승속들은 필적으로 미루어 말없이 떠난 이백의 마음을 헤아릴 뿐이었다.

그 후, 이백이 머물던 움막에는 '태백서당'이라는 당호가 걸려 주인을 맞았으며, 계곡의 바윗돌은 '金沙川'이란 세 글자로 보는 이를 즐겁게 했다.

2

지덕至德 원년(756) 가을이었다.

제갈절諸葛節은 아침 일찍 현령縣令 장암張岩의 관사를 찾았다. 청양현의 최고 유지인 제갈절을 맞는 장암은 지방관의 신분도 따지지 않을 정도로 반색을 했다.

"댓바람에 달려왔소이다. 그래 무슨 일이오?"

"숨이나 돌리게나."

한 사람은 신망 높은 지역의 유지였고 또 한 사람은 칭송이 자자한 청양현의 지방관이었다. 서로가 어려워해야 할 신분이었으나 두 사람의 말투에는 격식 따위는 애초부터 없었다.

"자네도 구화의 소식은 들었을 테지. 그 일을 상의하려고 자네를 불렀네."

"구화의 일을 상의한다니?"

"구화동에 개간한 논농사가 대풍이 들었다는 풍문을 듣지도 못했나? 인근의 민초들은 물론 유지들까지도 이젠 교각이란 노승의 말이라면 법으로 아는 모양일세. 더구나 청련거사 이백이 며칠 묵고 간 뒤로는 구화의 교세가 날로 확장되고 있으니 걱정이 아니겠나?"

"그러게 처음부터 잡도리를 해야 한다고 하질 않았는가?"

"명분이 없는 일일세."

"명분이 없다니? 그가 말하는 지장불법이란 게 무엇이던가. 따지고 보면 하잘 것 없는 민초들의 이익을 보살피자는 것이 아닌가. 요즘은 불법 아래서는 왕후장상이 하나라고까지 말한다고 들었네. 그 말이 무엇이던가? 저 강북의 역도들과 무엇이 다르냐는 말일세."

제갈절은 구화의 이야기가 나오자 잠시도 참지를 못했다. 구화의 교세가 일어날 때부터 이를 막아야 한다고 주장했던 제갈절이었다. 그때도 현령 장암은 명분이 없다고 거절했던 터였다. 그런 장암이 오늘은 느닷없이 구화의 일을 의논하자는 것이었다. 제갈절로서는 마뜩찮을 수밖에 없었다.

"진정하고 내 말을 좀 들어보게나. 자네 말대로 안록산의 무리와 다를 바가 없는 무리들이라면 오히려 더 큰 난제란 말일세. 물론 그럴 리야 없겠지만 만약에 말일세. 교각이란 노승을 황제의 성지聖旨를 위배했다 하여 단죄라도 한다고 해보세. 그들 무리들이 가만있겠는가. 강북의 반란이 이곳 구화에서도 일어날 수 있음이 아니던가. 더구나 지금의 천하는 말일세."

장암은 잠시 말을 끊었다. 그리고는 제갈절의 얼굴을 살피고는 목소리를 낮추었다.

"절대로 밖으로 새어 나가서는 아니 되는 말일세."

"말하게나."

"태자께서 새로이 연호年號를 세워 지덕至德이라 공포하셨네."

"황제의 보위에 오르셨다는 말인가?"

"그러하네. 아직 이곳 남방까지는 알려지지 않았지만 곧 조칙이 내릴 것으로 보이네."

"보위에 오르셨다면 조칙이 늦어지는 까닭은 무엇이던가? 또 입을 조심하라는 말은 더욱 모르겠네."

"태자께서 임의로 연호를 공포한 탓일세."

"무어라고?"

제갈절의 입은 다물어지지 않았다.

태자 형亨이 황제의 위에 올라 연호를 반포한 것은 현종 재위 44년째이던 천보 15년(757) 7월이었다. 태자 형은 자신을 천하병마원수로 하여 장안성과 낙양성의 탈환을 도모케 하고 아우 린璘에게는 강남의 절도사를 제수하여 장강 유역을 방어하라는 현종의 조서가 도착하기도 전에 이미 황제로 등극해 있었으니, 그가 바로 숙종肅宗이었다. 안록산에게 쫓겨 북방의 영무靈武에서 보위에 오른 숙종은 곧 성도成都의 황실로 통지하여 현종을 상황천제上皇天帝로 추서하였다. 현종은 어쩔 수 없이 제위 계승의 옥새玉璽를 숙종에게 넘겨주고 말았다, 이러한 일련의 과정에서 숙종의 조칙이 늦어졌던 것이다.

"그런 일이 있었구먼."

"문제는 태자께서 보위를 계승하는 것으로 일이 끝날 만큼 간단하지가 않다는 것일세."

"그건 또 무슨 뜻인가?"

"생각해 보게나. 태자께서 상황 폐하의 윤허도 없이 황제의 위에 오르신 것은 무엇 때문이겠나. 지금의 강남은 아우인 영왕께서 관장하고 계시질 않은가. 결국 천하는 강동의 안록산과 서북의 황실, 그리고 이곳 강남의 영왕으로 삼분되질 않았는가. 태자께서는 이를 염려하신 것이 아니겠나."

"태자께서 영왕의 세력을 견제키 위함이라는 말이던가?"

"그러하네."

"……"

"자칫하면 내란이 생길 수도 있음이 아니던가. 더구나 영왕께선 지금 강북으로 진격하려고 군마를 조련 중이라니."

"그거야 안록산의 무리를 치려는 것이 아닌가?"

"하지만 북에 계신 태자께서는 영왕의 세력이 강북쪽으로 들어오는 것을 반기지는 않을 것이란 말이지. 영왕의 군마가 안록산의 무리를 제압했다고 해보세. 그렇게 되면 태자의 위치는 어떻게 되겠는가? 군마를 가진 제후가 황제의 위에 오르는 것은 고금의 이치가 아니던가. 태자께서 이를 두고만 보겠는가."

"듣고 보니 그럴 듯도 하이. 그러면 자네의 의중은 무엇이던가?"

"상황천제의 양위가 계셨으니 황제는 태자 한 분뿐이질 않는가. 당연히 태자의 명을 받들어야겠지. 그래서 하는 말인데 자네를 부른 것은…"

"말하게나."

장암은 말을 끊었다. 그의 얼굴에는 주저하는 표정이 역력했다.

"구화동에 말일세.

"……."

"불사를 일으켰으면 하네만."

"무어야!"

제갈절은 깜짝 놀라 소리쳤다. 장암이나 자기나 선도를 받들어온 처지였고 그것이 인연이 되어 지금까지도 허물없이 지내는 사이가 된 것이었다. 그런 장암이 자신의 앞에서 불사를 하겠다고 하자 제갈절은 자기 귀를 의심하지 않을 수 없었다.

"역정만 낼 것이 아니라, 내 말을 들어보게나."

"말씀하시게."

제갈절의 말투는 이내 변했다.

"요즘의 선도를 자네는 어찌 보는가?"

"어찌 보다니?"

"천하는 두 쪽, 세 쪽으로 갈라져 세상의 인심은 흉폭하기 그지없는 때가 아니던가. 민초들은 군역으로 전장터에 나가랴, 군량을 대랴 그야말로 뼛골이 부서지고 있네. 향리의 민가가 폐허로 변하고 민초들이 화적떼로 둔갑한 게 어디 어제 오늘의 일이던가. 그러한 때에 선도가 하는 일이 무어냐는 말일세."

"자네가 지금 선도를 비방하는 것인가!"

"고깝게 듣지 말게나. 선도가 본래의 교리에서 벗어나고 있음을 이르는 것이네. 강북에서는 안록산이 기세등등하고 사방에서 화적이 창궐하는 이때에 선도의 도관에서 하는 짓이 무엇인가. 오로지 자신들의 보신만 위해 황제의 탄생일을 천추절千秋節이라 하여 금록재金籙齋와 명진재明眞齋를 지내며 하다못해 각 선황과 황후들의 기일에까지 제사를 모시고 있지 않는가. 뿐이던가. 황록재黃籙齋, 삼원재三元齋, 팔절재八節齋, 도탄재塗炭齋 등 그저 복을 비는 제사만 지내다가 해를 넘기고 있음이 아니던가. 도사들은 또 어떠한가. 나라의 녹을 받고 나라의 은총으로 온갖 특권을 누리는 그들이 하는 짓이라고는 주문이나 외워주고 부적을 팔며 금단술로 저 혼자 신선이 되겠다고 발버둥치질 않는가. 요즘은 도사의 승인서인 도첩度牒까지 팔고 있음일세."

"그것이 어찌 선도만의 문제인가. 불도에도 가짜 도첩이 나돌고 있음이며, 그들 역시 군역과 조세를 면제받고 있음이 아니던가. 그들이 하는 양도 산사에 틀어박혀 경전이나 들추는 게 고작일세. 선도나 불도나 다를 게 무엇이던가?"

"그러기에 구화를 이르는 것이 아니던가!"

"소문난 잔치에 먹을 것이 없다질 않던가."

제갈절이라고 구화의 풍문을 못 들을 리 없었다. 그도 언젠가는 한 번 찾아가 보리라 마음먹고 있던 터였다. 이백이 그에게 머리를 숙였다는 소문을 듣고는 그런 마음이 더욱 간절했었다. 하지만 선도의 독실한 신봉자로 알려져 있는 그로서는 구화로 발을 들여놓기가 왠지 꺼림칙하여 이제껏 미루어 온 터였다. 그러던 차에 장암까지 이러하니 제갈절도 처음과는 달리 조금은 수그러들고 있었다.

"구화의 불법은 세간의 것하고는 격이 다르네. 내 눈으로 직접 보았으니 하는 얘길세. 나도 요즘은 마음이 변하고 있으이."

"직접 목도했다고 했는가!"

"그러하네. 하지만 그것만으로 구화에 불사를 일으키자는 얘기가 아닐세. 난들 왜 지장불법이란 것이 황제의 성지에 어긋남을 모르겠는가. 그러나 작금의 대세를 보아서는 불사를 당겨야겠다는 마음뿐일세."

"그건 또 무슨 요상한 궤변인가?"

"태자께서 황제의 보위에 올랐다 하지만 아직은 안정되지 않았고 또, 상황천제께서 계신 터이니 천하의 민심이 어수선해 질 것은 불을 보듯 뻔한 일이 아닌가. 이곳 강남이라고 예외는 아닐 것일세. 군마의 모집과 군량의 조달로 민초들의 생활이 피폐해질 대로 피폐한 터가 아닌가. 더욱이 장강만 건너면 안록산의 무리가 활개를 치고 있는 터, 저들 민초들의 마음을 긁어줄 필요도 있을 것이네. 혹시라도 있을 반란의 기미를 미연에 방지하자는 뜻일세."

"그래서 불시를?"

"맞으이. 지장의 불법은 이미 강남땅 곳곳을 파고들었네. 이러한 때에 저들을 억누르는 것은 화를 자초함이 아니던가. 오히려 나라에서 권장하여 불사를 일으켜 줌이 저들을 달래는 방도일 걸세. 그것이 태자의 보위를 굳건히 하는 길이기도 하고."

"……"

제갈절은 장암의 눈을 똑바로 쳐다보았다. 장암의 말에는 일절 막힘이 없었다. 말은 천하의 대세를 이르고 있었지만 장암 스스로가 구화의 불법을 깊이 흠모하고 있음을 쉽게 느낄 수 있었다. 하지만 그런 장암의 표정을 읽는 제갈절은 은근히 놀라고 있었다. 선도의 추종자였던 장암이 그토록 변해 있는 것도 그랬지만 대세를 보는 눈도 범상한 것은 아니었다. 제갈절로서는 그렇게까지 깊이 생각해 보지 않았던 터였다.

"자네에게 부탁이 있으이."

장암이 다시 말을 꺼냈다. 제갈절은 한풀 기운이 꺾여 장암을 쳐다보았다.

"말하시게"

"이 일은 자네가 나서 주었으면 하네만."

"내가 나서다니?"

"자네도 큰스님을 뵙고 나면 아마 달라질 걸세. 구화동에 한 번 다녀오지 않겠나. 그때도 자네 마음의 변함이 없다면 더 이상 언급하지 않겠네."

"굳이 나를 시키는 연유는 무엇인가?"

"내 명색이 현령이 아니던가. 아직은 관직에 몸담고 있는 내가 나서서 황제의 성지를 거역하면서 지장보살도를 권장할 때는 아닐세."

"나는 성지를 거역해도 되고?"

"허허허. 사람도 참, 걱정 마시게. 새로이 보위에 오르신 황제께서 민초들의 바람을 버릴 것 같은가. 분명 황제의 윤허가 계실 것이네."

참으로 오랜만에 보는 황금물결이었다. 가파른 계곡을 반나절쯤 오르자 갑자기 나타난 넓다란 분지였다. 구화의 연봉들이 감싸 안은 분지는 노랗게 물들어 있었다. 선선해진 바람을 맞아 일렁거리는 벼 물결은 보는 이의 가슴을 절로 흐뭇하게 했다. 바람의 방향에 따라 계단을 오르다가는 다시 산자락을 타고 도는 노란 물결은 민초들의 땀방울만이 만들어 낼 수 있는 장관이었다. 그뿐이 아니었다. 맨몸으로도 오르기 벅찰 만큼 경사진 산자락까지도 사람의 손길은 닿아 있었다. 계단을 오르듯 까마득히 경사진 산허리까지 일구어 놓은 것은 차茶밭이었다. 돌담을 만들고 한 줄의 차밭을 가꾼 다음 다시 돌담을 쌓아 또 한 줄의 차밭을 만들어 산허리까지 일군 것이었다. 이제 겨우 한 뼘 남짓한 차나무 그루로 보아서는 심은 지 얼마 되지 않은 모양이었다.

제갈절은 절집으로 들어가기 전에 그 논과 차밭에 정신이 팔려 있었다. 구화동으로 내려가는 제갈절의 발길은 자연스럽게 차밭으로 먼저 향했다. 아담하게 가꾸어진 차나무는 겉보기에도 정성이 가득했다. 그러나 그보다 제갈절의 눈길을 끈 것은 차나무의 생김새였다. 그것은 일반의 민간에서 보아오던 차나무가 아니었다. 제갈절은 고개를 갸웃거리며 차나무를 차근히 훑어보기 시작했다.

"처음 보시는 차나무일 것입니다."

승려였다.

"구화에는 처음 오시는 길인가 봅니다. 대개들 신기해하지요."

"맞습니다. 초행길이지요."

"소승은 승유라 합니다. 어디서 오셨는지요?"

"청양의 제갈절입니다."

제갈절은 승유라는 말에 얼른 예를 취했다. 승유라는 이름 정도는 제갈절도 익히 들어온 이름이었다. 민간에서도 구화의 법맥을 말할 때 행行으로는 승유가 으뜸이며, 법法으로는 유탕과 도명이 쌍벽을 이룬다고 하지를 않던가. 더구나 구화동의 개간을 주도해 대성공을 이룬 뒤부터 승유의 이름은 민간에 더욱 알려져 있었다. 그런 승유를 만난 것이었다. 그러나 승유의 차림새를 보는 순간 제갈절은 자기 눈을 의심하지 않을 수 없었다. 다 떨어진 베적삼에 망태기와 고무래를 메고 있는 승유의 차림새는 영락없는 민초들의 그것이었다.

"차밭을 매고 오는 길입니다."

제갈절의 표정을 읽었는지 송유가 빙긋이 웃으며 말했다. 속내를 들킨 제갈절의 얼굴이 붉게 물들었다.

"차나무가 많이 다르지요?"

"민간의 것하고는 많이 달라서 궁금해 하던 중입니다. 대도 가늘고 잎은 무척 뾰족한데 잎에서는 벌써 향기가 감돌고 있질 않습니까?"

"잘 보셨습니다. 그 잎만 씹어도 정신이 맑아지는 것을 느낄 정도지요. 큰스님께서 멀리서 가져오신 것이지요."

"큰스님께서는 계림에서 오셨다고 들었는데?"

"그렇습니다. 차 씨도 계림에서 온 것입니다."

"논에 있는 벼들도 계림에서 가져온 볍씨를 뿌린 것입니까?"

"저희들은 그냥 황립도黃粒稻라 부르고 있습니다. 지금까지로 보아서는 이곳 벼들보다 낟알도 많이 붙고 벼 포기도 훨씬 굵습니다. 계림 땅에선 맛이 아주 좋았다는데 추수를 해보면 알겠지요."

승유는 자세하게 일러주었다. 승유의 차분한 대답은 제갈절을 또 다시 놀라게 하고 있었다. 큰스님의 행行을 이어받았다는 그이건만 승유의 말투나 몸짓에서는 터럭만큼의 가식도 보이지 않았다. 너무도 소탈하고 맑은 승유의 눈빛을 보는 제갈절은 절로 머리가 숙여졌다. 승유만 보아도 큰스님의 법력은 미루어 짐작할 수 있는 일이었다.

"큰스님을 뵈었으면 합니다만 괜찮을런지요?"

제갈절은 더욱 공손해져 물었다.

"큰스님께서는 노호동에 계십니다. 산길이 험한데 가실 수 있겠습니까?"

"큰스님께서 다니시는 길을 어찌 힘들다 하겠습니까."

승유는 나이 어린 행자를 시켜 제갈절을 안내했다. 수다스러운 행자였다. 이것저것 물어오기에 지루하지 않아 제갈절로서는 오히려 다행이었다. 저 혼자서 연신 주절거리는 행자는 그래도 심성이 무척 고와 싫증이 나지 않았다. 행자는 묻지도 않는 교각의 이야기까지 서슴없이 말하고 있었다.

"큰스님께서 요 며칠은 공양도 제대로 못하시지 뭐예요. 그 놈의 뱀독이 어찌나 독한지 글쎄, 입 안이 다 헐지 않으셨겠어요. 스님들께서 그렇게 말리셨는데도, 하여간 우리 큰스님은."

"뱀독이라니?"

"구화마을에서 차밭을 손질한다고 사람들이 왔었지요. 그런데 한 아주머니가 독사한테 물렸지 뭐예요. 금방 시퍼렇게 부어오르는데 아주머니는 벌써 정신이 오락가락하질 않겠어요. 그때 큰스님께서 마침 지나시지만 않았어도, 어휴. 글쎄, 큰스님께서 독을 빨아내시는데, 말도 마세요. 새까맣게 죽은 피가 입에 그냥, 어휴."

행자는 생각만 해도 끔찍하다는 듯 사뭇 얼굴을 찡그리며 말했다. 제갈절도 대충 짐작이 가는 일이었다.

"그래서 공양도 못하신단 말인가?"

"공양이 다 뭐예요. 본래 죽 한 그릇으로 공양을 마치시는 분께서 그나마도 못 드시니. 이게 뭔지는 아시겠어요?"

행자는 말을 하다 말고 손에 든 꾸러미를 장난처럼 쳐들었다.

"……"

"잣이지 뭐겠어요. 잣죽이라도 끓여 드릴까 하는데 야단이나 안치실는지…. 두고 봐야죠, 뭐."

"야단이라니?"

"글쎄, 오늘 아침에도 뭐라고 하셨는지 아세요? 중놈이 먹을 것을 탐하면 지옥에 떨어진다지 뭐예요. 때가 되면 목구멍이 열릴 텐데 쓸데없는 짓을 한다는 거예요. 큰스님은 입이 아궁이냐고 물어볼 걸 그랬어요, 히히히. 그래서 몰래 내려온 것인데."

깔깔거리던 행자는 금세 시무룩해졌다. 제갈절은 어린 행자의 천진스러움에 슬몃 웃음이 나왔다.

"이리 주게나."

"예!"

"내가 들고 가면 큰스님께서도 말씀이 없으시겠지."

"그러실 줄 알았어요. 시주님께서는 마음씨가 좋아 보였거든요. 히히히. 얼른 올라오세요."

"……"

제갈절이 선심을 쓰듯 손을 내밀자 풀죽어 있던 행자는 반색을 하며 꾸러미를 맡겼다. 순간, 지금까지 느려터지던 행자의 발길은 마치 산토끼처럼 잰걸음으로 절벽 길을 오르기 시작했다. 제갈절은 퍼뜩 사미승의 잔꾀에 속았다는 것을 알아챘지만 도리어 통쾌한 웃음을 터뜨리고 말았다.

석굴 앞은 석벽으로 둘러싸인 조그만 공터였다. 동굴은 석벽 안으로 뚫려 있었다. 발아래로 구화동이 그림처럼 내려다보이는 산정 바로 뒤였다. 바윗돌 틈에서는 맑은 샘물이 쉬지 않고 솟아오르고 있었다.

세간살이라고는 눈에 띄는 것이 없었다. 썰렁한 공터 한쪽에는 마른 삭정이가 쌓여 있었고 그 옆에는 냄비 하나만이 덜렁 걸렸을 뿐이었다. 석벽이 바람막이와 비 막이를 만들어 놓은 귀퉁이였다. 삭정불의 흔적이 아직도 따스하게 남아 있었다. 석벽 안쪽으로는 단지 두 개가 놓여 있었다.

"제가 없으면 큰스님께서 손수 해 드세요."

행자가 말했다.

제갈절은 묵묵히 머리를 끄덕였다. 하면서도 제갈절의 눈길은 석벽 아래의 단지로 가 있었다. 두 개의 단지에는 뿌연 가루와 좁쌀 등속이 나뉘어 담겨 있었다. 제갈절의 눈은 점점 커지고 있었다.

"관음토라는 것이에요. 큰스님께서는 항상 섞어서 죽을 끓이세요."

행자는 아무렇지도 않다는 듯 말했다.

석굴 안에서는 여전히 기척이 없었다. 제갈절은 울컥 솟아오르는 마음을 다스리며 석굴로 들어섰다. 교각은 벽면을 향해 앉은 채 목석처럼 있었다. 감히 교각을 부를 엄두가 나지 않았다. 한동안 서 있던 제갈절은 조용히 돌아섰다.

석양이 물들고 있었다. 단풍이 한껏 물오른 구화는 석양볕을 받아 사뭇 진홍색을 띠고 있었다. 발아래 멀리 구화의 들녘이 눈에 들어왔다. 저녁내에 휩싸인 마을에서는 연기가 오르고 있었다. 평온하기 그지없는 광경이었다. 그러나 저 평온함 속에는 얼마나 많은 애환이 서려 있던가. 제갈절의 눈에는 한 줄기 회환의 빛이 어리고 있었다.
"산 밑의 내가 너무도 호사스럽구나!"
제갈절의 입에서는 장탄식이 흘러나왔다. 제갈절은 석굴을 향해 세 번 절을 하고는 산을 내려왔다.

3

대풍의 가을걷이가 끝나자마자 불사는 바로 시작되었다. 청양현의 명망가인 제갈절이 앞장서자 불전은 따로 모금할 필요도 없었다. 불전의 건립을 가장 반긴 사람은 구화의 민양화와 노호동의 오용지였다. 때만 기다리던 그들은 불사가 시작되자 거의 전 재산을 내놓았다. 특히 민양화는 이미 아들 도명은 물론 구화산까지 시주한 터이니 그 기쁨은 이루 말할 수 없었다. 구화 인근의 사람들은 불사에 참여하지 않는 이가 없을 정도였다. 여유가 있는 자는 불전을 내놓고 마음이 있는 자는 날품을 시주하는 불사였다.
가람의 건축은 승유가 총책임을 맡았다. 가람의 대법당은 노호동의 산정을 마주한 대나무 밭에 세웠다. 교각이 첫 법회를 열었던 대숲이었다. 대법당은 두어 길 석축 위에 올린 삼층의 공중누각이었다. 밋밋하게 경사를 이루며 내려오던 용마루가 추녀에 이르러서는 하늘로 번쩍 치솟은 누각이었다. 지붕에는 붉은 기와를 얹었다. 추녀 밑으로 가지런히 내비친 서까래와 기둥은 흰색과 붉은색으로 단청을 입혔다. 대법당에는 석가세존을 모시고 좌우와 뒤에는 만다라를 걸었다. 누각 앞에는 붉은 대를 세워 종을 걸었다. 마지막으로 대법당 앞에 반달 모양의 못을 파고 계곡물을 끌어들였다. 교각의 청에 따른 것이었다. 이 못은 월아지月牙池라 이름 지었다.

불사는 월아지에 연蓮 뿌리를 심는 것으로 완성되었다. 그러나 뜻하지 않은 일로 불사는 며칠 더 연장되었다. 바로 교각을 그림자처럼 따르던 삽살개의 죽음 때문이었다. 불사가 끝나던 날 저녁, 이제까지 교각의 곁을 떠나본 적이 없던 삽살개가 힘찬 포효를 한 번 하더니 그대로 숨을 거둔 것이었다.

"너의 일이 다 끝났느냐?"

교각은 나직하게 한마디 하고는 삽살개를 끌어안고 계곡으로 들어갔다. 다음날 불사는 다시 시작되었다.

"법당의 석축 아래에 선청의 형상을 조형하거라. 그도 이젠 깨달음을 얻어 불타의 곁으로 갔느니."

교각의 평생 구도길을 따랐던 선청善聽은 죽어서도 구화를 지키게 된 것이다. 선청의 석상이 돌계단 양쪽에 우뚝 서 법당을 지키니 이로써 불사는 1년여 만에 완성되었다. 지덕 2년(757) 가을이었다.

법당은 붉은빛이 감돌고 있었다. 민양화는 설레는 마음을 주체할 수 없었다. 오랜 동안 월아지에 서서 법당만 바라보던 민양화는 계단을 오르기 시작했다. 오늘이 불사의 낙성을 기념하는 첫 법회가 열리는 날이었다. 사찰의 이름도 오늘에서야 내걸기로 한 터였다. 이제까지는 이름도 없이 구화동으로 불리던 절집이었다.

교각이 법좌로 올라서고 있었다. 여전히 그의 가사는 구화동에 첫발을 내디뎠을 때의 그 누더기였다. 교각의 한쪽 손에는 금사金絲에 싸인 현판이 들려 있었다. 민양화는 침을 꿀쩍 삼키며 현판이 펼쳐지기만을 기다렸다. 법석에서는 기침 소리 하나 들리지 않았다. 드디어 금사가 벗겨지고 있었다.

'화성사化城寺'

법석에서는 조용한 탄성이 흘러나왔다.

어느 한때, 보배로 가득 찬 성이 있었다. 그런데 보배가 있는 성으로 가는 길을 잘 알고 있는 안내자가 있었다. 사람들은 안내자를 따라 보배 성을 찾아 나섰지만, 그 길은 매우 멀고 광야는 흙먼지로 가득했다. 무리들은 배고픔과 갈증에 지쳐 발을 옮기지 못했다. 쓰러지는 무리들이 늘어나자 마침내 안내자가 한곳을 가리키며 말했다.

"저기에 성이 있다!"

흙먼지만 뽀얗던 광야의 한곳에는 어느 사인엔가 거대한 성城이 서 있었다. 안내자가 임시로 만들어 놓은 성이었다. 사람들은 그곳이 거짓 성인 줄도 모르고 보배 성에 이른 듯 안도감에 희희낙락했다. 그때 안내자가 말했다.

"진짜 보배 성은 조금만 더 가면 있다. 이곳은 내가 임시로 만들어 놓은 성이니 어서 보배 성으로 가자."

사람들은 안내자의 말에 따라 보배 성에 무사히 도착할 수 있었다.

부처님 또한 이와 같이 중생의 인도자가 되어 온갖 방편을 써서 중생을 생로병사의 험난한 길에서 해탈의 언덕으로 이끌어주는 법왕法王인 것이다.

『법화경法華經』 화성유품化城喩品의 비유설법이다.

"너희들은 이 뜻을 알겠느냐! 내 이제 화성사라 이름하니, 부처의 뜻으로 이루어진 것처럼 구화의 모든 계곡과 산정이 너희들의 행行으로 이루어질 것이니라."

법석이 쩌렁쩌렁 울렸다.

좌중의 얼굴에는 기쁨이 흘러넘쳤다. 민양화는 교각을 우러르다가 자기도 모르게 법석 앞으로 나아갔다. 그의 가슴은 벅차오르는 희열로 가득해 있었다.

"내 오늘 너에게 계를 주리라."

순간, 발치에 엎드린 민양화의 가슴속에서는 한 줄기 빛이 스치고 있었다. 교각은 그 자리에서 민양화의 머리를 깎았다.

"들어라!"

교각의 부드러운 음성이 좌중의 가슴을 울리기 시작했다.

"옛날에 한 어리석은 사내가 있었다. 햇볕이 내리쬐는 광야를 걷던 이 사내는 목이 몹시 말랐다. 멀리 아지랑이가 피어 있는 것을 본 사내는 그것이 물인 줄 착각하고 그곳으로 달려갔다. 사내는 더욱 목이 말라서 물을 찾다가 마침내는 강가에 이르렀다. 그런데 이 사내는 물은 마시지 않고 쳐다만 보았다.

'목이 마르다고 야단이더니 왜 물을 마시지 않나?'

옆 사람이 궁금해 물었다.

'마시고 싶어도 물이 너무 많으니 어떻게 마시겠는가.'

사내는 그냥 강가를 나왔다.

들어라! 너희들은 이제 이 사내를 바보라고 하겠느냐? 너희들도 그때 옆에 있었던 사람들처럼 어리석다고 비웃겠느냐? 진리가 옆에 있어도 진리를 보지 못하고 혹은 진리를 보았어도 그것이 너무 커서 받아들이질 못하겠다고 물러서는구나. 행할 바를 보고도 행하지 않는 너희들과 무엇이 다르더냐. 어리석은 중생은 행함이 없으니 몸으로는 신업身業을 짓고, 입으로는 구업口業을 지으며, 마음으로는 의업意業을 짓고 악도에 떨어지니 어찌 그냥 두고만 볼 것이냐.

들어라! 몸을 움직이면 몸으로 행하고, 입을 열면 입으로 행하며, 뜻을 지으면 뜻으로 행하니 이것이 지장의 행이니라. 그리하여 지장보살께서는, 내가 지옥에 들어가지 않으면 누가지 옥에 들어가겠는가[我不入地獄 誰入地獄]라고 하시질 않았더냐."

교각의 법문은 간절하게 울려 나왔다.

법당 밖은 바람소리도 들리지 않았다. 석축 아래의 선청은 생전의 모습으로 교각을 지켰고 그 종긋한 귀는 그의 법문을 경청하고 있었다.

별빛처럼 쏟아지는 법문이었다.

4

숙종은 청양현령 장암의 상주서上奏書를 받았다.

화성사가 현판을 건 지 얼마 지나지 않아서였다. 이때 숙종은 장안성으로 귀환해 있었다. 황제의 보위에 올라 처음으로 장안성을 밟은 것이었다. 상주서를 받은 것은 천하의 민심을 가라앉히기에 골몰할 때였다.

「십 수 년 전 교각이라는 승려 일인이 계림으로부터 와서 구화에 은거하고 있사옵니다. 항상 누더기 가사를 걸치고 걸식으로 법을 구하는데, 그 법맥이 천하의 불법과 차이가 있어 지장보살행을 몸소 실천하고 있으니 민초들이 앙앙이 우러러, 민간에서는 천하의 법이 폐하로부터 나오듯 강남땅의 불법은 그에게서 시작된다고 말하는 터이옵니다. 근래에 사찰을 지어 화성사라 하였는바, 국법에 위배하여 사사로이 사찰을 지었다하오나 폐하께서 은총을 내리시어 강남땅의 민초들을 달래 주시길 청하옵니다.」

숙종은 망설였다.

사찰의 신축이나 증축은 국법에 따라 이루어지는 것이 상례였다. 국법에 비추어 본다면 마땅히 벌을 내려야 옳을 것이었다. 그러나 지금이 어느 때인가. 안록산이 죽었다고는 하나 아직 아비를 죽인 그의 아들 안경서는 동쪽 천하를 움켜쥐고 있었다. 게다가 자신의 아우인 영왕 린은 장강에 진을 치고 군마를 조련하는 것이 당장이라도 출정할 태세였다. 휘하의 군마들을 총동원하여 안경서를 치고 한편으로는 아우 영왕을 견제토록 했지만 마음이 놓일 리 없었다. 영왕이 북방으로 출정한다면 형제간의 싸움이 불가피한 형세였다. 이러한 때에는 천하의 인심을 얻는 것이 천승千乘의 군마를 얻는 것보다 더 소중한 것이었다. 더구나 강남땅은 아우 영왕의 본거지였다. 영왕의 민초들을 아우르는 일이었다.

"지장이성금인을 내리리라!"

숙종은 흔쾌히 허락했다.

'지장이성금인地藏利成金印'이 화성사에 도착한 것은 지덕 2년(757) 겨울이었다.

황금과 구리를 섞어 만든 이 도장은 매우 정교했다. 다섯 치의 정방형으로 무게가 일곱 근이나 나가는 도장이었다. 도장의 사면 등에는 아홉 마리의 용이 승천할 듯 솟구쳐 올라 가운데 버티고 있는 사자를 우러러보고 있고, 바닥에는 '지장이성금인' 여섯 글자가 우아한 전서체로 새겨져 있었다.

승속들은 모두가 그 정교함과 화려함에 넋을 잃고 있었다.

그러나 교각은 끝내 금인을 보지 않고 돌아섰다.

5

화성사가 현판을 건 지 4년만이었다. 이백은 지친 심신을 이끌고 구화로 들어왔다. 대나무 움막을 떠난 이후 몇 번 구화에 들른 적은 있었지만 오랫동안 머문 적이 없는 이백이었다. 이순耳順이라는 나이 예순을 넘긴 이백에게 있어 그 몇 해는 오욕으로 점철된 세월이었다.

구화를 내려간 이백은 그 길로 심양으로 갔다. 이백이 심양에 와 있다는 소문이 돌자 영왕 린璘은 모사 위자춘韋子春을 시켜 세 번에 걸쳐 이백을 불렀다. 이백과 같은 천하의 인재를 휘하에 둔다는 것이, 영왕으로서는 자기 군사의 정당성을 알리는 데 큰 도움이 되리라 생각했던 것이었다. 이백은 영왕의 병선兵船이 강하에서 심양으로 내려온 천보 15년(756) 겨울, 그의 막부로 들어갔다. 이때는 이미 숙종으로 즉위한 태자 형亨이 영왕의 군사에 대한 토벌령을 내린 뒤였으나 알지 못한 채였다. 더욱이 영왕은 이백을 끌어들여 명분을 삼고자 했을 뿐, 그의 능력을 인정했던 것은 아니었다. 영왕의 막부에서 이백이 할 수 있는 일이란 고작 문장이나 짓는 일이었다. 상심한 이백은 영왕의 막부에서 나오려 했으나 그러기에는 너무 짧은 시간이었다. 막부에서의 생활 2개월여, 영왕의 병선은 장강을 내려와 윤주潤州에 머물고 있었다. 금릉의 하류에 있는 윤주는 장강과 황하를 잇는 운하가 시작되는 전략상의 요충지였다. 병선을 이용하여 운하를 타고 오르면 곧바로 안록산 세력의 근거지인 유주幽州와 연주燕州를 직접 공략할 수 있었고, 그 여세를 몰아 낙양성을 탈환하기에 알맞은 곳이었다.

그러나 병선을 채 띄우기도 전에 영왕은 숙종의 군사와 충돌하고 급기야는 한 번의 싸움에서 대패하고 말았다. 숙종의 군사와 싸우려는 것을 눈치 챈 장군들이 영왕의 주위를 떠난 탓이었다. 영왕은 도망 중에 피살되었고 이백은 자수를 했으나 반역죄로 옥중에 갇히고 말았다. 이백이 비록 영왕의 막부에서 아무런 역할도 한 바 없지만 그의 이름이 올랐다는 것만으로도 천하의 시선을 모으는 일이었다. 그러한 터에 숙종인들 그를 가만둘 리 없었다. 두어 달 사이의 일이었다. 다행히 그와 친분을 나눈 사람들 특히, 강하의 지방 감찰관인 어사중승御史中丞 송약사宋若思의 도움으로 심양의 옥중에서 나올 수 있었다. 하지만 그것도 잠시, 송약사의 주선으로 올려 진 이백의 천거문은 오히려 숙종의 진노를 불렀다. 이백은 옥중에서 나온 지 두어 달 만에 다시 유배형을 받았다.

유배지는 장강 상류의 야랑夜郎이었다. 유배 길은 장강을 타고 오르는 배편이었다. 유배선을 타고 장강을 거스른 지 일 년하고도 세 달, 배는 무협巫峽에 당도했다. 한데 무협에서는 뜻하지 않은 소식이 이백을 기다리고 있었다.

'현재 구금 중인 천하의 죄수 중 사형은 유배로, 유배 이하는 모두 방면한다.'

황제의 사면령이 내린 것이었다. 마침 인근 지역에 가뭄이 극심하자 민심을 달래려 내린 조처였다. 안록산의 난을 평정하여 천하를 태평하게 만들어보자는 충정에서 비롯되었던 갖은 수모와 시련이 이제야 끝난 것이었다.

유배에서 풀려난 이백은 동정호에서 허전한 마음을 달래보았지만 그의 마음병은 돌이키기 어려웠다. 금릉으로 돌아왔으나 강남땅도 그를 가만히 내버려두지 않았다. 인접한 태주台州에서 민란이 일어난 것이었다. 이들 민초들의 기의군起

義軍은 20만의 병력으로 삽시간에 주변의 상요上饒, 영가永嘉, 영파寧波를 점령하며 기세를 올리고 있었다. 자칫하면 강북의 반역 세력과 결탁할 수도 있는 세력이었다. 숙종은 곧 태위太尉 이광필李光弼에게 명해 민란을 제압하도록 했다.

이백은 자신의 마지막 충정을 보이고자 이광필의 군정에 참여하였다. 그러나 이백의 심신은 너무 지쳐 있었다. 더구나 유배 이후의 폭음에서 시작한 부협질腐脇疾은 가슴속을 썩히고 있었다. 담을 뱉으면 피고름이 섞여 나올 정도였다. 이백은 행군도중에 물러설 수밖에 없었다. 이백은 서서히 삶을 마감할 때가 되었음을 알 수 있었다. 이때 이백의 발길이 자기도 모르게 구화를 향했던 것이었다.

예전에 자신이 묵었던 움막에는 자그마한 서재가 꾸려져 당호를 달고 있었다. 이백은 자신의 이름이 걸려 있는 태백서당을 마다하고 그 옆 무상사無相寺에서 묵었다.

밤이 깊었다. 휘영청 밝은 달은 금사천에 떠 있고 명멸하는 별빛은 대나무 숲에서 부서지고 있었다. 두견새의 울음이 끊어졌다가는 다시 이어졌다. 이백은 밤을 꼬박 밝혔다.

회환과 참회의 나날들. 이백은 자신의 육십 평생을 돌이키고 있었다. 자신을 지켜왔던 선도의 가르침과 미혹에 빠져 있던 신선술, 권력에의 욕망과 시 한 구절로 얻어왔던 명성, 모두가 부질없었다. 그럴수록 산정의 석굴을 떠나지 않는 교각은 커 보이기만 했다. 이제서야 이백은 모든 삶들을 볼 수 있었고 그 삶속에 무르녹아있는 진리가 보이는 듯했다. 짧은 며칠 사이, 회한으로 가득했던 이백의 가슴도 어느덧 평정을 찾아가고 있었다.

　새벽이 오고 있었다. 이백은 말없이 무상사를 나왔다. 이 길이 마지막 길임을 이백도 알고 있었다. 이백은 눈시울이 뜨거워져 교각이 기거하는 산정을 한참 동안 바라보았다. 그리고는 거뭇하게 자태를 드러내는 산정을 향해 두 손을 모았다. 그의 생애 중 가장 거룩한 합장이었다.

　천태봉 뒤로 동녘이 뿌옇게 밝아오고 있었다. 아침, 무상사에는 한 편의 시가 남겨져 있었다.

　　까닿게 솟은 두타령頭陀岑은 머리를 쳐드는데
　　멀리 구화봉을 바라보니
　　금사천金沙川은 맑은 물로 흘러
　　구화의 천봉만학千峰萬壑을 씻어주노나
　　꿈틀거리며 피어오르는 안개 속을
　　가벼운 발길로 산 위에 올라왔거니
　　이제 날 밝아 더 오르면
　　산속의 스님은 누구를 벗하려나
　　이 밤 스님은 침상에 누워
　　달빛을 베고 잠이 드는데
　　동틀 무렵 문득 새들이 지저귀는 소리
　　눈을 뜨니 종소리 은은하네

　이백은 그해 겨울, 예순 둘의 나이로 금릉 옆 당도에서 숨을 거두었다. 대종代宗 보응寶應 원년(762) 11월이었다.

6

 구화의 꽃이 만발하고 있었다. 지장이성금인이 내려진 이후 구화는 더 이상 황제의 뜻을 위배한 불법 도량이 아니었다. 구화의 계곡 곳곳은 절이 들어서고 승속들의 발길이 끊어지지 않았다. 놀라운 일은 바다 건너 신라국에서까지 승려들이 찾아온다는 것이었다. 신라승의 도래는 구화의 불자들에게 더 큰 놀라움을 주고 있었다.
 "큰스님께서 계림의 왕자셨다질 않나!"
 풍문으로만 떠돌던 이야기였다. 그러나 구화로 들어오는 신라승들의 입에서 한결같이 나오는 이야기는 모두 한 가지였다.
 '신라국의 왕자 김교각'
 사람들은 입을 다물지 못했다. 그의 구도와 법행을 보아온 그들로서는 도저히 이해할 수 없는 일이었다.
 "자네도 들었는가? 개원 년간에는 왕자의 몸으로 국학에서 유학을 하시기도 했다네. 그때 현종 황제께서는 큰스님을 칭찬해 집을 내리고 조당祖堂에서 성대한 연회를 베풀기까지 하셨다는 거야."
 "참말로 지장이신 게야! 그렇지 않고서야."
 "지장이시다마다. 우리가 복을 받은 것이지."
 풍문은 꼬리에 꼬리를 물었다. 강남땅에서는 이제 교각이 신라국의 왕자였음을 모르는 사람이 없었다. 교각은 풍문에 들떠 있는 승속들을 나무랐지만 그럴수록 그들은 교각의 불법을 더욱 우러렀다. 어느 때부터인가 민간에서는 지장스님이라 불리고 있는 교각이었다.

여름이 시작되고 있었다. 교각은 이즈음 들어 평생을 안거해 온 노호동의 석굴을 떠나 남대南臺에 와 있었다. 노호동의 산줄기가 위로 뻗어 올라 팔꿈치처럼 휘어져 마주본 곳이었다. 눈을 들면 구화의 천태봉이 치솟아 있고 발밑을 보면 화성사가 아늑하게 들어오는 봉우리였다. 화성사에서는 두어 시진 거리로 바로 아래에는 금사천이 흐르고 있었다.

교각은 새벽 일찍 나와 있었다. 밤새 뒤척이다가 눈을 감아 보지 못한 채 자리를 접은 교각이었다. 그의 눈에는 일찍이 볼 수 없었던 수심이 가득했다. 요즘 들어 부쩍 잦아진 모습이었다. 나이 탓일까. 교각은 희미하게 웃었다. 일흔을 넘긴 나이였지만 세속의 일로 마음을 쓸 만큼 부족한 근기는 아닐 터였다. 그러나 교각의 웃음은 금방 사라졌다. 어딘지 모르게 불안해지는 마음을 다잡을 수가 없었다. 아직도 속세의 인연이 끝나지 않은 것인지. 교각은 자기도 모르게 두 눈을 질끈 감았다.

"아버님이신 성덕대왕께서는 벌써 오래 전에 승하하셨사옵니다. 그 뒤로 아우님이신 승경承慶공이 즉위하여 효성대왕이 되셨고, 지금은 헌영憲永공이 즉위하여 보위에 오른 지도 이십여 년이 되었지요. 어머님인 연화부인께서는 연전에 작고하셨는데 모르시옵니까?"

"……"

정장淨藏은 서라벌에서 건너 온 승려였다.

"구화의 불법은 이미 서라벌에서도 듣고 있사옵니다. 하오나 아직은 때가 이른 탓인지."

정장은 말끝을 흐렸다. 능히 짐작이 가는 일이었다. 왕통을 이어받은 지금의 대왕이 누구던가. 형인 그가 구도의 길을 떠나 소식이 끊긴 지 오래이건만 한 번도 찾지 않은 아우들이었다. 승경이나 헌영 모두가 교각을 쫓아내기에 앞장섰던 김순원의 외손들이고 아직도 신라 조정은 그들 세력이 주축이었다. 교각의 불법을 들었다 해도 받아들일 리가 만무했다. 더구나 신라 땅은 서라벌의 진골정통이 이끌고 있는 나라였다. 모든 제도와 편익이 진골정통에게 집중되어 있는 터에 구화의 불법이 전해진다면 그들의 권력에 크나큰 짐이 될 것이었다.

그러한 일들이야 이미 짐작했던 터, 교각은 웃으며 넘길 수 있었다. 그러나 연화부인의 소식은 교각에게 아직도 끊어지지 않은 속세에의 인연을 일깨우고 있었다. 청비의 모습도 요즘 들어 부쩍 떠오르는 얼굴이었다.

해가 뜨고 있었다. 구화의 짙은 녹음이 차츰 윤곽을 드러냈다. 금사천에서는 물소리가 요란스러웠다. 멀리 뒤쪽으로는 귀지현의 들녘이 안개 사이로 떠오르고 앞으로는 청양현의 들녘이 운해에 잠겨 있었다.

"큰스님!"

교각은 천천히 몸을 일으켰다.

"큰스님, 오늘이."

어린 행자는 수굿이 머리를 떨구었다. 교각은 행자에게 다가셨다. 교각의 손은 아주 부드럽게 행자의 머리를 쓰다듬었다. 하지만 부드러운 손길과는 달리 교각의 눈에는 아쉬운 표정이 가득했다.

"벌써 그렇게 되었구나."

다섯 살의 어린 나이로 절밥을 먹은 행자였다. 교각을 따르는 동안 열 두엇의 나이가 된 행자가 산문을 떠나는 것이었다. 녀석의 천진함이 얼마나 많은 위안이 되었던가. 교각은 물끄러미 행자의 두 눈을 바라보았다.

"네놈인들 왜 집이 그립지 않겠느냐!"

교각은 행자의 물기 어린 눈에서 자신의 마음을 보고 있었다. 억지로는 끊을 수 없는 인연이었다. 가려무나. 교각은 행자의 손을 꼭 쥐었다.

행자를 보낸 그날 밤, 교각은 율시 한 수로 마음을 달랬다.

절집이 쓸쓸하니 집 생각을 하느냐
나를 여의고 구화를 떠나려무나
대 난간의 죽마에 기대어 집을 그리며
불법의 땅에서도 진리를 구하기에 게으르더니
칠병 계곡의 달맞이도 그만이며
팽명구의 꽃놀이도 마지막이구나
눈물을 거두고 내려가려무나
노승은 안개와 노을을 벗하리니
空門寂寂汝思家　禮別雲房下九華
愛向竹欄騎竹馬　懶於金地聚金沙

漆瓶瀾底體招月　　烹茗甌中罷弄花
　　好玄不須頻不淚　　老僧相伴有煙霞

　구화의 모든 일은 이미 그의 손을 떠나 있었다. 승유는 민영화의 도움을 받아 구화를 총괄하였고, 유탕과 도명은 선도해의 도움으로 승속을 이끌었다.
　행자를 보낸 교각은 남대에서 은거에 들어갔다.

7

　덕종德宗 건중建中 2년(781).
　이 무렵 천하는 겨우 안정되어 근심을 덜고 있었다. 그러나 지방의 제후들은 여전히 강성하여 황실을 위협하더니 기어코 반란을 일으켰다. 동쪽 항조恒趙의 이유악李惟岳이 주동이 된 이 반란은 산남山南절도사 양숭의梁崇義, 산동山東절도사 이정기李正己가 함께 거병하자 뒤를 이어 회서淮西절도사 이희열李希烈마저 거병하여 강동땅은 온통 전운에 휩싸이고 있었다. 이유악이 아비의 절도사 직을 계승하겠다는 청을 덕종이 허락지 않은 것이 반란의 빌미였다. 하지만 고구려 출신의 절도사인 이정기가 산동의 강역을 자신의 왕국처럼 다스려왔듯이, 이들 반란 지역의 대부분은 안록산의 반역 이래로 황실의 손길이 미치지 않는 곳이었다. 반란군의 기세는 강성하였다.
　덕종이 청양현에서 올라온 상주서를 받은 것은 이즈음이

었다. 그것은 숙종 년간의 것과 비슷한 내용이었다. 덕종은 상주를 허락하여 구화 화성사에 편액을 하사하였다.

'화성사化城寺'

황제의 친필 편액, 비로소 나라로부터 공식적인 사찰명을 받은 것이었다.

신라에서 또 한 무리의 승속이 구화에 찾아온 것은 얼마 뒤의 일이었다.

"교각스님이 여기에 계시다고 해서 왔습니다."

그들은 여느 무리와는 판이하게 달랐다. 교각의 불명을 부르는 것부터도 그랬고 특히나 한 귀부인까지 대동하고 있었다. 그들을 맞이한 승려는 승유였다.

"계림에서 오셨나 봅니다."

"청비가 소우昭佑, 소보昭保 두 분 외삼촌을 모시고 왔다고 통기해 주십시오."

부인이 말했다.

"큰스님께서는 은거 중이십니다. 근래 들어 아무도 만나 뵌 분이 없습니다. 통기조차 허락지 않으시지요."

"저희들의 이름을 알리시면 다르실 것입니다."

"하오나."

승유는 마지못해 돌아섰다.

화성사 앞의 월아지는 이레 밤낮을 흐려 있었다. 교각은 승유의 전갈에도 꿈쩍하지 않았다. 청비는 삽살개 선청의 그림자가 비치는 월아지를 떠나지 않았다. 교각이 모습을 드러낸 것은 청비의 눈물로 월아지의 연꽃마저 입을 닫을 즈음이었다.

　그러나 교각을 보는 순간, 그네들의 머리카락은 한순간에 잘리고 있었다. 교각은 아무 말 없이 다시 남대로 올라갔다. 그 뒤로 교각의 모습은 화성사에서 볼 수 없었다.

　낭랑탑娘浪塔.

　뒤에 승속들은 청비의 넋을 기려 월아지에 한 탑을 세웠다.

에필로그

덕종 정원貞元 10년(794) 음력 7월 30일.
천태봉으로부터 동이 트면서 구화가 밤의 옷을 벗기 시작한 뒤로, 다시 어둠의 옷을 갈아입을 때까지 하늘은 먹빛이었다. 하루 낮 사이에 구화의 모든 생명체들은 기운을 잃어버렸다. 계곡을 흐르던 맑은 물은 그 청량한 소리를 멈추었고, 하루를 시작하던 새들은 하루 종일 입을 다물었다. 대나무 밭의 수런거림도 며칠 전부터 들리지 않았다.
교각은 생애 마지막 순간을 맞기 위해 밖으로 나왔다. 승유와 유탕이 교각을 부축했으나 교각은 그들의 손을 뿌리쳤다. 교각은 화성사가 한눈에 들어오는 반석에 올라 가부좌를 틀었다.
"들어라!"
어둠의 그림자가 천천히 구화로 내려오고 있었다. 그러나 교각의 눈에 흐르는 거룩한 빛은 어둠도 가릴 수가 없었다.
"지장의 불법을 끝내 깨닫지 못하는구나.
들어라! 법에 의지하여 마음을 닦을 것이며 행에 의지하여 몸을 닦을 것이니, 너희들은 저들 민초들의 마음에서 뜻을 구해야 할 것이니라. 구화의 행은 승유를 본받을 것이며, 구화의 법은 유탕과 도명을 따르거라."
교각의 입은 다시 열리지 않았다.

승유가 교각에게 다가섰을 때, 이미 그에게는 이승의 옷이 없었다. 법랍 75세에 이르러 열반에 든 것이었다. 승속들은 유습에 따라 교각의 시신을 석함石函에 모셔 남대에 안치시켰다.

3년 후, 그들은 석함을 열었다.

순간, 휘황한 광채가 밤하늘로 우뚝 뻗쳤다. 교각은 육신불肉身佛이 되어 있었다.

한밤중인데도 새들이 지저귀고 화성사의 3만근 범종은 스스로 울기 시작했다. 어디선가 낭랑한 법음이 들려오고 있었다.

중생을 다 제도한 후에
보리를 증득할 것이며
지옥이 비기 전에는
결코 성불하지 않으리라.
衆生度盡　方證菩提　地獄未空　誓不成佛

신라왕자 김교각

　신라승 김교각金喬覺. 중국 땅에서는 지장왕보살地藏王菩薩 김지장金地藏으로 더 많이 알려진 인물이다. 근래까지 학계에 알려진 김지장의 기록은 오직 중국에 남아 있는 몇몇 자료가 전부이다. 『송고승전宋高僧傳』 권제20, 『신승전神僧傳』 권제8, 『구화산 창건 화성사기九華山創建化城寺記』, 『중수 화성사기重修化城寺記』, 『중건 구화 화성사비기重建九華化城寺碑記』 등을 비롯하여 문인들이 남긴 시편이 그것이다.

　김지장과 교분을 나누었던 이백李白이 『지장보살찬地藏菩薩讚』 全庸文 권350을 남긴 것을 비롯하여 당대 혹은, 후대의 문인들이 앞다투어 구화를 찾았고 또 시편을 전하고 있다. 냉연冷然, 두목杜收, 소철蘇轍 등 당대를 풍미했던 이들 문인들의 자취와 여타의 기록은, 구화산 불법의 융성 과정을 살피는 데 부족함이 없을 정도이다. 김지장의 작품으로도 『송동자하산送童子下山』 全庸詩 권808과 『수혜미酬惠米』 靑陽縣志 藝文志가 전해오고 있다.

　특히 『수혜미』에서는 '나 본래 왕자의 우두머리로' 原自是酋王子라 스스로 밝히고 있어 김지장이라는 인물의 탐구에 실마리를 주고 있다.

　지금까지 이루어진 학계의 고증으로 보건대 김지장이 신라의 왕자였음에는 이견이 없는 듯하다. 또한 기록마다 약간의 상이함이 있어 그의 출생에 관해 이견이 있기는 하나 대부분의 학자들은 신라 효소왕 재위 4년(696)임에 동의하고 있다. 그러나 아직까지도 논란으로 남아있는 것 가운데 가장 민감한 사항은 과연 김지장이 실존 인물이라면 그가 어느 왕자이냐는 것이다. 이에 대해서는 '신라 왕의 가까운 친척이다新羅國王之支屬也'라는 정도의 기록만이 전해지고 있어 그 실상을 밝히기란 매우 곤혹스러운 실정이다. 그러나 김지장과 동시대의 인물인 비관경費冠聊이 채록한 『구화산 창건 화성사기』에도 같은 기록이 있는 것에 비추어 볼 때, 기록에 있는 신라국왕을 경덕왕으로 추론하는 데는 무리가 없는 듯하다.

그렇다면 경덕왕의 친족으로 김지장을 상정했을 때, 과연 그는 누구일까? 여기에 대해서는 중국 화동사대학華東師大學의 샤슈텐謝樹田 교수가, 김지장은 경덕왕의 형님으로 성덕왕의 장자이기도 한 김수충金水忠이라는 주장을 해 관심을 끌기도 했다. 샤슈텐 교수는 이의 전거典據로 『삼국사기』와 그밖의 기록을 근거로 성덕왕의 첫째 비인 '성정成貞왕후가 김수충의 생모이다'라는 상황 설정 아래, 김수충과 김교각을 동일 인물로 파악한 것이다. 그러나 아쉽게도 『삼국사기』의 기록만으로는 이를 확인할 길이 없고 다른 국내의 자료 또한 아직까지는 전무한 실정이다.

『삼국유사』 권3 「대산오만진신臺山五萬眞身」 조의 기록으로 보면 효소왕이 26세의 나이로 사망하였고 뒤를 이은 성덕왕은 22세에 보위에 올랐다. 『삼국사기』의 기록에 의하면 성덕왕은 다섯 아들을 두었는데 첫째는 수충이었고, 둘째는 태자에 오른 뒤 사망한 중경重慶, 셋째는 효소왕 승경承慶, 넷째는 경덕왕 헌영憲英이며 성명을 알 수 없는 다섯째가 있다. 또 성덕왕의 왕비로는 김원태金元泰의 딸인 성정成貞(혹은 嚴貞)왕후와 김순원金順元의 딸인 소덕昭德왕후가 있다. 그런데 관심을 끄는 당시의 몇몇 상황을 보면 다음과 같다.

1) 효소왕이 혈기 왕성한 젊은 나이에 사망하여 동생에게 왕위가 넘어갔다.
2) 김순원이 효소왕 9년 반역에 연루되어 파면되었으나 성덕왕 19년(720)에 딸이 왕비로 책봉될 정도로 세력을 보존했다.
3) 성정왕후를 사가로 내보낸 다음해 중경태자가 돌연한 죽음을 맞았다.
4) 중경의 태자 책봉부터 성정왕후가 내침을 당하고 다시 중경이 사망하는 3~4년을 전후한 시기에 유독 별자리에 관한 기록이 집중되어 있다.
5) 성덕왕에 이어 효소왕의 왕비까지도 김순원의 딸로 책봉되었다.
6) 후대의 기록을 살펴보면 삼국통일의 큰 힘이 되었던 가야계 출신의 귀족들이 급작스럽게 조정에서 밀려난다.

이러한 시대 상황은 자세히 살펴보면, 신라 역사상 가장 태평성대를 구가했던 성덕왕 치세의 전반기는 상당한 진통이 있었던 듯하다. 특히 김순원의 파면 뒤 재등장은 효소왕의 죽음에 이은 성덕왕 즉위와의 관련을 추측케 하며, 성정

391

왕후가 사가로 나간 뒤 소덕왕후를 맞이했다 함에는 김순원과 김원태의 세력 다툼을 보여주기도 한다. 또 성덕왕대 이후 가야계의 귀족들이 서라벌 출신의 귀족들에게 심한 견제를 받았음을 알 수 있다.

김수충은 성덕왕의 첫째 왕자였다. 무슨 연유에서인지 아우 중경에게 태자 자리를 빼앗겼고, 중경이 죽은 뒤에도 왕위는 셋째 아우인 승경에게 넘어가 효소왕으로 즉위했으며, 다음 왕위도 넷째 아우인 헌영이 이어 경덕왕이 되었다. 당나라에서 숙위宿衛(유학)를 마치고 돌아온 뒤로 김수충의 기록은 나타나지 않고 있다.

샤슈텐 교수의 주장대로 만에 하나 김지장이 성덕왕의 장자 김수충이라면, 위에 열거한 상황으로 추론해 볼 때 귀족들의 권력 다툼 혹은, 그 밖의 어떤 권력 다툼 아래 희생되었을 가능성도 엿볼 수 있는 것이다. 하지만 아직은 이렇다 하고 결론지을 아무런 전거도 없다.

구화산 창건 화성사기 九華山 創建 化成寺記

．．．．．．．．．．．．．．．．．．．．．．．．．．．．．
글을 채록한 비관경費冠卿은 구화산 인근 청양현靑陽縣의 은사隱士이다. 원화元和 2년(808)에 진사과進士科로 관직에 나왔으나 곧 구화산에서 오랫동안 은거한 인물이다. 여기에 실은 「구화산 창건 화성사기」는 전문을 발췌 게재하였음을 밝힌다.
．．．．．．．．．．．．．．．．．．．．．．．．．．．．．

구화산은 전에 구자산이라 하였다. 이 산은 장강의 동쪽에 우뚝 솟아 있다. 개원開元 말년(741)에 호가 단이고 성이 장씨라는 중이 향리로 와 살고 있었다. 그는 향리의 호연이라는 사람의 요청을 받고 사람들과 같이 도를 닦았다. 그러나 마을 부호들의 이익을 침범하여 그들의 분노를 샀다. 장리는 진상을 알지 못하고 거처를 불태우고 중을 쫓아냈다.

이때, 지장이라는 중이 있었는데 신라국의 왕자로서 김씨 왕의 가까운 친척이었다. 머리에 뼈가 불쑥 솟았고 키가 7척이나 되며 힘은 장정 백 사람은 당해낼 수 있는 장수였다. 그는 머리를 깎고 배를 타지 않고 바다를 건너 구화산까지 걸어왔다. 구름 속에 솟아 있는 구화산을 보고는 기뻐 산속으로 천리를 들어갔다. 가시덤불을 헤치고 산봉우리를 뛰어넘고 깊은 골짜기를 가로지르며, 온 산속을 헤치며 돌아다니던 그는 평지가 있는 깊숙한 골짜기에서 걸음을 멈추었다. 양지쪽이 널찍하고 땅은 시커먼데 아주 기름져 보였다. 골짜기에서는 맑은 샘물이 감로수마냥 흐르고 있었다. 그는 이 골짜기에 있는 석굴에서 도를 닦았다.

어느 날, 갑자기 독사가 기어와 물었으나 까딱하지 않고 참선에 몰두하였다. 이때 한 미부인이 오더니 그에게 절을 하고는 약을 주었다.

"소아가 무지하게 놀아 죄송합니다. 샘물을 솟게 하여 죄를 사과하겠습니다."

그가 앉아 있던 돌을 들추니 미부인의 말대로 샘물이 솟았다. 사람들은 구자신九子神이 샘물을 준 것이라 하였다. 김지장은 일찍부터 불경 4부를 쓰려고 마음먹고 있었다. 그는 유탕과 함께 남릉南陵으로 가서 불경을 편찬하여 돌아왔다.

지덕至德 연초(756)에 제갈절 등이 산 위에 올라왔다. 그들은 석굴 속에 한 중이 참선하고 있는 것을 발견했다 그의 곁에는 굽이 있는 가마가 걸려 있었다. 중은 백토에다 쌀을 조금 섞어서 밥을 지어먹고 있었다. 중이 이렇게 간고하게 생활하면서 수행하는 것을 본 사람들은 자기들의 잘못을 깊이 뉘우쳤다. 그에게 돈을 희사하고 단공의 옛 땅을 사서 주었다. 그들은 중을 위해 발 벗고 나서 중이 시키는 대로 하였다. 산 근처의 사람들이 이 소식을 듣고 모두 찾아와 벌목을 하고 축대를 쌓아 절을 지었다. 김지장의 제일 큰 제자 승유 등은 대전을 지었다. 느릅나무, 매화나무, 예장나무 등은 모두 당지의 산에서 착목하였고 무부, 기예들도 구화산에서 마련하였다. 도랑을 파고 물을 끌여들여 수전水田을 개간하였고 두렁을 만들고 저수지를 팠다. 보전에는 석가모니 불상을 조성하고 그 좌우를 장식하였다. 주대朱台를 세우고 주대 가운데에는 포뢰蒲牢를 걸어 놓았으며 누문樓門을 세웠다. 공중에 높이 세워진 절은 알록달록하게 채색하였다. 절 앞의 뻗어나가는 산마루에는 큰 바위를 우뚝 세웠고 절 뒤의 영마루에는 소나무와 전나무를 가지런히 심었다. 해와 달로 빛을 조절하고 떠도는 구름으로 절의 형상을 변화시켰다. 솔바람 소리, 원숭이 우는 소리가 끊임없이 들려와 마치 선경과 다름없었다.

건중建中 연초(780)에 지방관리 장암이 수행하는 지장을 높이 받들어 재물을 희사하였다. 그는 사액을 높이기 위해 상주서上奏書를 올리고 절을 수축하였다. 본주本州의 목사, 현인들도 절까지 찾아와 김지장을 스승으로 섬기며 존경하였다. 구름 속에 높이 솟아있는 구화산을 구경한 서강西江의 사람들은 비단, 민전緡錢 등을 희사하여 덕을 베풀기를 빌었다. 다른 고을의 호우豪右들도 예배하고 땅을 희사하였다.

김지장의 본국에서 이 소식을 듣고 바다를 건너와 많은 제자들이 수행하였다. 그는 식량이 부족하여 근심하던 끝에 백토를 파서 쌀에 섞어 먹게 하였다. 이 백토는 다른 것과 섞지 않아도 밀가루처럼 하얀 흙이었다. 그들은 여름에도 흙을 섞어 밥을 지어 먹었고, 겨울에는 불을 절반도 피우지 않았다. 나무는 묵은 밭에서 자기들이 해서 땠다.

중년에 김지장은 제자들을 데리고 남대南台에 거처하였다. 그들은 낮에는 자신들이 싼 60근이나 되는 삼베옷을 걸쳤고, 밤에는 이 마의麻衣를 당중의 길상에 깔고 잠을 청했다. 방성지 변두리에는 대台를 세우고 사부경(四部經)을 갖다 놓았으며 하루 종일 향불을 피웠다.

정원貞元 10년(794) 여름, 그는 갑자기 제자들을 불러 고별하고는 가부좌한 채 열반에 들었다. 이때 산이 울리고 돌이 굴러 내려오며 요란스럽더니 그는 그만 시적示寂하였다. 중들이 왔으나 말이 없었고 절 안의 종을 치니 종이 울리지 않고 떨어져 버렸다. 비구니가 입실하니 당堂의 서까래가 세 토막으로 부러져 버렸다.

그들은 김지장의 시신을 가부좌한 채로 석함에다 넣어 두었다가 3년이 지난 후 입탈을 위해 함 뚜껑을 열었다.(시신을 함에 넣었다가 3년 뒤에 하관을 하는 것이 당시의 풍습이었음) 그러자 시신의 안색이 산사람과 같았고, 팔 다리를 쳐드니 뼈마디에서 이상한 소리가 났다. 불경에는 시신에서 이런 소리가 나면 보살이라 하였다.

원화元和 계사년(813), 내가 산 밑에서 한거閑居하면서 어렸을 때의 전문傳聞을 삼가 기록했다.

지장왕보살 김교각스님의 일대기
신라왕자 지장왕보살

개정판 1판 발행 | 불기2563(2019)년 5월 11일

지은이 • 신 용 산
발행인 • 김 동 금
펴낸곳 • 우리출판사
서울시 서대문구 경기대로9길 62
전화 (02)313-5047 · 5056
팩스 (02)393-9696
이메일 wooribooks@hanmail.net
홈페이지 wooribooks.co.kr
등록 제9-139호

ISBN 978-89-7561-341-8

값 12,000원